Kohlhammer

Simon Graner

Der Spielerberater

Fußballgeschäft, Transfermarkt und der Ablauf von Spielertransfers

Verlag W. Kohlhammer

Dieses Werk einschließlich aller seiner Teile ist urheberrechtlich geschützt. Jede Verwendung außerhalb der engen Grenzen des Urheberrechts ist ohne Zustimmung des Verlags unzulässig und strafbar. Das gilt insbesondere für Vervielfältigungen, Übersetzungen, Mikroverfilmungen und für die Einspeicherung und Verarbeitung in elektronischen Systemen.

Umschlagabbildung: © munja02 – stock.adobe.com/rudall30 – stock.adobe.com

1. Auflage 2025

Alle Rechte vorbehalten
© W. Kohlhammer GmbH, Stuttgart
Gesamtherstellung:
W. Kohlhammer GmbH, Heßbrühlstr. 69, 70565 Stuttgart
produktsicherheit@kohlhammer.de

Print:
ISBN 978-3-17-045694-5

E-Book-Formate:
pdf: ISBN 978-3-17-045695-2
epub: ISBN 978-3-17-045696-9

Für den Inhalt abgedruckter oder verlinkter Websites ist ausschließlich der jeweilige Betreiber verantwortlich. Die W. Kohlhammer GmbH hat keinen Einfluss auf die verknüpften Seiten und übernimmt hierfür keinerlei Haftung.

Inhalt

	Vorwort	7
1	Der Transfermarkt	9
	Transferfenster und Transfers	10
	Ein Milliardengeschäft	16
	Die Akteure	22
	Die Werkzeuge der Hauptakteure	47
2	Spielerberater	61
	Spielerberater werden	63
	FIFA Football Agent Regulations (FFAR)	65
	Die Arbeit der Spielerberater	97
3	Fußballtransfers	113
	Pre-Transfer-Phase	114
	Transfer-Phase	117
	Post-Transfer-Phase	187
4	Checkliste für Spieler: Der Spielerberater und die Spielerberateragentur	195
5	Aktuelle Entwicklungen und Ausblick	197
	Transfermarkt	197
	Wettbewerb	198
	Neuerungen	198
	Rechtliche Entwicklungen und Regulierung	199
	Technologische Innovationen	199

6	Nützliche Links und Kontakte	201
	Zeitliche Lage der Transferfenster	201
	FIFA und Verbände	202
	Internationale Spielerberatervereinigung	208
	Plattformen für Spielerberater	208
	Tools	208
7	Spielerberaterbeispiel: Graner Bonomi Football Management	209
8	Nachweise	211

Vorwort

Dr. Simon Graner ist leidenschaftlicher Fußballfan. Schon als Kind durfte er mit seinem Vater Bundesligaspiele im Stadion verfolgen und in der Familie wurden Welt- und Europameisterschaften der deutschen Fußballnationalmannschaft gemeinsam gefeiert. Lange Jahre war der Herzensverein seiner Kindheit erfolglos, als er sich während seines Studiums entschied, mit seinem besten Freund Patrick Bonomi eine Integrationsagentur für ausländische Profifußballer zu gründen, um die ausländischen Spieler seines Vereins, die den sportlichen Erfolg zurückbringen sollten, unterstützen zu können. Damit befanden sich Simon Graner und Patrick Bonomi plötzlich im Kreise der Fußballstars, die sie bisher nur aus Stadion und Fernsehen kannten. Es entwickelten sich bis heute anhaltende, tiefe Freundschaften und beide erhielten Einblick in eine ihnen bisher verborgen gebliebene Welt – das Innenleben von Fußballvereinen, das Leben von Profifußballern und das Fußballgeschäft. Hauptakteure in dieser Welt sind Spielerberater, die in der Öffentlichkeit zumeist unbekannt sind, keinen Wert auf Publicity legen, zugleich die Spieler fast ständig umgeben, für sie verhandeln, lukrative Transfers einfädeln und abwickeln.

Einige der Spieler ermutigten Simon Graner und Patrick Bonomi Spielerberater zu werden und mit ihnen zusammenzuarbeiten. Simon Graner spricht Deutsch, Englisch, Italienisch, Spanisch, Portugiesisch und Französisch und somit die Sprachen der wichtigsten Fußballländer der Welt, ist lizenzierter Spielerberater und hat in Wirtschaftswissenschaften promoviert. Doch reicht das, um erfolgreicher Spielerberater zu sein? Nein. In diesem Buch werden tiefe Einblicke in die bisher unbekannte Welt der Spielerberatung gegeben, die Funktionsweise des Transfermarkts erklärt und dabei gezeigt, welche Akteure im Fußballgeschäft aktiv sind, wie man Spielerberater wird, wer Spielerberater sind, wie Spielerberater arbeiten bzw. arbeiten sollten, wie die Branche funktioniert, wo und wieviel Geld fließt und wie Transfers im Fußballgeschäft ablaufen. Darüber hinaus findet der Leser eine Auflistung wichtiger Links und Kontakte, die sonst allenfalls Insider der Branche kennen und nutzen.

Das Buch soll einen Gesamtüberblick über die Branche geben, die Abläufe und Zusammenhänge des Transfergeschäfts systematisch und verständlich darstellen, damit Transparenz schaffen, mit Mythen aufräumen und Mechanismen enthüllen, die die Karrieren von Fußballstars prägen. Es ist gedacht für alle Fußballfans, Profifußballer, Nachwuchsfußballer mit dem Ziel Profi zu werden und deren Eltern, für Spielerberater und die, die Spielerberater werden wollen sowie alle Interessierten am Fußballgeschäft. Freuen Sie sich über ein Buch, das Sie hinter die Kulissen der Spielerberatung im Profifußball mitnimmt!

Frühjahr 2025   Simon Graner

1
Der Transfermarkt

Jährlich im Sommer und Winter wechseln innerhalb kurzer Zeit und bestimmter Zeitfenster Fußballprofis von einem Verein zum anderen. Nur in diesen beiden, zeitlich genau bestimmten Transferfenstern, die auch als Transfer- oder Wechselperioden bezeichnet werden[1], kann ein Verein einen vertragsgebundenen Spieler von einem anderen Verein verpflichten oder an diesen abgeben. Für diese Verpflichtung wird eine Abgabe, die sog. Ablöse oder Transfersumme bezahlt. Ein bestehender Vertrag wird also aufgelöst und ein neuer bei einem anderen Verein geschlossen, damit wird das Recht am Spieler von einem Verein zu einem anderen transferiert.[2] Wird der Spieler nicht endgültig transferiert, sondern nur zeitlich begrenzt an einen anderen Verein abgegeben, spricht man von einer Leihe und die zugehörige Zahlung heißt Leihgebühr.[3] Oft werden Transfers oder Leihen schon vor Beginn eines Transferfensters verkündet. Aber offiziell beim neuen Verein registriert werden können die Spieler nur innerhalb eines Transferfensters.[4] Man spricht immer von zwei Transferfenstern pro Jahr, obwohl diese Zeiträume in vielen Ländern unterschiedlich liegen und jährlich vom jeweiligen nationalen Fußballverband neu festgelegt werden.[5] Fußballtransfers, die genannten Transferfenster und alle handelnden Akteure stellen gemeinsam den Transfermarkt dar, auf dem sich das eigentliche wirtschaftliche Geschäft der Spielerberater vollzieht. In diesem ersten Kapitel werden deshalb die unterschiedlichen Transferfenster erläutert, das Fußballgeschäft als Milliardengeschäft quantifiziert, alle Akteure und die Werkzeuge, mit denen diese Akteure arbeiten, vorgestellt.

1 Der Transfermarkt

Transferfenster und Transfers

Eigentlich ist ständig ein Transferfenster in irgendeinem Land der Welt geöffnet, aber medial relevant ist vor allem das Fußballgeschäft der fünf Top-Fußballligen Englands, Deutschlands, Frankreichs, Italiens und Spaniens sowie der Niederlande, Belgiens, Portugals, Österreichs und der Schweiz. In diesen europäischen Ligen war das Sommertransferfenster (Transferperiode 1 oder Wechselperiode 1)[6] in Deutschland, Frankreich, Italien und Spanien z. B. im Sommer 2023 vom 01.07. bis 01.09.2023 geöffnet, in England wiederum vom 14.06. bis 01.09.2023, in den Niederlanden vom 12.06. bis 31.08.2023, in Belgien vom 15.06. bis 06.09.2023, in Österreich vom 09.06. bis 31.08.2023 und in der Schweiz vom 10.06. bis 31.08.2023. Außerdem sind die Öffnungszeiten unterschiedlich: So wurde etwa in Deutschland das Transferfenster am 01.09.2023 um 18 Uhr, in Italien um 20 Uhr, in Frankreich und Spanien sowie England um 0 Uhr geschlossen.[7] Diese Daten ändern sich jährlich. Für das Sommertransferfenster 2024 hatten sich die Ligen aus Deutschland, England, Frankreich, Italien und Spanien für einen Zeitraum vom 01.07. bis 30.08.2024 geeinigt.[8] In den Niederlanden hingegen war das Transferfenster vom 24.06. bis 02.09.2024, in Belgien vom 15.06. bis 06.09.2024, in Österreich vom 23.06. bis 05.09.2024 und in der Schweiz vom 01.07. bis 09.09.2024 geöffnet.[9] Das Sommertransferfenster gilt als das wichtigere, es ist sozusagen das Haupttransferfenster. Im Winter 2024/25 liegt das Wintertransferfenster (Transferperiode 2 oder Wechselperiode 2)[10] in Deutschland, England und Frankreich nach einer Einigung dieser Ligen im Zeitraum vom 01.01. bis 03.02.2025, in Spanien vom 02.01. bis 03.02.2025, in Italien und den Niederlanden vom 02.01. bis 04.02.2025, in Belgien vom 07.01. bis 03.02.2025, in der Schweiz vom 15.01. bis 17.02.2025 und in Österreich vom 01.01. bis 06.02.2025.[11]

In diesem Zusammenhang müssen folgende Sonderfälle erwähnt werden: Eine generelle Ausnahme besteht für Fußballer, die derzeit keinen Verein haben und ohne Vertrag sind. Diese Spieler können sich auch außerhalb der Transferfenster einem neuen Verein anschließen[12], in bestimmten Ländern wie Deutschland jedoch nur zwischen Sommer- und Wintertransferfenster, wodurch eine Wettbewerbsverzerrung vor dem Ende der Meisterschaft vermieden werden soll.[13] Aufgrund des russischen Angriffskrieges wurde im März 2022 (bis 30.06.2022 und später verlängert bis 30.06.2023) für ausländische Spieler in der Ukraine und in Russland ein Sondertransferfenster geschaffen, das vorsah, die Verträge von Spielern in ukrainischen Vereinen zu unterbrechen und Spielern in russischen Vereinen die Möglichkeit zu geben, ihre Verträge einseitig auszusetzen. In dieser Zeit konnten die Spieler ablösefrei und ohne Sanktionen bei anderen Vereinen unterschreiben. Wenn Spieler in diesem Sondertransferfenster den Verein endgültig verlassen wollten, bestand jederzeit die Möglichkeit, zu einem neuen Verein transferiert zu werden.[14] Dies nutzte etwa der Spieler Khvicha Kvaratskhelia, der am 31.03.2022 für 6,96 Millionen Euro von Rubin Kazan (Russland) zu Dinamo Batumi (Georgien) wechselte.[15] Für Trainer gelten die Transferfenster übrigens nicht, so ist z. B. der Trainer Bo Henriksen während der laufenden Saison am 12.02.2024 vom schweizerischen FC Zürich zu Mainz 05 in die Bundesliga gewechselt, wofür eine Vertragsauflösung zwischen Henriksen und dem FC Zürich sowie ein Anstellungsvertrag mit Mainz 05 ausreichte.[16]

Als vermutlich erster Fußballtransfer, mit Sicherheit aber als erster Transfer mit einer dreistelligen Ablösesumme gilt der Transfer des Spielers Willie Groves von West Bromwich Albion zu Aston Villa für 100 Pfund im Jahr 1893.[17] Nach dem Start der Bundesliga im Jahr 1963 wurde vom Deutschen Fußball-Bund (DFB) vorgeschrieben, dass kein Transfer mehr als 50.000 DM kosten dürfe. Schon damals wurde jedoch versucht, bei Spielerwechseln möglichst viel Geld zu erwirtschaften. So hatte der Karlsruher Sport-Club (KSC) für seinen Nationalspieler Günter Herrmann von Schalke 04 aber 100.000 D-Mark verlangt und mit Schalke 04 vereinbart, die Maximalsumme von 50.000 D-Mark zu akzeptieren, aber Schalke müsse darüber hinaus noch den Spieler Hans-Georg Lambert abnehmen und für diesen ebenfalls 50.000 D-Mark bezahlen. Der DFB kam dahinter, zog Schalke 04 daraufhin 4 Punkte ab, jedoch wurde dieses Urteil später zurückgenommen und die Obergrenze von 50.000 DM aufgehoben.[18] Der teuerste Transfer in Deutschland, nämlich der Wechsel von Franz Hasil zu Schalke 04, lag in den 1960er Jahren bei umgerechnet 250.000 Euro.[19] Im Jahr 1976 folgte der erste Millionentransfer der Bundesliga, als der Spieler Roger van Gol vom FC Brügge aus Belgien für 1 Million DM zum 1. FC Köln wechselte.[20] Der teuerste Transfer in den 1970er Jahren lag dann noch bei umgerechnet 1,25 Millionen Euro (1. FC Köln mit dem Spieler Tony Woodcock), in den 1980er Jahren bei 1,8 Millionen Euro (Eintracht Frankfurt mit dem Spieler Lajos Detari), in den 1990er Jahren bei 7,6 Millionen Euro (Hertha BSC Berlin mit dem Spieler Alex Alves), in den 2000er Jahren bei 30 Millionen Euro (FC Bayern München mit dem Spieler Franck Ribery), in den 2010er Jahren bei 80 Millionen Euro (FC Bayern München mit dem Spieler Lucas Hernandez) und heute bei über 100 Millionen Euro mit dem teuersten Transfer der Bundesliga-Geschichte von Harry Kane von Tottenham Hotspur zum FC Bayern München.[21] Heute wird nicht nur über nationale, sondern über alle Transfers oder Leihen in den Medien weltweit berichtet. Besonders große Aufmerksamkeit entsteht, wenn Topstars wechseln oder ein Verein für einen Superstar eine hohe Ablöse bezahlt: So zahlte Paris Saint-Germain 2017 für den Spieler Neymar 222 Millionen Euro an den FC Barcelona[22], der argentinische Weltmeister Enzo Fernandez wechselte im Wintertransferfenster 2022/23 für 121 Millionen Euro von Benfica Lissabon zum FC Chelsea.[23] Transferrekorde sind jedoch nicht nur international zu verzeichnen, sondern auch national wie z. B. 2018 als innerhalb Frankreichs der Spieler Kylian Mbappé für eine Ablöse von 180 Millionen Euro von AS Monaco zu Paris Saint-Germain wechselte oder Jack Grealish im Jahr 2021 für 117,5 Millionen Euro innerhalb Englands von Aston Villa zu Manchester City.[24] In der Bundesliga hält den Transferrekord der Wechsel von Ousmane Dembélé im Jahr 2017 von Borussia Dortmund zum FC Barcelona für 135 Millionen Euro, Jude Bellingham im Jahr 2023 von Borussia Dortmund zu Real Madrid und wie schon erwähnt Harry Kane im Jahr 2023 für über 100 Millionen Euro von Tottenham Hotspur zum FC Bayern München.[25]

Die Transfersumme ist das individuelle monetäre Verhandlungsresultat mit einem neuen Verein, der einen Spieler verpflichten möchte und deshalb eine verhandelte Transfersumme bezahlt (und somit eine Transferausgabe hat) und einem anderen Verein, der bereit ist, diesen Spieler für diese Transfersumme abzugeben (und somit eine Transfereinnahme hat). Jede Transfersumme wird also pro Transfer individuell verhandelt und bei einer Leihe ist dies der gleiche Verhandlungsprozess für die Leihgebühr. Häufig wird die eigentliche Transfersumme mit dem Marktwert eines Spielers gleichgesetzt, der auf der Online-Plattform Transfermarkt ermittelt wird, was bei nachträglichen Vergleichen in 60 Prozent der Fälle aber zu wertmäßigen Abweichungen führte.[26] Dieser Marktwert ist der im Vergleich zu allen anderen Spielern weltweit festgelegte, aktuelle Wert eines Spielers und die entsprechende Einordnung des Spielers. Er unterliegt keinem Algorithmus, sondern wird individuell von Nutzern auf der Plattform diskutiert und dann vom Management anhand von Variablen (Leistung, Alter, Zukunftsperspektive, marketingseitige Aspekte, Nachfrage am Transfermarkt sowie zuletzt bezahlte und aktuelle Transfersummen) festgelegt.[27] Der Marktwert ist also nicht der Wert der eigentlich bezahlten oder zu bezahlenden Transfersumme, jedoch orientieren sich viele Spielerberater und Entscheidungsträger der Vereine am Marktwert und somit nimmt diese Größe auf Transferverhandlungen starken Einfluss. Auch wenn international über Transfers oder anstehende Spielerwechsel berichtet wird, so findet sich dort fast immer ein Marktwert der Online-Plattform Transfermarkt.[28] Im zeitlichen Verlauf der Karriere eines Spielers ändert sich der Marktwert, man spricht von einer Marktwertentwicklung: Der positive Verlauf einer Karriere drückt sich so aus, dass dieser zuerst ansteigt, einen Höchstwert erreicht und dann zum Karriereende des Spielers hin abfällt.[29] Der Marktwert und die Online-Plattform sind unter Spielern so bedeutend, dass sogar der Superstar Cristiano Ronaldo mit der Reduktion seines Marktwerts auf der Online-Plattform im Jahr 2020 nicht einverstanden war und deshalb Transfermarkt auf Instagram blockierte.[30]

Die Gründe für einen Vereinswechsel sind vielfältig: persönliche oder familiäre Beweggründe der Spieler, die Ambition in einem bestimmten anderen Verein spielen zu können, der Wunsch nach mehr Spielzeit, der im aktuellen Verein nicht gegeben ist, ein neues Spielsystem oder ein Konflikt mit dem aktuellen Trainer bzw. der Wunsch, unter einem anderen Trainer spielen zu können. Daneben spielen auch Nostalgie, gute oder schlechte Leistungsentwicklung, falsche Versprechungen, der Zu- oder Abgang anderer Spieler, Gesundheitsaspekte, der Wunsch nach mehr Gehalt oder veränderte finanzielle Rahmenbedingungen des aktuellen oder zukünftigen Vereins eine entscheidende Rolle.[31] Aus Vereinsperspektive kann ein Grund für einen Spielertransfer der Wunsch sein, den eigenen Kader zu verbessern, eine Position neu, anders oder besser zu besetzen sowie ein begabtes Talent einsetzen zu können. Auch die Trennung von einem Spieler, dessen Leistung schlechter geworden ist, oder die Erwägung, vor Vertragsende noch eine Transferzahlung kassieren zu können, sind denkbare Motive.[32]

Großes mediales Interesse besteht an Last-Minute-Transfers[33], die stets für Rekordeinschaltquoten sorgen[34] sowie vor allem an Transferpannen und Beinahe-Transfers: Am letzten Tag des Transferfensters, dem sog. Deadline Day zeigt Sky Sport News HD u. a. in Deutschland, England, Spanien, Italien und Frankreich über den Tag verteilt Sondersendungen und stellt wie der TV-Sender Sport 1[35] außerdem einen Live-Ticker für alle Transfers online zur Verfügung.[36] Auch die Online-Plattform Transfermarkt bietet regelmäßig einen TV-Live-Stream.[37] Ein Beinahe-Transfer war der Spieler João

Palhinha, der im Sommertransferfenster 2023 vom FC Fulham zum FC Bayern München wechseln sollte. Fulham und Bayern hatten sich bereits auf eine Ablöse geeinigt, Palhinha dann die Freigabe seines Vereins erhalten, um für die medizinischen Untersuchungen (Medizincheck/Medical check) nach München zu reisen, diese erfolgreich absolviert und schon Marketingfotos im Trikot des FC Bayern München geschossen, als am Deadline Day der FC Fulham die finalen Unterschriften zum Transfer doch noch verweigerte, da kein adäquater Nachfolger gefunden werden konnte – Transfer geplatzt![38] Im Wintertransferfenster 2023 war der Spieler Hakim Ziyech vom FC Chelsea am Deadline Day bei Paris Saint-Germain und alles war soweit organisiert, dass er als neuer Spieler vorgestellt werden sollte, was aber nicht vollzogen werden konnte, da der FC Chelsea mehrmals falsche Vertragsdokumente schickte und zwischenzeitlich nicht erreichbar gewesen sei. Als die richtigen Dokumente kurz nach Mitternacht des Deadline Days übermittelt wurden, war mittlerweile das Transferfenster geschlossen und der Transfer damit ebenfalls geplatzt.[39] Neben solchen kurzfristigen Meinungsänderungen und Unachtsamkeiten war bis vor wenigen Jahren noch der Versand der finalen Vertragsdokumente per Fax an die Deutsche Fußball-Liga (DFL) ein Risikofaktor, weshalb im Jahr 2011 der Wechsel des Spielers Eric Maxim Choupo-Moting vom Hamburger SV zum 1. FC Köln scheiterte. Schuld war wohl ein defektes Faxgerät, das die finalen Dokumente 15 Minuten zu spät an die DFL übertrug.[40]

Nach Schließung des Transferfensters im eigenen Land und mit Ablauf des Deadline Days ist keine Verpflichtung eines Spielers mehr möglich, jedoch können noch Spieler in Länder abgegeben werden, in denen das Transferfenster noch geöffnet ist.[41] So hat z. B. der VfB Stuttgart am 13.02.2024 noch den Spieler Jovan Milosevic zum FC St. Gallen in die Schweiz verliehen, da in der Schweiz das Wintertransferfenster nicht wie in Deutschland zum 01.02.2024 geschlossen wurde, sondern erst am 15.02.2024.[42] Der türkische Verein Galatasaray Istanbul konnte den Stürmer Victor Osimhen vom italienischen

Verein SSC Neapel noch am 03.09.2024 ausleihen, da in der Türkei das Sommertransferfenster bis 13.09.2024 geöffnet ist, während das Transferfenster in Italien schon seit 30.08.2024 geschlossen war.[43]

Außer den unterschiedlichen Transferfenstern der nationalen Ligen stehen auch die Zeiträume der Transferfenster in der Kritik, da in den letzten zwei Wochen vor dem Deadline Day, in denen im Sommertransferfenster die Saison wieder startet, eine große Hektik auf dem Transfermarkt herrscht. Deshalb fordern Vereine ein kürzeres Sommertransferfenster, denn es besteht die Sorge, während des beginnenden Spielbetriebs wichtige Spieler noch zu verlieren und ungeplant alternative Spieler verpflichten zu müssen.[44] Solche Transfers sind kritisch und das Ganze passiert mit viel Präsenz von Presse und Medien. Zudem kann es für die Vereine zu Wettbewerbsverzerrungen im Kampf um gute Spieler kommen, wenn andere Ligen weiterhin geöffnete Transferfenster haben und noch Spieler verpflichten können.[45] Der Vorteil verlängerter Zeitfenster für Transfers liegt dagegen darin, dass die Vereine, die schlecht in die Saison gestartet sind oder Verletzungsausfälle zu beklagen haben, noch auf dem Transfermarkt aktiv werden können.

Ein Moderator des Sportsenders Sky sagte über das Interesse am Transfermarkt: »Man merkt, dass es neben Live-Fußball fast schon das zweitwichtigste Thema ist und durch die ständige Berichterstattung im Fernsehen und in den Sozialen Medien werden den Fans die Transfers so nahegebracht, als wären sie selbst am Verhandlungstisch dabei.«[46]

Ein Milliardengeschäft

Der jährliche Global Transfer Report des Weltfußballverbands FIFA (Fédération Internationale de Football Association) zeigt in der aktuellen Version, dass 2023 auf dem Transfermarkt ein Rekordjahr darstellte: Weltweit wurden 21.801 internationale Transfers von Profifußballern mit 4.971 involvierten Vereinen abgewickelt. Dabei waren 3.279 Transfers kostenpflichtig, es musste also eine Transfersumme bezahlt werden, was einem Anstieg um 14,7 Prozent im Vergleich zum Jahr 2022 entspricht.[47] Weit über 80 Prozent der Transfers konzentrierten sich auf Europa.[48] In diesen Statistiken nicht erfasst sind nationale Transfers innerhalb einzelner Länder, d. h. die tatsächliche Anzahl an Transfers und Transferausgaben dürfte nochmals deutlich höher liegen (► Dar. 1).[49]

Dar. 1: Anzahl internationaler Transfers pro Jahr[50]

Die internationalen Transfersummen werden von der FIFA in US-Dollar ausgewiesen, obwohl der Großteil der Transfersummen in Europa generiert wird. Zur besseren Veranschaulichung wurden die Transfersummen hier in Euro umgerechnet. Die internationalen Transfersummen 2014 betrugen weltweit 3,02 Milliarden Euro. 2023 waren diese, trotz eines zwischenzeitlichen Einbruchs während der Pandemie-Jahre 2020/21, auf den Rekordwert von 8,92 Milliarden Euro gestiegen und somit fast dreimal so hoch wie 2014.[51] Allein in Deutschland konnten durch Spielerverkäufe Transfereinnahmen von insgesamt über 1 Milliarde Euro erzielt werden.[52] Zum Vergleich: Im Frauenfußball lagen die gesamten Transfersummen 2023 bei 5,65 Millionen Euro mit jeweils weniger als 100 involvierten Vereinen, also bei 0,01 Prozent der Transfersummen des Männerfußballs.[53] Den größten Anteil haben stets die fixen Transfersummen, die als Sockelablöse bezeichnet werden, gefolgt von den variablen Anteilen bzw. Boni, die z. B. eine Zahlung vorsehen, wenn der transferierte Spieler eine bestimmte Anzahl an Spielen spielt, der Verein mit dem Spieler aufsteigt und damit das internationale Geschäft erreicht. Den kleinsten Teil der Transfersummen machen die Herauskäufe aus Leihen aus, d. h. die Umwandlung einer Leihe mit einer finalen Zahlung in einen fixen Transfer. Außer den Transfersummen steigt auch die Anzahl der Vereine, die die Transfersummen erhalten sowie der Vereine, die Transfersummen bezahlen (▶ Dar. 2).[54]

Das Fußballgeschäft ist somit jedes Jahr ein Milliardenmarkt und die Komplexität dieses Transfermarkts wird noch größer, wenn man sich vor Augen führt, dass nur 11,6 Prozent aller Transfers direkte Verkäufe zwischen zwei Vereinen und nur 24 Prozent Leihen (neue Leihen, verlängerte Leihen, Rückkehr aus Leihgeschäften oder die Verpflichtung aus einer Leihe heraus) sind. Somit sind 64,3 Prozent aller Vereinswechsel ablösefrei, d. h. kostenfreie Wechsel eines Spielers von einem Verein zu einem anderen (meistens nach Ablauf seines Vertrags).[55] Der Anteil an Leihen mit oder ohne Kaufoption bzw. Kaufverpflichtung ist eine Win-win-Situation für die beteiligten Vereine und steigt deshalb stetig an, da die Hürde, den entliehenen Spieler fest aufzunehmen, sinkt, weil er zuerst in der Leihphase eingehend getestet werden kann.[56]

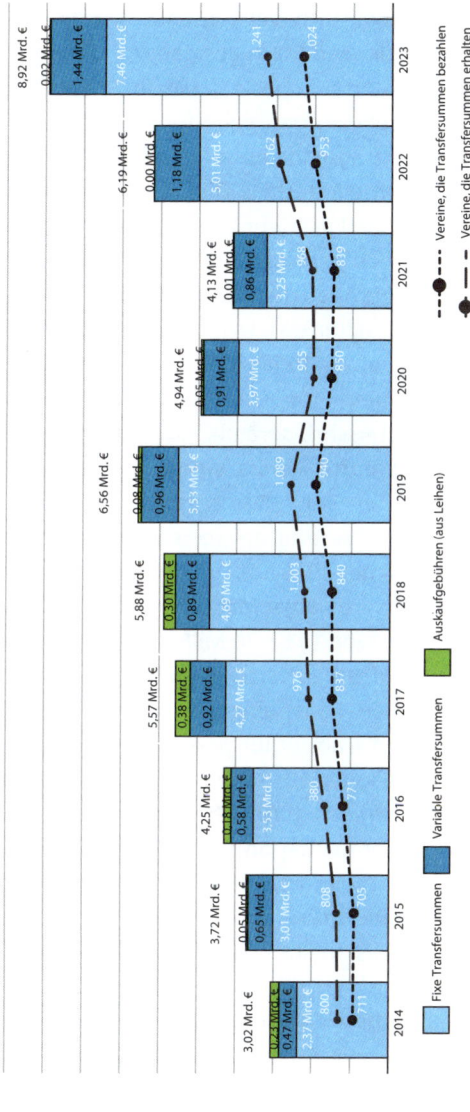

Dar. 2: Transfersummen pro Jahr in Euro für internationale Transfers[57]

Der ablösefreie Wechsel nach Vertragsende wurde im Jahr 1995 vom belgischen Spieler Jean-Marc Bosman vor dem Europäischen Gerichtshof erstritten und resultierte in einem Grundsatzurteil (Bosman-Urteil), dass Zahlungsforderungen für einen Spieler des bisherigen Vereins nach Vertragsende ab sofort unzulässig seien und der Spieler ablösefrei wechseln dürfe.[58] Dies sei die schlimmste Katastrophe, die der Clubfußball je erlebt habe, kommentierte Vorstandschef Karl-Heinz Rummenigge vom FC Bayern München damals das Urteil.[59] Der ablösefreie Wechsel bedeutet heute aber nicht, dass kein Geld fließt, sondern nur, dass es nicht zwischen Vereinen fließt, denn oft erhalten die ablösefreien Spieler (und oft auch ihre Spielerberater) ein »Handgeld« für ihre Unterschrift, man spricht dann von einer Vertragsunterschriftsprämie (Signing fee), und/oder im Gegenzug für die gesparte Ablöse werden Gehalt und Boni des Spielers entsprechend erhöht.[60] Das zeigt das Beispiel des Spielers Kylian Mbappé, dessen Vertrag bei seinem aktuellen Verein Paris Saint-Germain im Sommer 2024 auslief. Für den ablösefreien Wechsel war der spanische Verein Real Madrid bereit, Mbappé zusätzlich zu seinem Jahresgehalt von 15 bis 20 Millionen Euro netto eine über fünf Jahre Vertragslaufzeit zu verteilende Signing fee von 150 Millionen Euro zu bezahlen. Paris Saint-Germain hatte für seine Leihe, die dann in einen fixen Transfer umgewandelt wurde, im Jahr 2018 an AS Monaco 180 Millionen Euro bezahlt[61], was die Vermutung nahelegt, dass diese Vertragsunterschriftsprämie heute von Real Madrid an Mbappé als Kompensation für die Ablöse gilt und statt an einen Verein an den Spieler bezahlt wird.[62] Es ist demnach davon auszugehen, dass indirekt noch mehr Geld auf dem Transfermarkt im Umlauf ist, als offiziell in Statistiken publiziert wird.[63]

Die Ligen mit den höchsten Ausgaben für Spielerkäufe in den letzten Jahren sind heute die Premier League (England), die Serie A (Italien), die Ligue 1 (Frankreich), die Bundesliga (Deutschland) und LaLiga (Spanien, früher Primera División), also die weltweiten Top-Ligen. In den letzten 3 Jahren haben alle Clubs der Premier League pro Jahr im Durchschnitt zusammen 2,59 Milliarden Euro für Spieler an andere nationale und internationale Vereine bezahlt, in der Serie A lagen die jährlichen Ausgaben bei durchschnittlich 866 Millionen Euro, in der Ligue 1 bei 700 Millionen Euro, in der Bundesliga bei 603 Millionen Euro und in LaLiga bei 466 Millionen Euro.[64] Seit 2023 nähert sich die Saudi Pro League ausgabenseitig den Top-Ligen an, als deren Clubs in nur einem einzigen Sommertransferfenster (2023/24) insgesamt fast 1 Milliarde Euro für Spielertransfers ausgegeben haben.[65] Die Vereine mit den höchsten direkten Transferausgaben 2023/24 sind der FC Chelsea mit 467,8 Millionen Euro, Paris Saint-Germain mit 389,5 Millionen Euro, Al-Hilal SFC (Saudi-Arabien) mit 376,1 Millionen Euro, Tottenham Hotspur mit 272,1 Millionen Euro und Manchester City mit 255,6 Millionen Euro.[66] Die Vereine mit den höchsten Transfereinnahmen 2023/24 waren der FC Chelsea mit 269,4 Millionen Euro, RB Leipzig mit 243,7 Millionen Euro, Paris Saint-Germain mit 207,5 Millionen Euro, Brighton & Hove Albion mit 195,9 Millionen Euro, FC Southampton mit 187,24 Millionen Euro und FC Bayern München mit 173,25 Millionen Euro.[67] Saldiert man die Transferausgaben von den Transfereinnahmen pro Verein (oder Liga) ergibt sich der Transfersaldo. Wie oben beschrieben hatte der FC Southampton 2023/24 Transfereinnahmen von 187,24 Millionen Euro, werden davon die Transferausgaben des gleichen Zeitraums abgezogen, die 2023/24 bei 21,55 Millionen Euro lagen, ergibt sich somit ein positiver Transfersaldo (»Transferplus«) von 165,69 Millionen Euro und damit der weltweite Spitzenwert. Beim FC Villareal lag der zweitbeste positive Transfersaldo 2023/24 bei 99,4 Millionen Euro und bei Brighton & Hove Albion der drittbeste positive Transfersaldo bei 86,4 Millionen Euro. Den weltweit negativsten Transfersaldo (»Transferminus«) mit 198,4 Millionen Euro hatte 2023/24 der FC Chelsea zu verzeichnen, den zweitnegativsten der Verein Paris Saint-Germain mit 182,0 Millionen Euro und den drittnegativsten der FC Arsenal mit 167,04 Millionen Euro.[68] Von einem Transfersaldo bzw. Transferplus oder Transferminus kann auch bei einzelnen Spielern gesprochen werden, z. B. hat Eintracht Frankfurt den Stür-

1 Der Transfermarkt

mer Omar Marmoush vom VfL Wolfsburg im Sommertransferfenster 2023 ablösefrei verpflichtet und im Wintertransferfenster 2024/25 für 75 Millionen Euro zuzüglich bis zu 5 Millionen Euro Bonuszahlungen an Manchester City nach England verkauft, was einem Transferplus von mindestens 75 Millionen Euro entspricht.[69] »Die mittlerweile kursierenden Transfersummen bewegen die Leute. Ich sehe dieses Interesse größtenteils positiv. Wir Clubs sind auch darauf angewiesen, dass über uns gesprochen und berichtet wird«, so zumindest kommentierte der Direktor Profifußball der TSG 1899 Hoffenheim, Pirmin Schwegler, das Interesse am Transfermarkt.[70]

Doch wie läuft ein Transfer bzw. eine Leihe normalerweise ab? Wer bezahlt wieviel an wen? Wie sind Spielerberater involviert und welche Honorare erhalten sie, in welcher Höhe und von wem? Wer ist alles in Spielertransfers involviert, wer kontaktiert wen und wie werden die Spielertransfers eingefädelt und abgewickelt? Im Folgenden soll aufgezeigt werden, dass es in der Branche klare und seriöse Prozesse, Verhandlungen, Verträge und Zahlungsflüsse gibt und dass, obwohl ein Transfer sehr komplex ist, da viele Akteure auf dem Transfermarkt generell aktiv sind, viele über einen Transfer berichten, viel Halbwissen vorhanden ist und jeder mitreden möchte sowie jeder Spieler und jeder Transfer einzigartig ist.[71]

Die Akteure

Auf dem Transfermarkt finden sich mehr Akteure aus verschiedenen Branchen als man eigentlich vermuten würde, doch ein jeder hat seine Daseinsberechtigung oder – so sollte man vielleicht hinzufügen – versucht, sich diese zu schaffen. Alles dreht sich um den Kern des Transfermarkts: Spieler, ihre Spielerberater, ihr jeweils aktueller Verein sowie potenzielle neue bzw. alternative Vereine. Diese Hauptakteure wickeln einen Transfer oder eine Leihe untereinander ab.

Die Akteure

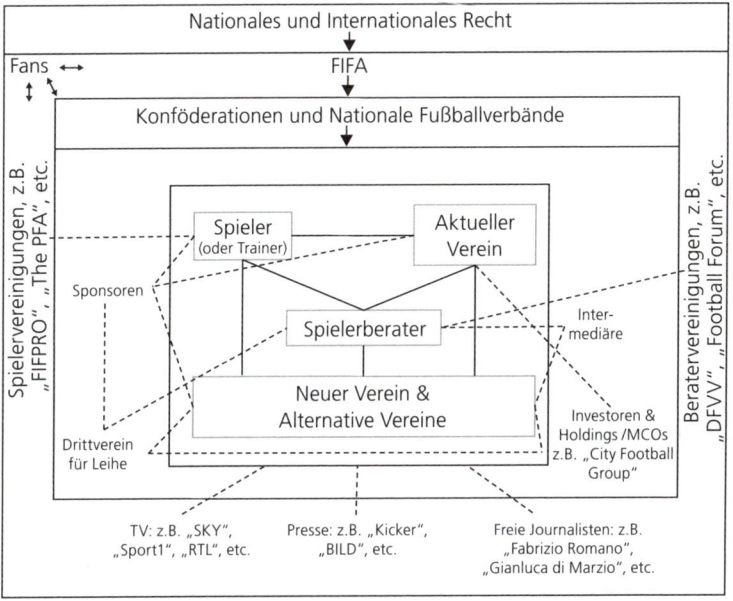

Dar. 3: Übersicht der Akteure auf dem Transfermarkt

Spieler

Spieler, die am organisierten Spielbetrieb teilnehmen, werden von der FIFA entweder als Profifußballer oder Amateure bezeichnet.[72] Seit 2019 hat die FIFA mit der FIFA Connect ID ein eindeutiges Identifikationsmerkmal für alle Spieler ab dem 12. Lebensjahr eingeführt, wofür die Mitgliedsverbände der FIFA personenbezogene Daten des Spielers übermitteln.[73] Als Profifußballer gilt, wer einen schriftlichen Vertrag mit einem Verein hat und/oder mit seinen fußballerischen Aktivitäten sein Haupteinkommen erzielt.[74] Ein weiterer Unterschied zu Amateuren und Freizeitsportlern ist, dass die Karriere eines Profifußballers im Alter von 30 bis 40 Jahren endet.[75] Der Altersdurchschnitt der Profifußballer in der 1. Fußball-Bundesliga lag in der Saison 2023/24 bei 25,7 Jahren.[76] Nur ein Bruchteil der Jugendspieler schafft den Sprung zum Profifußballer. Hierfür gibt es keine genauen statistischen Erhebungen und nur wenige Quellen, nach denen nur etwa 3,5 Prozent der Spieler aus der Altersgruppe U19, bei einem Verein der ersten drei deutschen Profiligen übernommen werden.[77] Das wäre jährlich im Durchschnitt nicht einmal ein Spieler pro Verein und aus den Nachwuchsleistungszentren (NLZ) insgesamt nur einer von 1.000 Jugendlichen.[78]

Sowohl männliche als auch weibliche Profi- und Amateurfußballer können alle mit Spielerberatern zusammenarbeiten, allerdings beschränkt sich die Branche im Moment noch vorwiegend auf männliche Profis. Der Grund hierfür ist einfach, da nur Vereine im männlichen Profibereich durch Eintrittskartenverkäufe, Fernsehrechteeinnahmen und Merchandising entsprechend Geld verdienen.[79] Nur an diesen Vereinen und ihren Spielern besteht ein ausreichend großes mediales Interesse, das Sponsoren und Investoren anzieht und es den Vereinen ermöglicht, Transfergebühren in nennenswerter Höhe und die Gehälter angestellter Profifußballer zu bezahlen, wovon wiederum Spielerberater mit einer anteiligen Provision profitieren. Profifußballer gibt es in fast jedem Land der Welt, jedoch bedeutet dies nicht immer Ruhm und Reichtum: Nur 2 Prozent der Profifußballer weltweit erhalten ein jährliches Bruttogehalt von mehr als 720.000 US-Dollar (650.000 Euro). Weitere ca. 6 Prozent verdienen pro Monat mehr als 8.000 US-Dollar (7.300 Euro), weitere rund 12 Prozent verdienen zwischen 8.000 US-Dollar (7.300 Euro) und 4.000 US-Dollar (3.600 Euro) pro Monat, rund 30 Prozent verdienen zwischen 4.000 US-Dollar (3.600 Euro) und 1.000 US-Dollar (900 Euro) pro Monat und der große Rest, also rund die Hälfte der Spieler, verdient weniger als 1.000 US-Dollar (900 Euro) monatlich. Die am schlechtesten bezahlten Profifußballer spielen in Ghana, wo 99,9 Prozent weniger als 1.000 US-Dollar pro Monat erhalten, und in Brasilien mit 83,6 Prozent.[80] Spitzenverdiener im Profifußball ist Cristiano Ronaldo, der beim saudischen

Verein Al Nassr jährlich ca. 199 Millionen Euro an Gehalt und Boni verdient und zusätzliche sonstige Einnahmen außerhalb seines Spielervertrags (Sponsoring, Bildrechte etc.) in Höhe von ca. 55 Millionen Euro pro Jahr erwirtschaften soll.[81] Zur Gründung der Bundesliga im Jahr 1962 lag die Gehaltsobergrenze bei 1.200 DM, was die Spieler zwang, einem anderen Hauptberuf nachzugehen. Seit den 1970er Jahre gibt es schon keine Gehaltsobergrenze mehr. In der 1. Bundesliga liegen die jährlichen Bruttogehälter derzeit durchschnittlich bei 1,5 bis 2 Millionen Euro.[82] Bereinigt um statistische Ausreißer mit sehr hohen Gehältern liegt der Median der Spielergehälter bei ca. 1 Million Euro.[83] Allerdings sind die Gehälter in den Vereinen unterschiedlich, z. B. soll der FC Bayern München jährlich durchschnittlich ca. 6 Millionen Euro bezahlen, Borussia Dortmund 3 Millionen Euro und der VfL Wolfsburg ca. 2 Millionen Euro, während Hannover 96 und der SC Freiburg bei jeweils durchschnittlich 500.000 Euro liegen sollen.[84] Als Vergleich zwischen Männern und Frauen verdienen die Profifußballer der männlichen deutschen Nationalmannschaft im Durchschnitt etwas mehr als 10 Millionen Euro jährlich während die weiblichen deutschen Nationalspielerinnen bei jährlich durchschnittlich 43.670 Euro liegen.[85] Durch Fußball reich werden also nur etwa 5 Prozent der männlichen Profifußballer in den europäischen Top-Ligen. In Europa gibt es ca. 35.000 Profifußballer unterschiedlicher Nationalitäten[86], d. h. auf diese und vor allem auf die ca. 2.000 besten Profifußballer zuzüglich der Nachwuchsspieler fokussiert sich alles.[87]

Spielerberater

Spielerberater werden auch als Spieleragenten, Fußballagenten oder Berater bezeichnet sowie beschränkt auf Transfers durch die FIFA als Fussballvermittler[88] und durch den DFB als Spielervermittler[89]. Im Englischen spricht man von Football Agents oder Players Agents, auf Französisch von Agents de foot, im Spanischen und Portugiesischen von Empresarios, was eigentlich für Unternehmer steht, im Italienischen von Procuratori di calcio oder Agenti di calcio und im Niederländischen von Voetbalagenten oder Voetbalmakelaars. Laut der Plattform Transfermarkt sind 101.784 Spieler bekannt, die einen Spielerberater haben. Insgesamt finden sich auf der Plattform 11.425 Spielerberateragenturen und insgesamt 18.601 Spielerberater,[90] wovon 1.528 in Deutschland gelistet sind.[91] Laut FIFA haben die neue offizielle FIFA-Spielerberaterlizenz, die eine Prüfung vorsieht, bisher nur insgesamt 5.319 Personen erworben.[92] Auf Spielerseite hat fast jeder professionelle Fußballspieler mittlerweile einen Spielerberater. Der erste deutsche Spielerberater war vermutlich Robert Schwan, der ehemaliger Manager des FC Bayern war und in den 1970er Jahren als Spielerberater mit dem jungen Spieler Franz Beckenbauer zusammenarbeitete.[93] Zlatan Ibrahimović soll gesagt haben, dass ein Spieler ohne Spielerberater keine Chance hat.[94] 95 Prozent der Spielerberater sind männlich und haben ein Durchschnittsalter von 42 Jahren.[95] Die meisten Spielerberater agieren nebenberuflich oder nur gelegentlich.[96] Demgegenüber stehen hauptberufliche, soloselbständige Spielerberater und kleinere Spielerberateragenturen, die international aktiv sind und mit mehreren Spielern zusammenarbeiten sowie große Spielerberateragenturen mit mehreren Mitarbeitern und teilweise mehreren Niederlassungen weltweit, die dutzende Spieler beraten. Wichtig ist, dass ein Offizieller oder Mitarbeiter der FIFA, einer Konföderation, eines Mitgliedsverbandes oder eines Vereins nicht gleichzeitig Spielerberater sein kann.[97]

Heutzutage haben übrigens auch viele Trainer einen Spielerberater, wie z. B. Bundestrainer Julian Nagelsmann oder Hansi Flick.[98] Am häufigsten agieren Spielerberater jedoch für Spieler, aber außer Spielern und Trainern können auch Vereine, Ligen und Mitgliedsverbände Spielerberater beauftragen.[99] Die Arbeit eines Spielerberaters für Vereine kann das Einfädeln und Abwickeln des Transfers eines bestimmten Spielers sein, für das ein Spielerberater seitens eines Vereins konkret beauftragt wird, wenn dies nicht der Verein selbst oder der Spielerberater des gewünschten Spielers macht. Wenn z. B. ein Verein aus dem Ausland einen deutschen Spieler unter Vertrag nehmen möchte, besteht die Möglichkeit, dass der Verein einen bekannten Spielerberater beauftragt, der Deutscher ist, deutsch spricht und über ein Netzwerk in Deutschland verfügt, um mit potenziellen Spielern und deren Spielerberatern in Kontakt zu kommen. In diesem Fall besteht kein Wettbewerbsverhältnis unter den Spielerberatern bezüglich des Spielers bzw. des Transfers, denn ein Spielerberater ist von einem Verein schriftlich oder mündlich mandatiert und ein Spielerberater vom Spieler. Eine weitere eher seltene Zusammenarbeit zwischen Vereinen und Spielerberatern kann eine umfassende generelle Beratertätigkeit hinsichtlich Spielertransfers, Verhandlungen und der Arbeit mit Spielerberatern sein.[100] Den Regelfall jedoch stellt die vertragliche Zusammenarbeit zwischen Spielerberatern und Spielern dar, die dann auf dem Transfermarkt mit Vereinen zusammenkommen.

Die Anzahl an Spielerberatern und die Mitarbeiter ihrer Spielerberateragenturen ins Verhältnis gesetzt zur Anzahl an Spielern in Europas Top-Ligen verdeutlicht, dass der Markt gesättigt ist. Es gibt mehr Spielerberater als Top-Spieler und der Konkurrenzkampf um diese Spieler ist entsprechend groß. Da einige Spielerberateragenturen mehrere Spieler repräsentieren, wird diese Situation weiter verschärft. Unter den auf der Plattform Transfermarkt gelisteten 101.784 Spielern mit einem Spielerberater werden nicht wenige sein, deren Karriere im Grunde schon beendet ist sowie viele, die verhältnismäßig wenig Geld als Profifußballer verdienen, da sie in Vereinen und Ligen spielen, die schlechter bezahlen. Trotzdem wird diese Klientel von Spielerberatern unterstützt, man kann also durchaus auf einen ungesättigten Markt schließen, in dem allerdings (sehr) wenig Geld verdient wird. Dennoch haben auch die Spieler in diesem Markt alle das eine Ziel, nämlich in einer der europäischen

Top-Ligen Fußball zu spielen und suchen hierfür entsprechend Spielerberater.

Vereine

Außer dem jeweiligen Spieler, der den Verein wechselt, verliehen wird oder seinen Vertrag verlängert sind bei einer Vertragsverlängerung ein Verein, bei einem Vereinswechsel zwei Vereine und bei einer Leihe zwei oder mehr Vereine involviert und öffentlich bekannt – auch diese gehören zu den Hauptakteuren auf dem Transfermarkt. Weltweit gibt es ca. 4.400 professionelle Fußballvereine.[101]

Die zuständigen Vereinsorgane und die konkreten, in Transferaktivitäten involvierten Vereinsmitarbeiter sind in jedem Verein unterschiedlich, deren Mit- und Zusammenarbeit bleibt jedoch für Außenstehende meist unbekannt. Involviert sein können z. B. der Präsident, die Geschäftsführung, der Geschäftsführer Sport, der Technische Direktor, der Sportvorstand, der Sportdirektor, der Direktor Profifußball, der Leiter Profifußball, der Chefscout, die Scouts und die Trainer. Abgekürzt werden die gängigsten Funktionen der Entscheidungsträger u. a. mit GF (Geschäftsführer), SD (Sportdirektor), TD (Technischer Direktor) und CS (Chefscout). Häufig sind diese Personen auch der interessierten Öffentlichkeit unbekannt. Laut offizieller Webseite sind die Organe z. B. beim FC Bayern München nur der Vorstandsvorsitzende, der stellvertretende Vorstandsvorsitzende, ein weiteres Vorstandsmitglied und der Sportvorstand.[102] Als weitere Organe werden neun Mitglieder des Aufsichtsrates aufgeführt.[103] Erst in der Rubrik News wird die Verpflichtung von Christoph Freund als Sportdirektor des FC Bayern München genannt – dabei ist es gerade diese Position, die federführend für die Verpflichtung von Spielern verantwortlich ist.[104] Über die Scoutingabteilung gibt es – Stand November 2024 – auf der Webseite des FC Bayern München überhaupt keine Informationen. Scouts im Fußball finden, analysieren und rekrutieren junge Fußballtalente bzw.

mögliche neue Spieler, sie gehören damit heute zum Standard im (Profi-)Fußball.

Die Hauptakteure auf dem Transfermarkt haben abhängig von der jeweiligen Situation unterschiedliche Interessen, das sollte ein Spielerberater für sich bzw. zum Vorteil seines Klienten zu nutzen wissen: Der Spieler möchte einen Verein, der dauerhaft auf ihn baut, in dem er spielen darf und dies zu bestmöglichen Konditionen. Zusätzlich wünschen sich Spieler von ihren Spielerberatern unterschiedliche sportliche Optionen und eine umfassende, gelegentlich auch menschliche Betreuung. Spielerberater hingegen möchten ihre Spieler einwandfrei unterstützen, in ein optimales Vertragsverhältnis mit einem Verein bringen, denn sie erhalten dafür eine entsprechende Provision. Neue Vereine möchten Spieler als Arbeitnehmer gewinnen (unter Berücksichtigung des Gehaltsgefüges im Verein). Der aktuelle Verein möchte Spieler nicht abgeben oder nur zu höchstmöglichen Transfereinnahmen. Abhängig von Restvertragslaufzeit im aktuellen Verein, Wechselwille, Gehalts- und Transferforderung, Abgabewille und Einigkeitsinteresse ist zwischen den Hauptakteuren alles reine Verhandlungssache. Ein Spannungsverhältnis entsteht, sobald den Interessen einer Partei nicht entsprochen werden kann. Weiter erschwert wird die Verhandlungssituation, wenn zusätzlich andere Spielerberater oder Intermediäre aktiviert werden.

Außer dem aktuellen Verein eines Spielers und seinem neuen Verein bei einem Transfer oder einer Leihe gibt es auf dem Transfermarkt noch sog. Drittvereine, die für ein Weiterverleihen eines transferierten Spielers in Erscheinung treten. So etwa der polnische Verein Korono Kielce, zu dem Eintracht Frankfurt seinen soeben transferierten Spieler Rodrigo Zalazar vom spanischen FC Malaga weiterverliehen hat, damit dieser dort Spielpraxis sammelt und sich auf das Leistungsniveau in der Bundesliga vorbereiten kann.[105]

Intermediäre

Als Intermediäre[106] werden Spielerberater und auch branchenfremde Personen bezeichnet, die zwischen den eigentlichen Spielerberatern und möglichen neuen Vereinen eines Spielers agieren. Häufig werden ohne Wissen des betroffenen Spielers als Intermediäre andere Spielerberater von den eigentlichen Spielerberatern eines Spielers damit beauftragt, mögliche Vereine als neue Transferziele auszuloten. So beauftragt z. B. ein japanischer Spielerberater für seinen japanischen Spieler einen deutschen Spielerberater mit einem Submandat im Glauben, dass dieser mehr Kontakte zu Vereinen in Europa habe als er selbst. Noch komplizierter wird es, wenn der Intermediär diesen Auftrag dann seinerseits als Submandat an andere Partner weitergibt, wenn sein Netzwerk doch nicht so stark ist wie vermutet oder wenn sich Familienangehörige oder Anwälte involvieren. Manchmal mandatiert auch der Spieler schriftlich und mündlich mehrere Spielerberater gleichzeitig, die dann alle gleichzeitig tätig werden, ohne dass einer den Spieler ganz vertreten könnte. In diesem Fall spricht man von Mehrfachvertretung und es kommt vor, dass Vereine für den gleichen Spieler mehrfach kontaktiert werden, wenn dies zwischen dem Spieler und den Intermediären bzw. dem Spielerberater nicht klar geregelt ist. Keiner weiß, was der andere tut, häufig haben viele keinen direkten Draht zum Spieler und am Schluss unterschreibt der Spieler bei einem ganz anderen Verein, während andere Spielerberater oder Intermediäre noch in Verhandlungen sind – Chaos pur! Dies ist der Grund dafür, warum bei einem Transfer in den Medien nicht selten sehr viele Personen erwähnt werden und dabei nicht erkennbar ist, wer Familienmitglied, Spielerberater, Vereinsmitarbeiter oder Intermediär ist.

In einer professionell geregelten Kooperation zwischen Spielerberatern und vertraglich mandatierten Intermediären teilt dann der Spielerberater nach einem Transfer seine Provision wie vertraglich festgelegt und meist zu gleichen Teilen mit seinem Intermediär.

Auch von Seiten der Intermediäre kann eine Kontaktaufnahme mit einem Spieler oder seinem Spielerberater für einen Transfer initiiert werden, wenn z. B. ein Spielerberater von einer vakanten Position erfährt, für die er in seinem Portfolio keinen eigenen Spieler hat. Schwierig ist dabei auch, dass sich Personen als Intermediäre ausgeben und (vermeintliches) Interesse eines oder mehrerer Vereine behaupten, um Spieler von einer Zusammenarbeit zu überzeugen, um ein Spielerberatermandat zu ergattern. Oft ist dieses Interesse jedoch nicht konkret und nicht von den Vereinen an den Intermediär kommuniziert, sondern wird nur vorgespiegelt. Oft sind diese Intermediäre selbst auch keine lizenzierten Spielerberater, sondern branchenfremd und versuchen nur mit allen Mitteln, ein Teil des vermeintlich lukrativen Transfermarktes zu werden. Das weitere Vorgehen ist dann so, dass ohne Nennung des Clubnamens ein Mandat geschlossen wird, da der Intermediär Angst haben muss, dass der Spielerberater den Verein direkt kontaktiert und ohne ihn den vermeintlichen Transfer abwickelt. Die Initiierung eines Transfers durch branchenfremde Personen als Intermediäre verläuft meist chaotisch, es wird vorgeblich viel verhandelt, aber dabei ist kaum etwas greifbar. Für Spielerberater ist die Zusammenarbeit mit Intermediären risikoreich, da fehlende Professionalität und fehlerhaftes Verhalten eines branchenfremden Intermediärs zu einem Image- und damit Geschäftsschaden führen können.

Investoren

Hinter dem Kauf oder Verkauf von Vereinen, Vereinsanteilen und Namensrechten stehen Investoren wie z. B. die Daimler AG, die seit 2017 11,75 Prozent am VfB Stuttgart hält und dafür 41,5 Millionen Euro bezahlte.[107] Im Gegensatz zu anderen Ländern gilt in der deutschen Bundesliga die 50+1-Regel, die besagt, dass die Mehrheit der Stimmrechtsanteile eines Vereins immer in den Händen der Mitglieder liegen muss.[108] In der englischen Premier League ist das anders, dort können Vereine komplett an Investoren veräußert werden[109], wie im Fall des Vereins Newcastle United, der 2021 für 360 Millionen Euro und damit zu 80 Prozent an den saudi-arabischen Public Investment Fund veräußert wurde.[110] In einem anderen Fall erwarb die katarische Investorengruppe Qatar Sports Investments (QSI)[111] 2011 die ersten 70 Prozent und schließlich 2012 die restlichen 30 Prozent der Anteile des Vereins Paris Saint-Germain.[112] Hunderte Millionen Euro Investitionen in den Spielerkader auf dem Transfermarkt folgten.[113] US-amerikanische Investoren hingegen halten Anteile an ca. 50 europäischen Profifußballvereinen.[114] In Italien hat zu Beginn des Jahres 2025 ein US-amerikanischer Investmentfond 100 Prozent der Anteile am Verein Hellas Verona erworben und nun haben insgesamt acht italienische Vereine US-amerikanische Eigentümer: Hellas Verona, Atalanta Bergamo, AC Florenz, Inter Mailand, AC Mailand, FC Venedig, Parma Calcio und AS Rom.[115] Historische Ausnahmen gelten in Deutschland nur für die »Werksclubs« Bayer Leverkusen und VfL Wolfsburg, wo sich die Bayer AG bzw. die Volkswagen AG seit mehr als 20 Jahren engagieren.[116] RB Leipzig e. V. hingegen hält ein Prozent an der RasenBallsport Leipzig GmbH, die das Unternehmen hinter dem Bundesligisten RB Leipzig ist und zu 99 Prozent dem Getränkehersteller Red Bull gehört. RB Leipzig e. V. hält trotz dieser Anteilseigenschaften die Stimmenmehrheit, um die 50+1-Regel einzuhalten, wobei kritisiert wird, dass in der Praxis die 20 Vereinsmitglieder in enger Verbindung mit Red Bull stehen.[117]

Aus der Perspektive von Investoren existieren verschiedene Strategien, je nachdem, ob in einen oder mehrere Vereine investiert wird. Bei Investitionen in einen Verein ist meistens der Imageeffekt des Fußballs wichtig, entweder für das eigene Ansehen oder Produkte. Bei Investitionen in mehrere Vereine geht es dagegen zumeist um finanzielle Erwägungen: Gerade Investoren mit einem kurz- bzw. mittelfristigen Planungshorizont erwerben die Vereine idealerweise günstig, um sie dann nach Wertsteigerung schnellstmöglich gewinnbringend weiterzuverkaufen. Investoren mit langfristigen Zielen versuchen durch Spielerzukäufe, aber auch über Marketing und PR zuschauerseitig für hohe Auslastung in den Stadien der Vereine zu sorgen, so dass diese idealerweise jährlich hohe Gewinne erzielen. Was im Basketball funktioniert ist aber im Fußball schwierig und langwierig.

Investoren mit derartigen Vereinsportfolios gründen häufig eine Holding. Diese Holdings werden Multi-Club-Ownerships (MCO) genannt und damit wird versucht, Synergien etwa in den Bereichen Scouting und Technologien zu schaffen, um zwischen den Vereinen Kosten zu sparen, Lerneffekte herbeizuführen und Prozesse effizienter zu gestalten[118] sowie Sponsoren anzuziehen, da Marketingmaßnahmen gruppenweit ausgespielt werden können.[119] Einschränkungen bestehen dahingehend, dass nicht Mehrheitsbeteiligungen an jedem Team erworben werden dürfen, z. B. bei zwei Vereinen im selben Wettbewerb – jedoch gibt es auch hier Ausnahmen. Häufig gibt es in den MCO-Portfolios einen Top-Verein und mehrere kleine »Satelliten-Vereine«, in denen sich Spieler entwickeln können. Nach dem Einstieg bei einem kleinen Verein werden die Spieler im zweiten Schritt zu einem entsprechend größeren Verein innerhalb der Gruppe transferiert und (wenn sportlich sinnvoll) schließlich zum Top-Verein weitergegeben. Vorteile sind sportlicher und finanzieller Erfolg für Spieler und alle Vereine der Gruppe, da die Spieler günstig erworben und/oder ausgebildet wurden, einen klaren Karriereplan bekommen und dann sportlich entwickelt und schließlich für viel Geld weiterverkauft werden können.[120] Häufig können Top-Talente mit diesen Karriereaussichten somit auch in kleineren Vereinen zuerst gehalten und dort ihr sportlicher Erfolg sowie Marktwert gesteigert werden, ohne dass diese gleich in die Nachwuchsleistungszentren oder den erweiterten Profikader anderer Top-Vereine wechseln. Die Flexibilität bei Spielerverträgen ist ein weiterer Vorzug innerhalb von MCO, das zeigt die Zunahme ablösefreier Transfers und Leihen zwischen den beteiligten Vereinen. Bei Leihen werden Spieler der großen Vereine an kleinere Vereine verliehen und somit vertraglich weiter behalten, häufig sogar deren Gehälter weiterbezahlt und somit gleichzeitig aufgrund der guten Marktwerte der verliehenen Spieler die Marktwerte der kleinen Vereine und zugleich auch der Marktwert der Gruppe gesteigert.[121] Ein Beispiel für diesen Weg ist das brasilianische Talent Sávio beim erfolgreichsten und bekanntesten MCO, der City Football Group (CFG): Im Sommertransferfenster 2022 wurde er mit Unterstützung der CFG vom brasilianischen Verein Atlético Mineiro zum französischen Verein ESTAC Troyes gelotst und im folgenden Sommertransferfenster 2023 per Leihe innerhalb der Gruppe zum spanischen FC Girona, wo er seinen Marktwert (und entsprechend auch den Marktwert des Vereins) um 45 Millionen Euro steigerte, bevor er im Sommertransferfenster 2024 von ESTAC Troyes für eine Basisablöse von 25 Millionen Euro zu Manchester City transferiert wurde.[122]

Dar. 4: MCO-Investoren im Profifußball 2023 (PE = Private Equity, VC = Venture Capital)[123]

Investor	Anzahl Investments	Investorentyp	Hauptsitz (Land)	Investiert/e in
City Football Group (US-Unternehmen Silver Lake hält Anteile an CFG)	13	PE/Staatsfonds	UAE	Manchester City, New York City, Melbourne City, Yokohama F. Marinos, Montevideo City Torque, Girona, Sichuan Jiuniu, Mumbai City, Lommel SK, Estac Troyes, Palermo, Esporte Club Bahia, Club Bolívar
MSP Sports Capital	7	PE	USA	Alcorcón, Estoril, Beveren, Augsburg, ADO Den Haag, Brøndby, Crystal Palace

Dar. 4: MCO-Investoren im Profifußball 2023 (PE = Private Equity, VC = Venture Capital) – Fortsetzung

Investor	Anzahl Investments	Investorentyp	Hauptsitz (Land)	Investiert/e in
Red Bull	6	Unternehmen	Österreich	Leipzig, Salzburg, New York Red Bulls, Bragantino I, Bragantino II, Liefering
Pacific Media Group	5	PE	USA	Nancy, Den Bosch, Thun, Oostende, Esbjerg
Ares Management	4	PE	USA	Olympique Lyonnais, Club Atlético de Madrid, Inter Miami, Chelsea
Eagle Football Holdings	4	Privat	USA	Olympique Lyonnais, Botafogo, RWD Molenbeek, Crystal Palace
Core Sports Capital	3	PE	Schweiz	Clermont Foot 63, Lustenau, Biel-Bienne
RedBird Capital Partners	3	PE	USA	AC Milan, Toulouse, Liverpool
INEOS	3	Corporate/Privat	UK	OGC Nice, Lausanne-Sport, RC Abidjan, Manchester United
Sport Republic	3	VC	UK	Southampton, Göztepe SK, Valenciennes
Arctos Sports Partners	2	PE	USA	Liverpool, Atalanta, PSG

Dar. 4: MCO-Investoren im Profifußball 2023 (PE = Private Equity, VC = Venture Capital) – Fortsetzung

Investor	Anzahl Investments	Investorentyp	Hauptsitz (Land)	Investiert/e in
BlueCo	2	PE	USA	Chelsea, RC Strasbourg Alsace
Black Knight Football Club	2	PE/Privat	USA	AFC Bournemouth, Lorient
Tony Bloom	2	Privat	USA	Brighton & Hove Albion, Royale Union Saint-Gilloise
Evangelos Marinakis	2	Privat	Griechenland	Nottingham Forest, Olympiacos
Kroenke Sports & Entertainment	2	Corporate/Privat	USA	Arsenal, Colorado Rapids
Qatar Sports Investments	2	PE/Staatsfonds	Qatar	PSG, SC Braga
Daniel Křetínský	2	Privat	Tschechien	West Ham United, AC Sparta Prague
V Sports	2	Corporate/Privat	USA, Ägypten	Aston Villa, Vitória SC
Ambar Venture Capital	2	Hedgefonds	Frankreich	RC Lens, Millonarios

Die Vereine und Anteile der Investoren unterliegen stetigem Wandel. Aus der Auflistung entfernt wurde der MCO-Investor 777 Partners, der 2023 noch Anteile an Sevilla, Genua, Standard de Liège, Vasco da Gama, Hertha BSC Berlin, Melbourne Victory, Red Star Paris und Everton hielt.[124] Aufgrund finanzieller Engpässe hat 777 Partners seine Anteile am CFC Genua an einen rumänischen Unternehmer verkauft[125] und in Brasilien und Belgien wird gerichtlich gegen 777 Partners aufgrund finanzieller Engpässe bei Vasco da Gama und Standard de Liège rechtlich durchgegriffen.[126] Der Berliner Kurier schreibt, dass kein Kontakt zwischen 777 Partners und Hertha BSC Berlin mehr besteht und 777 Partners alle sonstigen Anteile an Fußballvereinen wieder abgeben wird.[127]

Die bekanntesten MCO sind außer der Qatar Sports Investments mit Paris Saint-Germain und dem portugiesischen SC Braga die Red Bull-Gruppe, bestehend aus RB Leipzig, Red Bull Salzburg, FC Liefering, New York Red Bulls (USA) und dem brasilianischen CA Bragantino[128], die genannte City Football Group, die 2013 gegründet wurde und Clubs aus 5 Kontinenten umfasst: Dies sind heute Manchester City, der spanische FC Girona, der französische Estac Troyes, Lommel SK aus Belgien, Palermo FC, New York City FC, Shenzhen Peng City Football Club (früher Sichuan Jiuniu genannt), der japanische Club Yokohama F. Marinos, Montevideo City aus Uruguay, der brasilianische EC Bahia, Mumbai City FC aus Indien, Melbourne City FC und der bolivianische Partner-Verein Club Bolivar.[129] Die City Football Group gehört seit 2021 zu über 80 Prozent dem Unternehmen Newton Investment and Development LLC von Sheikh Mansour bin Zayed Al-Nahyan, der zur Herrscherfamilie des Emirats Abu Dhabi in den Vereinigten Arabischen Emiraten gehört. Weitere rund 18 Prozent, die in den vergangenen Jahren mehrfach verkauft wurden, sind aktuell im Besitz des amerikanischen Unternehmens Silver Lake. Für alle Vereine der City Football Group ist das gemeinsame internationale Netzwerk im Hinblick auf Austausch, Talentförderung, medizinische Versorgung, das Teilen der Infrastruktur und finanziellen Ressourcen vorteilhaft. Alle Vereine haben zudem Einblick in eine zentralisierte Datenbank, die es allen Trainern der City Football Group erlaubt, von der Jugend bis zu den Profis, von den taktischen und strategischen Ideen des Manchester City Trainers Pep Guardiola zu profitieren (»Guardiola Playbook«). Auch im Scouting und auf dem Transfermarkt besteht eine enge Zusammenarbeit.[130] Das Scouting wird ständig optimiert, um kluge Köpfe anderer Vereine abzuwerben, so z. B. den Scout Brendan MacFarlane 2023 vom französischen Zweitligisten FC Toulouse[131] oder Kevin Cruickshank, der Scout des 1. FC Nürnberg war und nun in der City Football Group arbeitet.[132] Es gibt noch weitere Holdings wie die hier nicht aufgelistete United World, die an den Vereinen Sheffield United FC, dem belgischen K Beerschot VA, Al Hilal United FC aus den Vereinigten Arabischen Emiraten und dem indischen Kerala United FC beteiligt ist[133] oder die King Power-Gruppe mit Leicester City aus England und OH Leuven aus Belgien.[134] Außer den genannten großen Holdings gibt es weltweit auch kleinere Partnerschaften zwischen Vereinen wie z. B. zwischen dem belgischen Zweitligisten KMSK Deinze und dem spanischen Viertligisten Juventud de Torremolinos CF.[135]

Sponsoren

Sponsoren kooperieren mit Vereinen und Spielern. Für Vereine sind dies zum einen unterschiedliche Unternehmen, die bei den Vereinen gegen Bezahlung für ihr Unternehmen und seine Produkte werben. Zum anderen zählen dazu auch die Käufer ligaweiter Fernsehrechte, von denen die Vereine dann anteilig profitieren.[136] In letzter Zeit ist ein Trend wahrnehmbar, dass in Ligen, in denen Investoren stark aktiv sind, investornahe Unternehmen als Sponsoren viel Geld in Vereine stecken, weshalb die Premier League bei einem Treffen im November 2024 neue Sponsoring-Regeln verabschiedet hat, um sicherzustellen, dass Vereinbarungen zwischen Vereinen und unternehmensnahen Sponsoren marktüblich sind. Dies soll Wettbewerbsverzerrungen durch künstlich überhöhte Vertragswerte verhindern, die wiederum bestimmte Vereine finanziell unverhältnismäßig stärken würden. Manchester City, im Besitz der City Football Group unter Leitung von Scheich Mansour bin Zayed Al Nahyan aus Abu Dhabi, versuchte erfolglos, die Änderungen zu blockieren. Die Abstimmung brachte 16 Stimmen für die Regeländerung; gegen die Reform stimmten neben Manchester City auch Newcastle United (kontrolliert von Saudi-Arabiens Public Investment Fund) sowie Aston Villa und Nottingham Forest, die beide ebenfalls in Investorenbesitz sind. Die neuen Regeln betreffen die Associated Party Transactions (APT), ein 2021 eingeführtes Regelwerk, das sicherstellen soll, dass Verträge zwischen Vereinen und mit ihnen verbundenen Unternehmen – etwa Sponsoren im Besitz der Vereinseigentümer – nur zu marktüblichen Konditionen abgeschlossen werden.[137]

Für Spieler stammen die Sponsoren vor allem aus dem Bereich der Sportausrüstung wie u. a. Nike, Adidas, Puma, Kappa oder Under Armour, von denen Spieler beträchtliche Summen für die Nutzung und damit Bewerbung der jeweiligen Produkte erhalten. Die Verträge sind meist so aufgebaut, dass der Spieler einen fixen Betrag pro Monat erhält und im Erfolgsfall verschiedene zusätzliche Boni, z. B. nach einer bestimmten Anzahl an Einsätzen, bei Nominierung für die Nationalmannschaft oder beim Gewinn von Pokal oder Meisterschaft. Diese Sponsoring- oder Ausrüsterverträge werden direkt von den Spielerberatern angebahnt und verhandelt. Weitere Werbepartnerschaften mit Sponsoren existieren auch mit fußballfremden Unternehmen wie z. B. im Falle von Thomas Müller u. a. mit dem Nudel-Hersteller Barilla, dem Grill-Hersteller Weber sowie Rewe, Bifi und Müllermilch.[138] Der erste Trikotsponsor eines deutschen Fußballvereins war Jägermeister im Jahr 1973 bei Eintracht Braunschweig.[139] Heute arbeiten Sponsoren und Vereine außer bei der Trikotwerbung auch über Werbetafeln, Reklamen auf Eintrittskarten oder in Stadionzeitungen, Werbung auf den LED-Banden im Stadion oder sogar bei Namensrechten an Verein oder Stadien zusammen.[140]

Diese Sponsoren sind für den Transfermarkt in doppelter Hinsicht relevant: Zum einen bilden die Zahlungen an die Vereine den finanziellen Fonds, aus dem auch das Transfergeschäft finanziert wird. Andererseits sind die Sponsorenverträge aus der Perspektive der

Spielerberater und Spieler ein wichtiger Indikator für die sportliche Bedeutung und Qualität eines Fußballers, für seine positive Wahrnehmung in der Öffentlichkeit und damit für seinen Wert im Rahmen potenzieller Transferverhandlungen.

Sponsoren und Investoren sind Akteure des Transfermarkts, da Teile der durch die Vereine generierten Einnahmen wieder in den Transfermarkt fließen oder die Investoren direkt Geld für Transfers zur Verfügung stellen, um die Mannschaften entsprechend zu verstärken. Nur selten wird klar kommuniziert, dass die Einnahmen nicht direkt in den Transfermarkt reinvestiert werden, wie z. B. beim zweiten großen Investoreneinstieg beim VfB Stuttgart durch die Porsche AG und deren Tochter-Firma MHP mit einem Gesamtinvestitionsvolumen von über 100 Millionen Euro, die u. a. in die Infrastruktur des Nachwuchses fließen sollen.[141]

Konföderationen und nationale Fußballverbände

Auf die bisher genannten Akteure wirken die sechs Konföderationen oder Fußballdachverbände wie der europäische Fußballdachverband UEFA (Union of European Football Associations) und die nationalen Fußballverbände ein.[142] Die UEFA umfasst 55 nationale Fußballverbände und kümmert sich um alle europäischen Fragestellungen rund um den Fußball, sie organisiert außerdem die Europameisterschaft, Nations League sowie die Champions League, Europa League und die Europa Conference League.[143]

Die meisten Länder weltweit haben jeweils einen nationalen Fußballverband. In Europa sind dies z. B. in Deutschland der DFB (Deutsche Fußball-Verband), in England The FA (The Football Association), in Frankreich die FFF (Fédération Française de Football), in Italien die FICG (Federazione Italiana Giuoco Calcio), in Spanien die RFEF (Real Federación Española de Fútbol), in Portugal die FPF (Federação Portuguesa de Futebol), in den Niederlanden der KNVB (Koninklijke

Nederlandse Voetbal Bond), in Belgien der KBVB (Koninklijke Belgische Voetbalbond), in der Schweiz der SFV (Schweizerische Fussballverband) und in Österreich der ÖFB (Österreichische Fußball-Bund).[144] Die Aktivitäten der nationalen Fußballverbände werden seit 1950 von der FIFA koordiniert, die die nationalen Verbände auch hinsichtlich ihrer Strukturen und der nationalen Durchsetzung der Regularien unterstützt. Den Akteuren werden hinsichtlich Spielbetrieb, Transfer- und Vertragsgestaltungen genaue Vorgaben gemacht.[145] So wurde z. B. dem 1. FC Köln nach dem Transfer des minderjährigen Spielers Jaka Cuber Potocnik vom slowenischen Verein Olimpija Ljubljana zum Kölner Nachwuchsteam eine Geldstrafe und Transfersperre über zwei Transferperioden für alle Mannschaften auferlegt, weil Köln den Spieler zum Wechsel angestiftet haben soll und einen ablösefreien Wechsel vollzog, nachdem Potocniks Mutter den Vertrag des Sohnes einen Tag vorher bei Olimpija Ljubljana außerordentlich gekündigt hatte. Dem Spieler wurde außerdem eine Spielsperre von 4 Monaten auferlegt.[146]

FIFA

Über den nationalen Fußballverbänden und den Konföderationen steht die FIFA, der Weltfußballverband, der weltweit vereinheitlichende Regeln vorzugeben versucht, die dann von den nationalen Verbänden umgesetzt werden müssen. Die FIFA kommuniziert mit den Konföderationen, nationalen Verbänden und Vereinen per Rundschreiben (Circulars), die auch auf der FIFA-Webseite hochgeladen werden.[147] Im Transfergeschäft sind die Kompetenzen zwischen den Nationalverbänden und der FIFA gemäß Darstellung 5 aufgeteilt.

Dar. 5: Aufteilung der Kompetenzen zwischen FIFA und Nationalverbänden[148]

Conduct connected with	Competence
Representation agreement with an international dimension	FIFA
International transfers or an international move of a coach	
Ongoing licensing requirements (Eligibility requirements, FIFA's continuing professional development requirements, annual fee payment)	
Representation agreement without an international dimension	Member association
National transfers First professional contract (not connected with an international transfer)	
Renegotiation of an employment contract in a purely domestic context	

Problematisch in diesem Zusammenhang ist es, dass nationales bzw. internationales Recht die Regularien der FIFA unzulässig machen kann.[149] So musste die FIFA diesbezüglich schon rechtliche Niederlage einstecken.[150]

Spieler(berater)vereinigungen

Weitere Akteure auf dem Transfermarkt sind Spielervereinigungen wie die Fédération Internationale des Associations de Footballeurs Professionnels (FIFPRO), die sich um die Interessen von Profifußballern kümmern und weltweit gleiche Rechte im Hinblick auf den Schutz ihrer Bezahlung, ihrer Verträge, ihrer Arbeitsbedingungen und -umgebung, ihrer Gesundheit und Sicherheit sowie ihrer Entwicklung durchzusetzen versuchen.[151] Die FIFPRO hat auch dahingehend Einfluss auf den Transfermarkt genommen, dass sie z. B. Spieler öffentlich vor einem Wechsel nach Saudi-Arabien aufgrund systematischer und weitverbreiteter Vertragsverstöße gewarnt hat.[152]

Spielerberatervereinigungen vertreten dagegen die Interessen der Spielerberater. Hier gibt es nationale Vereinigungen wie die DFVV (Deutsche Fußballspieler-Vermittler Vereinigung e. V.)[153] und internationale Vereinigungen wie The Football Forum. Gerade letztere versteht sich als gemeinsame Bewegung von Spielern und Spielerberatern[154] und erhält in den letzten Monaten großen Zulauf, weil sie sich weltweit erfolgreich gegen die versuchten Restriktionen der Spielerberaterbranche durch die FIFA zur Wehr setzt.[155] Als Mitglieder des Football Forum sind die DFVV sowie u. a. die spanische, italienische, portugiesische, belgische, brasilianische und Schweizer Spielerberatervereinigung eingetragen. Es kommen ständig neue Spielerberater und nationale Spielerberatervereinigungen hinzu.[156] In regelmäßigem Turnus organisiert The Football Forum mit den jeweiligen nationalen Spielerberatervereinigungen zudem Informationsveranstaltungen online und in Präsenz, so in Deutschland z. B. gemeinsam mit der DFVV am 18. April 2024 in Frankfurt am Main. Auf der Agenda standen dabei folgende Themen: »The battle against FIFA Agent Regulations: an overview on the legal proceedings«, »The role of the modern agent: how to offer the best services« sowie »What does the future hold and how should agents approach it?" Neben diesen Fachreferaten, durch die Spielerberater für das Geschäftsfeld relevante Informationen aus erster Hand erhalten, ist der direkte Austausch unter den Fachkollegen besonders wichtig.

Medien

Wichtige Akteure, die über den Transfermarkt berichten und diesen damit beeinflussen, sind zwangsläufig Online-Portale, Webseiten, TV-Sender, Presse und Journalisten. Das bereits erwähnte und zitierte Online-Portal Transfermarkt ist wie die Webseite Kicker das größte Nachrichtenportal zum Thema Fußball mit mehreren Millionen Besuchern monatlich.[157] Außer dem Nachrichtenbereich und der populären Rubrik »Gerüchteküche« verfügt das Online-Portal über die weltgrößte Fußballdatenbank, hat die größte Fußball-Community, die in verschiedenen Foren auf dem Portal diskutiert und listet die Profile von mehr als 1 Million Fußballspielern.[158] Jedes Profil umfasst Angaben zu Name, Geburtsort, Größe, Angaben zum stärkeren Fuß, zu Position, aktuellem Verein und Vereinshistorie, aktuellem Marktwert und Marktwerthistorie, News in der Presse, Informationen zum aktuellen Spielerberater, zu Einsätzen und Leistungsdaten. Aufgrund seiner Reichweite und Bedeutung hat sich die Axel Springer AG schon frühzeitig die Mehrheit an der Online-Plattform Transfermarkt gesichert.[159] Die besondere Bedeutung wird auch daran sichtbar, dass sich sogar ein Superstar wie Lionel Messi persönlich bedankte, als er im Jahr 2018/19 vom Online-Portal zum Spieler der Saison gekürt wurde.[160] Die Spielerprofile ergeben in der Gesamtschau dann die jeweiligen Kader der Vereine und Ligen; es lassen sich zudem Spielerberaterprofile mit gelisteten Spielern erstellen bzw. Spielerberater in den Profilen der Spieler anzeigen, über die die Spielerberater dann von Spielern und Vereinen kontaktiert werden können. Somit ergeben sich für ganze Ligen, Vereine und Spieler unzählige Auswertungsmöglichkeiten. Das Online-Portal ist damit aufgrund der Spielerprofile, der Möglichkeit zur Detailsuche u. v. a. ein essenzieller Bestandteil des Transfergeschäfts in der ersten Phase der Informationsbeschaffung.[161]

Weitere wichtige Medienakteure sind Kicker und BILD, wo es zwischenzeitlich sogar eine tägliche Fußball-BILD gab.[162] Im Fernsehbereich sind die wichtigen Akteure der Medienkonzern Sky und hier vor allem der Sender Sky Sport News HD, der 24 Stunden pro Tag über Fußball und den Transfermarkt berichtet, sowie der Sender Sport1 mit der Fernsehsendung Doppelpass, die seit 1995 sonntagmorgens live ausgestrahlt wird und in der stets wechselnde Akteure des Transfermarkts über aktuelle Fußballthemen diskutieren.[163] Die Diskussionen über Transfers beziehen sich dabei jedoch nicht nur auf vakante Stellen, anstehende oder vollzogene Transfers, sondern auch auf Akteure, deren Position in Frage gestellt wird.

Außer sorgfältig recherchierten Berichten, Interviews und Diskussionen verbreiten sich auf dem hektischen Transfermarkt auch oft Falschinformationen in Windeseile, die dann im Fußballgeschäft schnell hohe Wellen schlagen können. Am deutschen Deadline Day im Sommer 2023 kursierte z. B. plötzlich die Nachricht, dass der Spieler Ihlas Bebou von der TSG Hoffenheim beim 1. FC Köln sei, woraufhin ihm unzähligen Nachrichten gesendet wurden. Zur Klarstellung postete Bebou ein Selfie vom Vereinsgelände der TSG Hoffenheim und erklärte, dass es sich um eine Fehlinformation handelte.

Seit 2023 sind auch Journalisten sehr bekannt geworden, die noch schneller an interne Informationen des Transfermarkts zu kommen scheinen als die offiziellen Medien. Im Zentrum steht der italienische Fußballjournalist Fabrizio Romano, der fast im Minutentakt u. a. auf X (ehemals Twitter), Instagram und Facebook über Nachrichten und Gerüchte des Transfermarkts berichtet. Er betreibt außerdem einen Podcast und arbeitete u. a. auch für den Sender Sky Italia, als Experte beim britischen Guardian und beim amerikanischen Sender CBS. Fabrizio Romano verbringt in den geöffneten Transferfenstern pro Tag bis zu 18 Stunden am Mobiltelefon, hat auf Instagram weit über 30 Millionen Follower, gilt auf X mit über 20 Millionen Followern als der einflussreichste User der Welt[164] und gewann viele Auszeichnungen, darunter im Jahr 2022 den Titel des besten Fußballjournalisten der Welt.[165] Er gilt als verlässlichste Quelle im Weltfußball und ist gelegentlich besser informiert als das direkte Umfeld der Spieler selbst, wie z. B. beim Transfer des Japaners Maya Yoshida im Sommertransferfenster 2022 von Sampdoria Genua aus Italien zu Schalke 04 in die Bundesliga. Der Spieler Maya Yoshida hatte laut Fabrizio Romano auch ein Angebot von Trabzonspor aus der Türkei, das er laut Romano abgelehnt hatte. Yoshida war so verblüfft über diese Meldung, dass er diese auf X mit »Nicht einmal meine Frau hat vom Angebot aus der Türkei gewusst« kommentierte.[166] Der italienische Verein Como 1907 ging so weit, dass er den Transfer des Spielers Assane Diao von Real Betis Sevilla in einem Video auf Social Media mit dem Zeigen der gedruckten Social Media Posts von Romano publik machte.[167] Romanos Einfluss auf den Transfermarkt ist riesig und das ist ihm bewusst. Er erzählt, dass er von einem möglichen Angebot eines Vereins für einen Spieler berichtete und daraufhin ein anderer interessierter Verein den Spielerberater des Spielers zwei Minuten später anrief, um mit einem Alternativangebot den Transfer fix zu machen. Wenn Romano dann einen fixen Transfer vermeldet, ist sein Beitrag immer mit den Worten »here we go« versehen, die zu seinem Markenzeichen geworden sind.[168]

Fans

Obwohl für alle Akteure des Transfermarkts der Fußball ein wirtschaftliches Geschäft bildet, ist davon auszugehen, dass alle Akteure ebenfalls Fans sind. Einige Fans, die keine handelnden Akteure im Fußballgeschäft sind, stehen der Kommerzialisierung generell sehr kritisch gegenüber: Dies musste auch der sonst überall beliebte Jürgen Klopp mit seinem Wechsel als Trainer vom FC Liverpool zu Red Bull als Global Head of Soccer erfahren. Mit den großangelegten Fanprotesten 2024, die sich gegen den Einstieg von Finanzinvestoren bei der Deutschen Fußball-Liga (DFL) richteten, beeinflussten sie indirekt auch den Transfermarkt.[169] Ein möglicher Investor zog sich schließlich aufgrund dieser Proteste zurück.[170] Einerseits lag der Grund in der grundsätzlichen Aversion einiger Fans gegen Investoren im Fußball, andererseits wurde unterstellt, dass Mehrheitsgesellschafter Martin Kind von Hannover 96 nicht dem Auftrag seines Vereins gefolgt sei, gegen den Einstieg von Investoren bei der nichtöffentlichen Abstimmung der Vereine unter Führung der DFL zu stimmen, was als Verstoß gegen die 50+1-Regel im deutschen

Fußball gedeutet wurde. Spielerberater werden im Speziellen gerne als Sündenböcke dargestellt. Dies liegt vor allem an der langen Liste der Anschuldigungen gegen Spielerberater: Als »raffgierige Berater« mit der »Lizenz zum Schröpfen« wurden Spielerberater bezeichnet. Uli Hoeneß sprach mit Blick auf einen Spielerberater sogar von geldgierigem »Piranha«. Außerdem wird von Spielerberatern berichtet, die sich mit Geld und Versprechungen das Mandat von Spielern erschleichen, von Spielerberatern, die ihre Spieler zum Streik aufrufen, um einen Vereinswechsel zu erzwingen[171], von Spielerberatern, die wie »Menschenhändler« agieren oder von solchen, die ihre Interessen über die Interessen ihrer Spieler stellen.[172] Schwarze Schafe rücken die ganze Branche in ein schlechtes Licht und aufgrund dieses schlechten öffentlichen Rufs werden Spielerberater von vielen Fans regelrecht gehasst.[173] Andere Fans hingegen haben großes Interesse am Transfermarkt und allen Kaderveränderungen ihrer Lieblingsvereine, die dieser mit sich bringt. Die Fans erhalten über die Presse, Journalisten, Vereine und Social Media hierzu tagesaktuell alle relevanten Informationen. Das große Interesse, die Millionendeals und die schwer durchschaubaren Strukturen im internationalen Transfergeschäft sorgen dafür, dass gerade schwarze Schafe und deren Machenschaften medial große Aufmerksamkeit bekommen.[174]

Die Werkzeuge der Hauptakteure

Die Hauptakteure des Transfermarkts nutzen als Werkzeuge ihres Geschäfts verschiedene Software-Systeme, um Informationen über Spieler einzuholen, deren Leistungen zu verfolgen, zu analysieren sowie um Transfers einzufädeln und abzuwickeln. Im vorigen Kapitel wurde im Bereich Medien bereits die Online-Plattform Transfermarkt vorgestellt, die von Fans sowie auch von den Hauptakteuren im Fußballgeschäft regelmäßig genutzt wird. Transfermarkt bildet im Fußballgeschäft die erste Informationsquelle, über die Informationen zu einem Spieler und/oder Verein eingeholt werden können. Im Folgenden werden ohne Anspruch auf Vollständigkeit relevante Software-Systeme vorgestellt, die von den Hauptakteuren im Transfergeschäft genutzt werden.

Scouting mit Videodatenbanken

In der Öffentlichkeit wenig bekannt, dafür aber für die Hauptakteure des Transfermarkts von umso größerer Bedeutung sind kostenpflichtige Videodatenbanken bzw. -plattformen wie z. B. Wyscout: Diese werden für Analyse, Scouting und Rekrutierung vor allem durch Spielerberater und Vereine genutzt. Wyscout behauptet, die größte Datenbank im Bereich Fußballvideos und Fußballdaten zu sein.[175] Mehrere tausend Spiele aus 600 Wettbewerben weltweit sind in voller Länge aufgezeichnet und werden in voller Länge oder geschnitten (Einzelaktionen pro Spieler) zur Verfügung gestellt. Außerdem sind über 550.000 Spielerprofile zur Analyse abruf- und filterbar, die in Reportings dargestellt werden können.[176] Man wählt etwa in einem vordefinierten Filter aus: »Argentinien«, »Torschnitt von 1,2 Toren«, »Spieler geboren ab 1992« und »letzter Einsatz für die Nationalauswahl: Vergangene Saison«. Dann ermittelt die Datenbank die Namen aller relevanten Spieler, für die diese Kriterien passen, und liefert dazu noch die genauen statistischen Angaben und alle Videos. Videos zeigen nicht nur vollständige Spiele, sondern – je nach Spezifikation – nur die Aktionen eines bestimmten Spielers im gesamten Spiel, nur seine Tore oder Pässe, Flanken, Torschüsse, Duelle etc.[177] Somit kann videobasiert nach dem idealen Spieler gesucht und dieser gescoutet werden. Aufgrund dieser Menge an Spielmaterial können Spieler aus einer viel breiteren und vielfältigeren Datenquelle weltweit gescoutet und im Detail analysiert werden: Beispielsweise Spieler, die in Ligen erfolgreich sind, die hier weniger bekannt sind. Mittlerweile werden solche Videodatenbanken im Normalfall für ein erstes Video- und Datascouting genutzt, bevor ein Interessent oder Spielerberater tatsächlich anreist, um den interessierenden Spieler live zu sehen. Diese kostengünstige Screening-Methode ist besonders für kleinere Scoutingabteilungen und Spielerberater wichtig, die mit kleinerem Budget oder wenig Personal arbeiten müssen.[178] Individuelle Informationen über Spieler und verschiedene detaillierte Reportings, darunter auch Vergleiche mit anderen Spielern, runden das Portfolio solcher Videodatenbanken ab.[179]

TransferRoom

Die Online-Plattform TransferRoom wurde 2016 vom Unternehmer und Fußballfan Jonas Ankersen gegründet, hat seinen Sitz in England und verfolgt das primäre Ziel, die Hauptakteure des Transfermarkts, also Vereine, Spielerberater und Spieler, in Kontakt zu bringen und entsprechende Transfers über die Plattform einzufädeln. Zunächst war die Plattform nur für Vereine und direkte Transfers gedacht, seit 2021 sind auch Spielerberater zugelassen und seitdem hat sich das Wachstum von TransferRoom enorm beschleunigt.[180] Aktuell nutzen mehr als 800 Vereine aus 128 Ligen und 86 Ländern sowie mehr als 450 Spielerberater weltweit die Plattform.[181]

Spielerberater verifizieren sich nach Anmeldung inklusive Angabe ihres Primary und Secondary Market, also der Länder, in denen sie am aktivsten sind. Diese Verifizierung kennzeichnet sie als Trusted agents. Im zweiten Schritt weisen Spielerberater dann eine Zusammenarbeit mit ihren Spielern nach, die ihnen auf der Online-Plattform dann als Verified players zugeordnet werden, so dass Vereine wissen, dass die Spielerberater für die jeweiligen Spieler die richtigen Ansprechpartner sind und nicht etwa Spieler repräsentieren, für die sie nicht vertretungsberechtigt sind.[182] Nach der erfolgreichen Verifizierung erscheint der Spieler im Profil des Spielerberaters und umgekehrt. Der Spielerberater gibt dann im Spielerprofil noch an, welches Gehalt und welche aktuellen Gebühren für Transfer und

Leihe vom Verein erwartet werden. Über eine Suchfunktion können Vereine nun gezielt Spieler kontaktieren.

Das Profil eines Spielers aus Vereinssicht enthält folgende Informationen: Profilbild, Name, Verein und Hauptposition. Daraufhin folgen u. a. Informationen zu Vertragslaufzeit, Alter, Größe, Nationalität, GBE (Governing Body Endorsement)-Status. Der Verein, der sich aktuell für das Profil eines Spielers interessiert, erhält außerdem in rot eine Warnmeldung mit der Information, dass ein anderer Verein aus der gleichen Liga den Spieler zuletzt angesehen hat. Die Kontaktaufnahme mit dem aktuellen Verein und seinem Spielerberater ist über zwei Buttons (Declare interest und Send message) möglich. Dabei werden auf dem Bildschirm zwei wichtige Parameter angezeigt, nämlich das Rating des Spielers und sein Transferwert (xTV).[183]

Das Rating stellt die spielerischen Fähigkeiten eines Spielers mit einem Wert von 0 bis 100 dar. Je höher der Wert, desto besser der Spieler. Jeder Spieler wird hierfür vor allem anhand von drei Kriterien bewertet:

- Die Qualität der Mannschaft, für die er spielt (Squad Ratings), wofür alle Vereine stets im Hinblick auf erzielte Tore, mögliche Tore, Ballbesitz und Pässe analysiert werden. Neueste Ergebnisse werden stärker bewertet als frühere. Da Ligen unterschiedlich sind, wird über Umrechnungen versucht, die Ergebnisse vergleichbar zu machen.
- Das Liga-Rating, d. h. das Niveau der Konkurrenz, gegen die ein Verein spielt.
- Das Simple Rating, d. h. die positionsabhängige Ermittlung wie regelmäßig er spielt (Prozentsatz der gespielten Minuten). Dabei wird das (jüngere) Spieleralter stärker gewichtet und individuelle Leistungsstatistiken (Performance Data wie erwartete Tore [xG, Expected Goals], Luftduelle, Passgenauigkeit, Pressing, Ball-

verluste), gewichtet nach den für seine Position wichtigsten Statistiken, eingerechnet.

Anschließend wird ein Modell erstellt, mit dem auf der Grundlage der wettbewerbsbereinigten Leistungsdaten der Beitrag jedes Spielers zur Gesamtbewertung seiner Mannschaft vorhergesagt werden kann, auf dieser Grundlage wird das Rating ermittelt. Dies geschieht getrennt für die verschiedenen Positionen, um dem Umstand Rechnung zu tragen, dass unterschiedliche Rollen unterschiedliche Maßstäbe für den Erfolg auf dem Spielfeld haben. Spieler, die in den besten Mannschaften den größten Beitrag auf dem Spielfeld leisten, erhalten die höchsten Bewertungen. Die kombinierte Leistung der Spieler einer Mannschaft stehen für die Bewertung ihrer Mannschaft.[184]

Von zentraler Bedeutung ist der erwartete Transferwert (xTV, Expected Transfer Value). Er stellt eine aktuelle, datenbasierte Vorhersage dar, was es für potenzielle neue Vereine ungefähr kosten würde, den Spieler dauerhaft unter Vertrag zu nehmen und basiert auf dem oben erläuterten Rating.[185] Der xTV ist kein reiner Indikator für die Fähigkeiten eines Spielers, sondern zieht zur Berechnung auch die Parameter Alter, Position, Länderspiele, ausstehende Vertragslaufzeit (einschließlich etwaiger Optionen), die Finanzkraft des Stammvereins, historische Ablösesummen für den Spieler, den Wert vergleichbarer anderer Spieler, den potenziellen Markt für den Spieler, die publizierte erwartete Transfergebühr des Vereins u. v. m. heran. Er ist also die Schnittmenge zwischen dem Preis, den der verkaufende Verein für den Spieler erzielen könnte, und dem Preis, den ein kaufender Verein zu zahlen bereit wäre.[186] Der xTV ähnelt dem Marktwert des Online-Portals Transfermarkt, er basiert jedoch auf Daten, die es nur auf TransferRoom gibt und entsteht ohne die Hinzuziehung der Diskussion in einer Community. Er kann genauer sein, vor allem da der Verein selbst einen Spieler auf dem Portal anbietet und somit die Transfergebühr direkt nennt.

Das Spielerprofil zeigt für den interessierten Verein noch weitere Daten: Playing Style, Impact, Financials, Injuries und Alternatives. Im Bereich Playing Style ist ersichtlich auf welchen Positionen der Spieler tatsächlich spielt sowie eine objektive Bewertung. Im Bereich Performance sind Statistiken zur Leistung des Spielers im direkten Vergleich mit allen anderen Spielern auf seiner Position zu sehen. Positionsgetreu werden die wichtigsten Kennzahlen analysiert, die von gewonnenen Luftduellen bis hin zu langen Pässen reichen. Um festzustellen, ob der Spieler besser ist als aktuelle Spieler der gleichen Position einer potenziellen neuen Mannschaft wird sein Rating im Vergleich zu den Ratings der möglichen zukünftigen Mannschaftskameraden im Bereich Impact angezeigt. Eine weitere Vergleichsmöglichkeit des Spielers im Bereich Impact besteht in Form eines Vergleichs mit anderen Spielern auf derselben Position in der Liga (Liga-Benchmark). Im Bereich Financial wird der aktuelle xTV-Wert des Spielers (Registerkarte xTV Benchmarks) dargestellt und verglichen, mit welchem xTV und für wieviel Geld ähnliche Spieler in der Vergangenheit tatsächlich transferiert wurden (»% match«).[187]

Um zu prüfen, ob mit dem Spieler auf Basis seines aktuellen xTV in Zukunft Gewinn erwirtschaftet werden kann, wurde die Registerkarte Resale Value im Financial-Bereich konzipiert. Einfluss auf den möglichen Wiederverkaufswert hat das Niveau des Kaders eines potenziellen neuen Vereins (wirtschaftliches und spielerisches Niveau) im Vergleich zum aktuellen Verein, das jetzige und zukünftige Alter des Spielers (der xTV reduziert sich mit zunehmendem Alter) sowie verschiedene Optionen für die Vertragsdauer, wobei der prognostizierte xTV zum Ende der Vertragslaufzeit hin abnimmt. Der zukünftige xTV wird auf der Grundlage von drei verschiedenen Spielzeitszenarien dargestellt: 30, 50 und 70 Prozent der für einen potenziellen neuen Verein gespielten Minuten.[188]

Unter Injuries ist ablesbar wie viele Tage der Spieler verletzungsbedingt pro Jahr ausgefallen ist, wieviel Prozent der Spiele er verpasst hat und aufgrund welcher Verletzungen. Mit der Angabe der Verletzungen kann beurteilt werden, ob der Spieler einmalige bestimmte Verletzungen erlitten hat oder ob er möglicherweise ein wiederkehrendes gesundheitliches Problem hat, das ihn zu einer riskanten Investition machen könnte.[189]

Im Bereich Alternatives sieht ein Verein mögliche Alternativen zu dem Spieler, auf den man sich aktuell fokussiert hat bzw. man kann Spieler mit ähnlichem Profil ansehen.

Durch die vorgestellte Verifizierung und Zuordnung der Spieler zu ihren Spielerberatern fällt die Möglichkeit weg, dass Intermediäre, die vertraglich von Spielerberatern mittels Submandaten eingesetzt werden und häufig die Transferverhandlungen verkomplizieren, über die Plattform Spieler repräsentieren können. TransferRoom selbst agiert hier also wie ein Online-Intermediär.

Weitere Funktionalitäten der Plattform für Vereine sind Recruitment und Outplacement von Spielern sowie die Möglichkeit einer direkten Kontaktaufnahme mit anderen Vereinen und Spielerberatern.[190]

Das Recruitment steht für Vakanzen bzw. für die Möglichkeit zur Spielerrecherche, für die Vereine in Echtzeit offiziell machen können, welche Positionen gesucht werden, wie das jeweilige Spielerprofil sein soll, welche Art von Verpflichtung gewünscht wird (Transfer oder Leihe, Transfer Type) und welches Budget hierfür sowie für die Gehaltsverhandlungen zur Verfügung steht.[191] Andere Vereine sehen alle Vakanzen in Listenform und können direkt mit einem inserierenden Verein Kontakt aufnehmen, während Spielerberater bei entsprechender vereinsseitiger Freigabe ebenfalls alle Vakanzen ansehen können. Spielerberater sehen dann die Inserate aber ohne Vereinsname, sondern nur mit Angabe der Liga, z. B. Bundesliga, und ohne Möglichkeit der Kontaktaufnahme, wenn Spieler ihres Portfolios nicht auf die Vakanz passen. Wenn sich für Spieler aus ihrem Portfolio jedoch ein Treffer ergibt, wenn also Position, Alter, Liga- und finanzielles Niveau passen, erscheint der Vereinsname und sie können den Entscheidungsträgern einen entsprechenden Hinweis geben und ihren Spieler anbieten.[192] Vereine können jedoch auch Spielerberater markieren, mit denen sie zusammenarbeiten möchten, in genau derselben Art und Weise wie sie es auch außerhalb der Plattform tun würden.[193]

Das Outplacement von Vereinen steht für die Freigabe zu Transfer oder Leihe von Spielern und wie beim Recruitment können diese transparent einschließlich der genauen Konditionen (Transfer oder Leihe und jeweilige Gebühr) als »to buy«, »to loan« und »to buy & loan« in Echtzeit über den Button »make available« gelistet werden.[194] Ein Verein kann einem anderen Verein einen Spieler außerdem auch direkt anbieten (► Dar. 6).

Das Anbieten von Spielern wird als pitchen bezeichnet und falls Spielerprofil und Anforderungen der Vakanz zusammenpassen, dann wird für den Spielerberater ein grüner Button mit der Aufschrift Pitch player neben dem Vereinsinserat sichtbar. Nach dem Anklicken öffnet sich ein Fenster, in dem die bereits festgelegten Grunddaten zum Spieler zusammengefasst sind, die finanziellen Konditionen können nochmals verändert werden, da sie sich im Zeitverlauf ständig ändern können. Darüber hinaus können weitere Informationen zum Spieler in Textform eingegeben und dann alles gesammelt mit einem Klick an den Verein abgesandt werden. Der Verein erhält dann eine Nachricht, die er dem Spielerberater mit drei vorgegebenen Möglichkeiten beantworten muss:[195] Bei Interesse klickt der Verein Declare interest to agent; wenn der Verein den Spieler noch intern prüfen und einige Tage Bedenkzeit möchte, kann die Option Save pitch oder bei Ablehnung Dismiss and go to next gewählt werden. Der Entscheidungsträger muss mit einer dieser drei Möglichkeiten antworten. Solange keine Antwort gegeben wurde, wird dem Verein der nächste Pitch nicht angezeigt. Damit soll verhindert werden, dass die Vereine durch taktisches Zögern die Transfergeschäfte verhindern. Spielerberater müssen allerdings nicht listenweise nach diesen Vakanzen suchen, sondern können über ihr Nutzerkonto den Button mit Pitch Opportunities nutzen, um sich anzeigen zu lassen, auf welche Vereinsvakanzen ein eigener Spieler gepitcht werden kann.

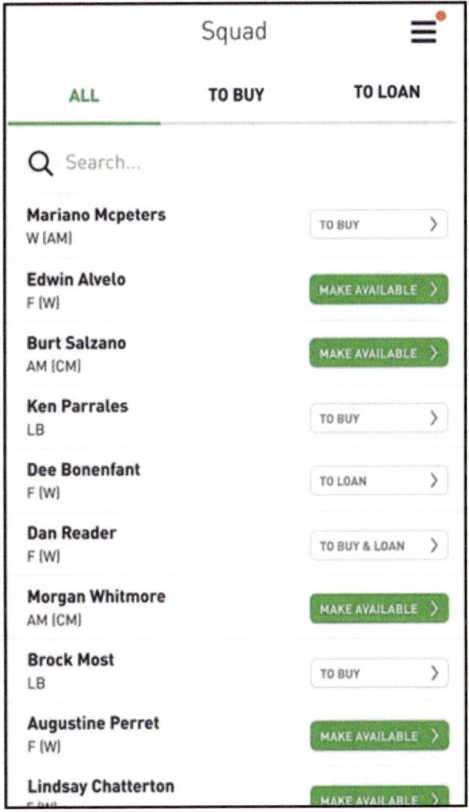

Dar. 6:   TransferRoom: Outplacement[196]

Spielerberater müssen also nicht mehr bei Vereinen nachfragen, welcher Spielertyp dort gesucht wird, sondern haben online Zugriff auf die von den Vereinen öffentlich gemachten Vakanzen, wenn diese auf TransferRoom aktiv sind und wenn sie entsprechende Spieler mit gleichem Niveau im Portfolio haben. Ein Vorteil für Vereine ist, dass Spielerberater über die Plattform nicht alle Spieler anbieten können, sondern nur die, die auf deren Vakanzen passen, was die Anzahl der Anfragen beschränkt und auf solche Profile konzentriert, die für den jeweiligen Verein interessant sind. Für die Spielerberater ist das nicht zwangsläufig ein Vorteil, denn es können schlicht nicht alle relevanten Spieler des Portfolios angeboten werden. Über die Plattform ist eine Kommunikation zwischen Spielerberater und Verein per Chat nur in Bezug auf einen konkreten Pitch möglich und Spielerberater können grundsätzlich ihre Spieler nur auf eine Vereinsvakanz anbieten. Ein sogenannter Plus pitch erlaubt Spielerberatern je nach gewähltem Paketumfang mehrmals pro Saison ihre Spieler bis zu 20 Vereinen ohne konkrete Vakanz direkt anzubieten. Das hat den Vorteil, die Spieler zu positionieren, von denen man glaubt, der ausgewählte Verein könnte trotzdem Interesse an ihnen haben.[197]

In einer Übersicht (Pitch insights) sieht der Spielerberater, welcher Spieler in Summe die Antworten Declare interest to agent, Save pitch und Dismiss and go to next erhalten hat – ein guter Arbeitsnachweis des Spielerberaters für die von ihm betreuten Spieler.[198]

Mittlerweile können sich auch volljährige professionelle Spieler und Trainer selbst kostenlos auf der Plattform anmelden und die Plattform nach manueller Freischaltung durch TransferRoom selbst für sich nutzen. Über 1.100 Spieler haben sich mittlerweile selbst registriert. Spieler erhalten Zugang zu ihrem Profil.[199] Mit einem Agent finder genannten Tool können Spieler außerdem selbst nach einem passenden Spielerberater in ihren Ziel-Ligen suchen. Der verifizierte Spieler eines Spielerberaters sieht den Agent finder jedoch nicht.

Wenn er jedoch keinen Spielerberater hat, dann wählt der Spieler die Länder und Ligen aus, in denen er spielen möchte. Der Algorithmus des Agent finders berücksichtigt u. a. die bevorzugten Ligen des Spielers, seine Performance, das aktuelle Portfolio des Spielerberaters und seine Erfolgsbilanz. Es wird daraufhin eine Liste mit 10 Agenturen erstellt, die am besten zu den Bedürfnissen und zum Niveau des Spielers passen. Der Spieler kann dann eine Vertretungsanfrage (Representation Request) an die Spielerberater senden.[200] Für die Spielerberater ist das positiv, um nicht ständig von Spielern kontaktiert zu werden, die nicht professionell Fußball spielen können oder deren Zielmärkte/-Ligen für den Transfermarkt ungeeignet sind.

Spielerberater können andererseits das Tool PlayerMarket nutzen, um proaktiv Spieler zu kontaktieren, die sich selbst mit einem eigenen Profil angelegt haben und keine Verified players eines anderen Spielerberaters sind. PlayerMarket ermöglicht den Zugang zu Spielern auf zwei Arten: Einerseits über das Empfangen von Vertretungsanfragen per Nachricht von Spielern auf TransferRoom und andererseits durch eigene Suche nach Spielern über die Suchmaske bzw. im Bereich Looking for an agent mit folgender Kontaktaufnahme über den Button Contact player about representation. Wenn ein Spieler aktiv auf der Suche nach einem Spielerberater ist, wird dies in seinem Profil grün mit der PlayerMarket-Funktion angezeigt.[201]

Insgesamt wurden bis heute 75.000 Spieler gelistet, 103.000 Pitches und Interaktionen haben stattgefunden und über 6.500 erfolgreiche Deals (Transfers und Leihen) wurden bisher mit TransferRoom eingefädelt.[202] Auch große Vereine wie Manchester City, FC Chelsea, FC Barcelona, AC Mailand oder Paris Saint-Germain nutzen die Plattform.[203] Die meisten Transfers laufen im Bereich der Transfersummen von bis zu 2 Millionen Euro ab, wobei angeblich auch schon ein Transfer mit einer Gesamtsumme von 20 Millionen Euro abgewickelt wurde.[204] Simon Rolfes, der Sportdirektor von Bayer 04 Leverkusen meint, dass TransferRoom jedoch vor allem für kleine Vereine interessant ist: "Für Klubs aus kleineren Ligen kann diese Plattform einen Mehrwert haben. Den sehe ich für uns nicht. Die Vereine, die sich unsere Spieler leisten können, kennen diese auch."[205]

Die Kosten zur Nutzung von TransferRoom sind Abonnementkosten und liegen für Vereine, in einer Höhe abhängig von ihrem Land und ihrer Liga sowie abhängig vom gebuchten Funktionsumfang des gewünschten Pakets, bei jährlich zwischen 5.000 und 15.000 Euro.[206] Auch für Spielerberater gibt es verschiedene, noch etwas teurere Pakete als Abonnement, die bestimmte Funktionen, wie z. B. die Anzahl der Vereinskontaktmöglichkeiten für einen Spieler steuern.

Als Exkurs sei noch anzumerken, dass die Online-Plattform für Abonnenten bestimmter Pakete noch das »TransferRoom Summit« anbietet, ein großes Meeting mit über 300 Vereinen, das ca. vier Mal pro Jahr in europäischen Metropolen stattfindet, womit ein direkter persönlicher Kontakt der Vereine untereinander und mit Spielerberatern ermöglicht wird. In One-to-one-Meetings kommen Vereinsvertreter mit Vereinsvertretern oder Spielerberatern an Vierertischen zusammen und haben 15 Minuten Zeit sich über Transfers auszutauschen, bis die Glocke zum nächsten Meeting ertönt.[207]

Transfer Matching System (TMS)

Für die vereinsseitige Abwicklung, Standardisierung und Vereinfachung von Transfers professioneller Fußballspieler hat die FIFA für alle Vereine und Verbände ein Online-System, das Transfer Matching System (TMS) eingerichtet. Internationale Transfers von Spielern zwischen Vereinen müssen online über dieses TMS abgewickelt werden und sollen dadurch schneller, reibungsloser und transparenter ablaufen.[208] 209 Nationalverbände und mehr als 6.000 Vereine nutzen mittlerweile das Online-System.[209] Federführend ist innerhalb der FIFA-Division Legal & Compliance die Abteilung Regulatory

Enforcement.[210] Spieler und Spielerberater haben darauf weder Zugriff noch offizielle Einsicht. Laut FIFA soll die systemseitige Abwicklung eines Transfers mit TMS innerhalb von 7 Minuten möglich sein.[211] Die Zeiten von defekten Faxgeräten, die einen Transfer verhindern, sind damit vorbei.

Wenn zwei Vereine einen Transfer abschließen, tragen beide Vereine jeweils die vordefinierten Parameter des Vertrags in das TMS ein. Diese Informationen im TMS müssen gleich sein, so dass für den Spieler bei einem internationalen Transfer ein International Transfer Certificate (ITC) erstellt wird, das den Transfer besiegelt, während bei einem nationalen Transfer dies nur als Erklärung (Declaration) erfasst wird. Das ITC stellt außerdem sicher, dass der Spieler für seinen neuen Verein spielberechtigt ist und dient als Kontrolle, um sicherzustellen, dass der Spieler nicht bei seinem vorherigen Verein weiter unter Vertrag steht oder gesperrt ist.[212] Insgesamt werden 23 Parameter abgefragt, z. B. Informationen zum Spieler, die Vereinsnamen, der Name des zugehörigen Nationalverbandes, Art des Transfers, involvierte/r Spielerberater, Zahlungsbedingungen, Transfersummen etc.[213] Falls widersprüchliche Angaben der Vereine gemacht werden, ist dies über orangene Fehlermeldungen ersichtlich. Zusätzlich werden alle Verträge hochgeladen, die für den Transfer unterschrieben wurden und wenn alle Informationen schließlich übereinstimmen, ist der Transfer systemseitig abgeschlossen. Vereine und Verbände werden vom Client Services-Team der FIFA in allen Fragen unterstützt.[214] Außerdem gelangen die User der Vereine über den Help-Button auf eine separate Support-Website, auf der alle Abläufe des TMS nochmals erklärt sind.

Ein electronic player passport (EPP) ist im TMS pro Spieler hinterlegt und enthält die Registrierungshistorie eines Spielers ab dem Alter von 12 Jahren. Dieser EPP ist für Vereine wichtig, da auf Basis der enthaltenen Angaben bei Transfers die sog. Ausbildungsentschädigung und der Solidaritätsbeitrag berechnet wird, die später noch im Detail erläutert werden.[215]

Da über das TMS systemseitig alle internationalen Transfers abgewickelt werden, kann man hieraus auch alle internationalen Transferdaten für den Global Transfer Report extrahieren.[216] Für nationale Transfers nutzen die Vereine eigene Plattformen oder Systeme (Domestic Electronic Systems), die aber über die Schnittstelle FIFA Connect mit dem TMS verbunden sind.[217]

2
Spielerberater

Über die tägliche Arbeit der Spielerberater und die Abläufe von der Akquise bis zum Transfer kursieren viele Mythen, die Öffentlichkeit weiß darüber nur sehr wenig. Es gibt die Vorstellung einer »Dunkelbranche«: So wurde in einer ZDF-Reportage gezeigt, dass die Arbeit der Spielerberater stets im Hintergrund stattfindet, von Insidern zwar effizient, aber gelegentlich mit halbseidenen Mitteln abgewickelt wird, eine Welt, in der hohe Geldsummen fließen, über deren genaue Höhe auch Kenner oft nur spekulieren können.[218] Welt.de schreibt hierzu: »Die Deals zwischen Spielerberatern und Klubs laufen im Geheimen ab und das Ansehen von Spielerberatern rangiert irgendwo zwischen denen von Hütchenspielern und Mafia-Bossen. Die grauen Herren des Fußballs haben keine Lobby.«[219] Dazu kommen Berichte über Reisen in Privatjets und Geschäftsessen in den teuersten Restaurants. Spielerberater ziehen die Fäden im Hintergrund und treten, wenn überhaupt, erst öffentlich in Erscheinung, wenn sich der Transfer eines Spielers abzeichnet.[220]

Auf der Online-Plattform Transfermarkt sind insgesamt 11.425 Spielerberateragenturen und 18.601 Spielerberater gelistet.[221] Ob alle gelisteten Spielerberater ständig aktiv sind und aktuell eine oder mehrere entsprechende nationale Lizenzen haben, ist unbekannt. Eine zahlenmäßige Diskrepanz besteht zur Lizenzierung durch die FIFA, die im Dezember 2023 exakt 5.319 Personen als Spielerberater angibt.[222] Im Jahr 2023 waren bei 3.353 internationalen Transfers einer oder mehrere Spielerberater involviert. In den letzten 10 Jahren ist hier ein ständiger Anstieg zu verzeichnen (► Dar. 7).

2 Spielerberater

Dar. 7: Internationale Transfers mit involvierten Spielerberatern[223]

Im Jahr 2023 wurden Spielerberaterhonorare in einer Rekordhöhe von umgerechnet 822,3 Millionen Euro bezahlt. Vor zehn Jahren lagen die Spielerberaterhonorare noch bei 179,7 Millionen Euro (► Dar. 8).[224]

Dar. 8: Vereinsausgaben für Spielerberaterhonorare[225]

Nicht aus den Statistiken ersichtlich sind die Spielerberaterhonorare nationaler Transfers. Zudem werden dort nur Spielerberater erfasst, die vom Verein vertraglich eingebunden und im TMS der FIFA eingetragen wurden. Wenn ein Spieler z. B. seinen Spielerberater selbst bezahlt, erscheint dieser in den Statistiken nicht immer. Die Gesamtsumme an Spielerberaterhonoraren ist also noch deutlich höher als die hier angegebene Rekordhöhe, die in den Medien unkommentiert und effektheischend als Gesamtsumme weiterverbreitet wird.

Spielerberater werden

Um sich zum Spielerberater zu qualifizieren, gibt es keine formale Ausbildung und keine einschlägigen Studiengänge. Die formale Voraussetzung war und ist lediglich der Erhalt einer Spielerberaterlizenz, über deren Erwerb das nächste Kapitel informiert. Die Spielerberaterlizenz ist jedoch nur die Eintrittskarte in die Welt der Spielerberatung, den Erfolg müssen sich die seriösen und erfolgreichen Spielerberater mit Ausdauer, Unternehmergeist, Kompetenz, Fleiß, Leidenschaft, Instinkt, Cleverness, Sprachkenntnissen, Feingefühl, Schnelligkeit und Verhandlungsgeschick erarbeiten.

Die Ausdauer wird vor allem zu Beginn der Geschäftsaufnahme benötigt, da sich Erfolge nicht sofort und von selbst einstellen. Hier ist wie bei jeder Gründung ein langer Atem gefordert. Unternehmergeist ist für die Organisation der Selbständigkeit, die wirtschaftliche Aufrechterhaltung der Geschäftstätigkeit, für den Netzwerkauf- und -ausbau sowie für die Beziehungspflege zu Spielern und Entscheidungsträgern in Vereinen wichtig. Kompetenz, Leidenschaft und die Kenntnis möglichst vieler Sprachen sind in Bezug auf die Arbeit in der Verhandlungsphase und im Umgang mit den Spielern hilfreich. Fachlicher Instinkt in Verbindung mit Cleverness und Feingefühl helfen beim frühzeitigen Erkennen von Chancen, die aus einer Zusammenarbeit mit Spielern und für die Spieler als Klienten auftun (können). Schnelligkeit bildet in der Spielerberatung oft das Zünglein an der Waage: Ein Sportdirektor ruft im Grunde nur einmal an, einen guten Spieler muss ein Spielerberater schnell scouten, der Spielerberater muss transferrelevante Informationen vor seinen Kollegen und Konkurrenten erhalten und eine schnelle professionelle Positionierung des eigenen Spielers ist wichtig, um dann Vakanzen in Vereinen mit den eigenen Spielern besetzen zu können. Verhandlungsgeschick muss vorhanden sein, um von einer erkannten Transferchance für betreute Spieler am Ende in eine ernsthafte Verhandlung mit Vereinen zu kommen. Egal ob per E-Mail, Whats-

App, Telefon oder am Verhandlungstisch selbst: Verhandlungsstrategien und Verhandlungstaktiken sind wichtig, um das bestmögliche Ergebnis für den eigenen Spieler zu erzielen.

Die geschilderten Fähigkeiten sind zwar zu einem gewissen Grad erlern- und trainierbar, aber die charakterliche Disposition für die Arbeit als selbständiger Spielerberater und nicht zuletzt eine Passion für den Sport muss man sozusagen im Blut haben. Hier gibt es, wie nicht anders zu erwarten, große Unterschiede in der Praxis. Negative Beispiele sind die Spielerberater, die ihre Spieler nicht mit Erfolgen und Fakten überzeugen können, sondern die Spieler nur im eigenen Spielerberaterprofil auf Transfermarkt listen und dann passiv auf Anrufe interessierter Vereine warten. Das ist unseriös und unfair, denn den Spielern entgehen dadurch viele Chancen. Die erfolgversprechende Arbeit der Spielerberater ist dagegen vielseitig und erfordert persönlichen Einsatz.

Bis 2015 waren eine Berufshaftpflichtversicherung, ein einwandfreies polizeiliches Führungszeugnis und das Absolvieren einer 90-minütigen schriftlichen Prüfung zum Regelwerk der DFL, des DFB und der FIFA sowie 250 Euro Prüfungsgebühr nötig, um vom DFB eine Spielervermittlerlizenz zu erhalten.[226] Ab 2015 hat die FIFA diese Prüfungen abgeschafft. In den meisten Ländern konnte somit plötzlich jeder Interessent auch Spielerberater werden und daraufhin ist die Anzahl von Spielerberatern stark gestiegen. Für eine offizielle Lizenz war in Deutschland und den meisten Ländern lediglich ein Antrag beim nationalen Verband nötig, der über ein Reglement die weiteren Voraussetzungen für den Erhalt einer Spielerberaterlizenz vorgab.[227] Nach der ersten Genehmigung erfolgte die Verlängerung der entsprechenden Lizenzen jeweils im Jahresturnus. Davon ausgenommen waren Anwälte und Familienmitglieder eines Spielers, die auch ohne Prüfung und Lizensierung als Spielerberater arbeiten konnten.[228]

Es gab – und gibt – viele lizenzlose Spielerberater und Intermediäre, die kurz vor Abschluss eines Transfers in Kooperation mit einem Anwalt oder lizenziertem Spielerberater ihre Geschäfte vermeintlich regelkonform machen wollen. Die Spielergewerkschaft und der DFB hatten deshalb öffentlich Spielern und Vereinen empfohlen, nicht mit lizenzlosen Spielerberatern zusammenzuarbeiten, um sich nicht der Gefahr von Sanktionen auszusetzen und eine professionelle Zusammenarbeit der Hauptakteure des Transfermarkts sicherzustellen.[229] Auch der italienische Verband hat 2025 öffentlich kommuniziert, dass immer mehr Hinweise auf Aktivitäten lizenzloser Spielerberater und Intermediäre eingehen, denen von offizieller Seite nachgegangen wird.[230] Die französische Justiz hat im Jahr 2024 lizenzlose Spielerberater sowie lizenzierte Spielerberater und Entscheidungsträger von Vereinen, die mit lizenzlosen Spielerberatern zusammengearbeitet haben, zu empfindlichen Geld- und Bewährungsstrafen verurteilt.[231]

FIFA Football Agent Regulations (FFAR)

Am 16.12.2022 hat der FIFA-Rat ein neues Reglement für Spielerberater verabschiedet, das am 09.01.2023 in Kraft getreten ist und mit Übergangszeit seit dem 01.10.2023 gültig ist. Das FFAR umfasst neugefasste Regularien, einen allgemeinen Informationsbereich für Spielerberater auf der FIFA-Webseite und die FIFA Agent Platform, eine Online-Plattform für Spielerberater. Darüber hinaus wurde mit dem neuen Reglement auch die Wiedereinführung eines weltweit einheitlichen Systems für den Erhalt einer Spielerberaterlizenz beschlossen.[232] Die FFAR werden insbesondere für Spielerberatertätigkeiten »mit internationaler Dimension«, also für internationale Transfers verbindlich vorgegeben, jedoch wurden die Nationalverbände angewiesen, die Bestimmungen für nationale Transfers ab dem 30.09.2023 »umzusetzen und durchzusetzen«.[233] Die Einführung der FFAR war gut vorbereitet worden und entsprechend viele Informationen wurden, auch über die FIFA-Webseiten, bereitgestellt.[234]

FIFA-Spielerberaterlizenz

Das einheitliche Lizenzierungssystem umfasst einen Antrag und eine Prüfung. Der Lizenzantrag erfolgt über die FIFA Agent Platform, auf der ein persönliches Konto angelegt werden muss. Die Sprachen der Plattform sind Englisch, Französisch oder Spanisch, in diesen Sprachen werden für den Registrierungsprozess auch Anleitungen zur Verfügung gestellt.[235]

Nach dem Klick auf Register in der oberen rechten Ecke der FIFA Agent Platform müssen in mehreren Abschnitten Persönliche Angaben, Angaben zum Benutzerkonto, Angaben zum Wohnsitz und Kontaktangaben gemacht und die Datenschutzrichtlinie akzeptiert werden. Wenn alle Felder im Anmeldeformular korrekt ausgefüllt sind, wird im nächsten Schritt die eigene Identität in einem dreistufigen Prozess bestätigt. Damit ist die Registrierung abgeschlossen und eine Bestätigungsseite auf der Plattform wird angezeigt. Außerdem erhält der (angehende) Spielerberater eine Bestätigung per E-Mail.[236]

Über den Button Access in der Bestätigungs-E-Mail oder über Login in der rechten oberen Ecke der Plattform gelangt der (angehende) Spielerberater zur Anmeldeseite, wo die Anmeldedaten einzugeben sind, die zuvor für die Registrierung verwendet wurden, dabei müssen bei der Erstanmeldung auch die Nutzungsbedingungen für die FIFA Agent Platform akzeptiert werden. Im oberen Bereich der Plattform ist dann als eine Menüoption das Licensing anzuklicken, um zum Lizenzantrag zu gelangen.

Es gibt drei verschiedene Wege, die Spielerberaterlizenz zu erlangen: Den Exam path (»exam«), den Legacy path (»pre-2015 license«) und den National path (»national law«). Für jede Variante von Lizenzantrag ist das auszufüllende Formular unterschiedlich, mit jeweils obligatorischen Feldern, die entsprechend mit einem Stern gekennzeichnet sind.[237]

Den Legacy path wählen alle Spielerberater, die früher eine Lizenz als Spielervermittler gemäß dem FIFA-Spielervermittlerreglement von 1991, 1995, 2001 oder 2008 hatten. Dies befreit sie von der Pflicht, erneut eine Prüfung ablegen zu müssen, sofern sie über das Portal bis 30.09.2023 einen entsprechenden Antrag gestellt und einen Nachweis erbracht haben, dass vor 2015 eine Spielerberaterlizenz mit Prüfung erlangt wurde. Danach ist der Legacy path nicht mehr möglich.[238] 3.004 Spielerberater haben über diesen Weg die neue FIFA-Spielerberaterlizenz erhalten.[239] Die neue FIFA-Spielerberaterlizenz wird erteilt, wenn der Spielerberater keine falschen Angaben gemacht hat oder straffällig geworden ist, keine Suspendierung durch die FIFA von zwei oder mehr Jahren vorliegt, nicht gegen ethische Standards der FIFA verstoßen hat, nicht in das Geschäft mit Sportwetten involviert war und nicht als Mitglied der FIFA, einer Konföderation, eines Verbands oder eines Vereins gearbeitet hat. Zudem muss die jährliche FIFA-Spielerberaterlizenzgebühr bezahlt worden sein.[240]

Den National path wählen alle Spielerberater, in deren Heimatland ein eigenes, nationalem Recht unterliegendes Lizenzierungssystem für Spielerberater besteht (z. B. Frankreich und Italien). Der Grund dafür ist, dass nationales Recht Vorrang vor dem FIFA-Reglement hat.[241] Hierzu ist ein entsprechender Nachweis zu erbringen und ansonsten entsprechen die Voraussetzungen denjenigen des Legacy path.[242]

Alle anderen (angehenden) Spielerberater müssen den Exam path wählen und damit eine Spielerberaterprüfung erfolgreich ablegen. Die erste Prüfung für die neue FIFA-Spielerberaterlizenz fand am 19.04.2023 in Frankfurt am Main statt.[243] Für 2024 waren zwei halbjährliche Prüfungstermine anberaumt, ab 2025 sollen diese nur noch einmal jährlich stattfinden.[244]

Beim Exam path ist ein Ausweisdokument hochzuladen, die entsprechende Dokumentnummer anzugeben, die Konföderation sowie der Verband auszuwählen, bei dem die Prüfung abgelegt werden soll. Obligatorisch ist außerdem das Hochladen eines Passbilds.[245]

Die FIFA kann weitere Dokumente nachfordern, um final über den Antrag zu entscheiden. Wenn die FIFA den Antrag ablehnt, erscheint der rote Status Rejected. Über die Gründe der Ablehnung wird auf der Plattform und per E-Mail informiert. Wenn der Antrag angenommen wurde und der (angehende) Spielerberater zur Prüfung zugelassen wird, erscheint in Grün der Hinweis Ready to take the exam und damit ist die Teilnahme an der nächsten Prüfung möglich. Zum Schluss ist vor der Prüfung noch die Prüfungsgebühr in Höhe von umgerechnet aktuell 357 Euro in Deutschland an den DFB zu überweisen.[246] Weltweit liegen die Prüfungsgebühren zwischen 50 und 1.000 US-Dollar.[247]

Nach Anmeldung besteht einige Wochen Zeit, um sich anhand der Prüfungsunterlagen vorzubereiten. Das Material (Study Materials und Support Materials) besteht aus insgesamt über 600 Seiten auf Englisch, Spanisch oder Französisch und enthält das Folgende[248]:

1. Chapter I: Study Materials
    (i) FIFA regulations
        a) FIFA Statutes (May 2024 edition)
        b) FIFA Disciplinary Code (2023 edition)
        c) FIFA Code of Ethics (2023 edition)

        d) FIFA Regulations on the Status and Transfer of Players (June 2024 edition)
        e) FIFA Procedural Rules Governing the Football Tribunal (March 2023 edition)
        f) FIFA Clearing House Regulations (October 2022 edition)
        g) FIFA Football Agent Regulations (2022 edition)
   (ii) FIFA materials
        a) FIFA Guardians child safeguarding toolkit for member associations
        b) FIFA Guardians™ Safeguarding Essentials: Course 1 2.
2. Chapter II: support materials
   (i) FIFA circulars
        c) FIFA circular no. 1827: FIFA Football Agent Regulations (2022 edition)
        d) FIFA circular no. 1867: Failure to respect settlement agreements – competence of the FIFA Disciplinary Committee
        e) FIFA circular no. 1873: FIFA Football Agent Regulations: update on implementation
        f) FIFA circular no. 1874: FIFA Football Agent Regulations: licensing updates and information on the Agents Chamber of the FIFA Football Tribunal
        g) FIFA circular no. 1887: Amendments to the Regulations on the Status and Transfer of Players (RSTP) concerning provisions regarding female players and coaches, the extension of Annexe 7 and the international transfer process for football
        h) FIFA circular no. 1889: Amendments to the FIFA Statutes, the Regulations Governing the Application of the Statutes and the Standing Orders of the Congress
        i) FIFA circular no. 1891: FIFA Football Agent Regulations: Exam dates h. FIFA circular no. 1892: Regulations on the Status and Transfer of Players – categorisation of clubs and registration periods
   (ii) Other
        j) FIFA Football Agent Regulations – FAQs (March 2023 edition)

Die Karriere- und Vermögensplanung für Spieler ist nicht Teil der Prüfungsunterlagen, jedoch vom Aufbau der FIFA bis hin zur Idee eines FIFA Clearing House sehr viel Detailwissen über die FIFA selbst. Die für den Transfermarkt relevantesten Teile der FIFA-Dokumente werden im Kapitel 3 dieses Buches zur Erklärung eines Transfers näher erläutert. Für die Spielerberaterprüfung sind jedoch alle Dokumente relevant, allerdings muss nichts auswendig gelernt werden, denn es handelt sich um eine Open-book-Prüfung, bei der ausgedruckte Prüfungsunterlagen benutzt werden können. Da es sich bei den Prüfungsfragen allerdings um Fallbeispiele handelt, müssen diese Unterlagen durchgearbeitet und verstanden worden sein, um die Fragen richtig beantworten zu können.

Online-Prüfung

Nach Einloggen auf dem Online-Portal gibt es unter Licensing und Exam einen Link Start the practice exam. Über diesen Link erfolgt die Weiterleitung zu einer Probeprüfung mit 20 Multiple-Choice-Beispielfragen. Die Beispielprüfung ist wie das offizielle Original auf eine Dauer von 60 Minuten ausgelegt und man benötigt 15 richtige Antworten (= 75 Prozent), um die Prüfung zu bestehen.[249] Diese Probeprüfung kann so oft wie gewünscht wiederholt werden. Mit Klick auf »Attempt quiz now« starten die 60 Minuten zur Beantwortung der Multiple-Choice-Fragen. Zwischen den Fragen kann auf der linken Bildschirmseite frei navigiert werden oder direkt über den Button Next question.[250]

Zwei Beispielfragen der Probeprüfung mit mehreren Antwortmöglichkeiten sind nachfolgend abgedruckt und sollen einen Eindruck von der Art der Prüfung vermitteln:

> »Adam is a Football Agent from England and has a dispute with his Client, player Geoffrey from the United States. Since Adam has not been paid for his services provided within an International Transfer he wants

to open a dispute resolution procedure. Where are Adam's options to submit his request to resolve the dispute?

Select one or more:

a) FIFA Agent Chamber
b) English FA's dispute resolution body
c) FIFA Dispute Resolution Chamber
d) FIFA Player Status Chamber«

Die richtige Antwortalternative ist a.[251]

»Select the bodies which form the FIFA Judicial Bodies:

Select one or more:

a) The Ethics Committee
b) The Football Tribunal
c) The Disciplinary Committee
d) The Appeal Committee«

Die richtigen Antworten sind a., c., d.[252]

Nach der 20. und damit stets letzten Frage muss der Button Submit final answer angeklickt werden, um die Prüfung abzuschließen.[253] Zum Abschluss wird der Status aller 20 Antworten angezeigt (Answer saved oder Not yet answered) sowie die verbleibende Zeit. Mit Klick auf Submit all and finish werden die Resultate abgesendet und die Prüfung endgültig abgeschlossen.[254]

Die im Internet kursierenden Fragensammlungen zur FIFA-Spielerberaterprüfung sind mit Vorsicht zu genießen, weil sie mitunter fehlerhaft und damit nicht zur Vorbereitung geeignet sind.

In den Jahren 2023 und 2024 meldeten sich die Prüfungsteilnehmer nach Ankunft am Prüfungsort vor dem Prüfungssaal bei Mitarbeitern des nationalen Verbands an und suchten sich einen Platz, starteten ihre Laptops und loggten sich auf der FIFA Agent Platform mit ihrer Benutzerkennung ein. Nach den FIFA-Prüfungsregeln war zur Prüfung ein Laptop, ein eigener mobiler Hotspot, ein persönliches Ausweisdokument und ein Zahlungsnachweis der Prüfungsgebühr mitzubringen. Erlaubt waren außerdem die o. g. Prüfungsunterlagen, die Nutzung der Übersetzungswebseite www.deepl.com, eine Brille, ein alkoholfreies Getränk, ein Taschenrechner, ein leeres Blatt Papier, ein Stift sowie medizinische oder behinderungsbedingte Hilfsmittel (z. B. Hörgeräte) mit einer entsprechenden ärztlichen Verordnung. Als verboten galten alle Gegenstände, die Teilnehmern bei der Prüfung über die Prüfungsunterlagen hinaus helfen könnten (z. B. Handys, Tablets, Kopfhörer und Speichermedien). Außerdem ist das Fotografieren oder Abfilmen der Prüfungsaufgaben verboten.[255] Zum Prüfungsstart gab es eine kurze Begrüßung durch den nationalen Verband und die Aufsichtspersonen verteilten sich im Raum, um u. a. mitgebrachten Gegenstände zu überwachen und um sicherzustellen, dass unter den Teilnehmern keine Kommunikation stattfand. Alle diese Täuschungsversuche führten zum sofortigen Prüfungsausschluss. Ab dem Jahr 2025 hat die FIFA bekannt gegeben, dass die Prüfung einmal jährlich online und von überall aus absolviert werden kann, d.h. es besteht keine physische Anwesenheitspflicht an einem Prüfungsort mehr.[256]

Zum Prüfungsstart erscheint plötzlich auf der FIFA Agent Platform der Link Start the exam.[257] Der Prüfungsvorsitzende bittet alle Teilnehmer diesen Link auf ihren Laptops anzuklicken. Damit startet der 60-minütige Countdown und 20 Prüfungsfragen erscheinen. Die 20 Fragen sind individuell und werden zufällig aus einem Pool von ca. 200 Fragen jedem Teilnehmer »zugelost«,[258] d. h. jeder Prüfungsteilnehmer erhält andere Prüfungsfragen.[259] Da die Teilnehmer die

Prüfungsroutine auf der Plattform nicht exakt gleichzeitig starten, sind nicht alle nach 60 Minuten fertig.[260]

Nach der Prüfung erscheint im Online-Portal der orangene Hinweis Waiting for the exam result und es dauert etwa eine Woche, bis sich dieser Status ändert. Entweder in den roten Hinweis Rejected, d. h. die Prüfung wurde nicht bestanden, in diesem Fall werden als Nachweis auch die falschen Antworten gezeigt, oder in den grünen Hinweis Pay license fee und darunter Exam passed, d. h. die Prüfung wurde bestanden und nun ist zum endgültigen Erhalt der Spielerberaterlizenz nur noch die Zahlung der jährlichen Lizenzgebühr fällig. Im Erfolgsfall wird nicht angezeigt wieviele Fragen richtig oder falsch beantwortet wurden.

Im ersten Prüfungsjahr waren zur Prüfung im April 2023 und September 2023 weltweit insgesamt 16.969 Personen über die FIFA Agent Platform registriert, jedoch haben nur 9.207 an einer der beiden Prüfungen teilgenommen (3.800 im April, wovon 145 Teilnehmer beim DFB in Frankfurt waren[261], und 5.407 im September). Die Prüfung selbst hatten an beiden Terminen zusammen nur 3.005 Personen (= 32,6 %) bestanden. Zusammen mit den 3.004 registrierten Spielerberatern des Legacy path sind dies insgesamt 6.009 Personen, die die Prüfung bestanden haben. Im Anschluss hat die FIFA im Jahr 2023 5.319 Spielerberaterlizenzen ausgegeben, d. h. 690 mögliche Spielerberater haben ihre Lizenz, z. B. aufgrund mangelnder Zahlung der jährlichen Lizenzgebühr innerhalb von 90 Tagen nach der Prüfung, nicht erhalten.[262]

Die (angehenden) Spielerberater erhalten außerdem eine E-Mail, ob die Prüfung bestanden wurde und bei Bestehen ebenfalls die Aufforderung, nun die jährliche Lizenzgebühr über die Plattform zu entrichten.[263] Die Zahlung der jährlichen Lizenzgebühr wurde seit 01.10.2024 von 600 auf 300 US-Dollar reduziert und ist per Kreditkarte an die FIFA zu bezahlen.[264] Erfolgt die Zahlung innerhalb von

90 Tagen, ist die FIFA-Spielerberaterlizenz offiziell erteilt und wird daraufhin in der Online-Datenbank der lizenzierten Spielerberater mit einer individuellen Spielerberaterlizenznummer (License ID) veröffentlicht.[265] Seit dem Frühjahr 2024 erhalten außerdem alle lizenzierten Spielerberater eine FIFA Agent digital card, mit der sie sich als Spielerberater ausweisen können. Auf der FIFA Agent Platform sind nach erfolgreichem Bestehen der Prüfung und Zahlung der Lizenzgebühr zusätzlich folgende Menüpunkte sichtbar: Persönliche Informationen und Spielerberaterlizenznummer unter Overview sowie Licence Management, Continuing Professional Development (CPD), Reporting und Dispute Resolution.[266]

Einschränkung der Spielerberaterbranche

Die FIFA schreibt zu den neuen FIFA Football Agent Regulations (FFAR), dass sie sich in der »satzungsrechtlichen Pflicht sieht, sämtliche Angelegenheiten zu regeln, die mit dem Fußball-Transfersystem in Verbindung stehen«. Die zentralen Ziele des Fußball-Transfersystems sind laut FIFA der »Schutz der vertraglichen Stabilität zwischen Berufsspielern und Vereinen«, die »Förderung der Ausbildung junger Spieler«, das »Stärken eines Geistes der Solidarität zwischen den Elitespielern und dem Breitenfußball«, der »Schutz Minderjähriger«, die »Erhaltung des Wettbewerbsgleichgewichts« und das »Sicherstellen der Regelkonformität sportlicher Wettkämpfe«.[267]

Die zentralen Ziele des Reglements für Spielerberater sollen sein: Die »Anhebung der und Festlegung von beruflichen und ethischen Mindeststandards für die Tätigkeit eines Football Agent«, das »Sicherstellen der Qualität der durch Spielerberater gegenüber Klienten erbrachten Leistungen zu fairen und angemessenen Honoraren, die einheitlich zur Anwendung kommen«, die »Begrenzung von Interessenkonflikten zum Schutz von Klienten vor unethischem Handeln«, die »Verbesserung der finanziellen und verwaltungstechnischen Transparenz«, der »Schutz von Spielern, denen es an Erfahrung oder Informationen in Verbindung mit dem Fußball-Transfersystem mangelt«, die »Verbesserung der vertraglichen Stabilität zwischen Spielern, Trainern und Vereinen« und die »Vorbeugung von missbräuchlichen, unmäßigen und spekulativen Praktiken«. Das Reglement soll für internationale Geschäfte gelten und sollte national durch die Verbände bis zum 30.09.2023 übernommen werden und alle bisherigen nationalen Reglements, die auf dem bisherigen FIFA-Reglement »Regulations on Working with Intermediaries« basieren, ersetzen.[268] Spielerberater sollen sich den FFAR der FIFA im internationalen Kontext und der Einführung der FFAR im nationalen Kontext durch die Nationalverbände unterwerfen (Artikel 4, Absatz 2; Artikel 16, Absatz 2 lit. b; Artikel 3, Absatz 2 lit. c und d; Artikel 20 und Artikel 21).[269]

Folgende zentrale Änderungen, außer der oben schon erwähnten Prüfung und Lizenzierung, sieht das Reglement für Spielerberater vor:

- Spielerberater-Dienstleistungen darf nur noch eine durch die FIFA lizenzierte natürliche Person erbringen (Artikel 4 und Artikel 11). Anwälten oder Familienmitglieder ist dies ohne Spielerberaterlizenz demnach nicht mehr gestattet.[270]
- Nur Spielerberater mit Lizenz sollen Spieler kontaktieren und mit ihnen arbeiten dürfen, sie müssen vor Beginn der Zusammenarbeit jeweils eine schriftliche Vertretungsvereinbarung (Vertrag zwischen Spielerberater und Spieler) abschließen, die maximal zwei Jahre Vertragslaufzeit hat und sich nicht automatisch verlängern darf (Artikel 12, Absätze 1–3).[271]
- Der Spielerberater soll den Spieler darauf aufmerksam machen, dass er eine unabhängige Rechtsberatung zur Überprüfung der Vertretungsvereinbarung in Anspruch nehmen kann. Der Spielerberater muss vom Spieler eine schriftliche Bestätigung erhalten, dass er eine solche Rechtsberatung durchführen ließ oder keine in Anspruch nehmen möchte (Artikel 12, Absatz 4).[272]

2 Spielerberater

- Bestimmungen in Spielerberaterverträgen werden als nichtig betrachtet, die den Spieler davon abhalten, auch ohne Spielerberater einen Arbeitsvertrag auszuhandeln bzw. abzuschließen (Artikel 12, Absatz 4).[273]
- Die Vertretungsvereinbarung ist nur mit den Namen der Vertragspartner, mit der Vertragslaufzeit, mit dem Betrag der geschuldeten Provision des Spielerberaters (= Honorar), mit den zu erbringenden Leistungen des Spielerberaters und mit den Unterschriften der Vertragspartner gültig (Artikel 12, Absatz 7).[274]
- Ein Spieler darf nicht mehr von Spielerberatern für eine Zusammenarbeit kontaktiert werden, wenn er einen Vertrag mit einem anderen Spielerberater hat, außer in den letzten zwei Monaten, bevor dieser Vertrag abläuft (Artikel 16, Absatz 1 b).[275]
- Ein Spieler soll nicht mehr von mehreren Spielerberatern, sondern nur noch exklusiv von einem Spielerberater vertreten werden dürfen (Artikel 16, Absatz 1 c).[276]
- Es besteht ein Verbot von Doppelvertretungen: Spielerberater sollen in der gleichen Transaktion (Transfer) nur noch für den Spieler oder nur für den abgebenden Verein (Releasing Entity) oder nur für den aufnehmenden Verein (Engaging Entity) oder als Ausnahme gleichzeitig für den Spieler und den aufnehmenden Verein aktiv sein dürfen, jedoch nicht mehr gleichzeitig für Spieler, abgebenden und aufnehmenden Verein. Diese Bestimmungen gelten auch für die Zusammenarbeit mit Anteilseignern und Miteigentümern derselben Agentur, Partner-Spielerberatern, Ehepartner, Eltern, Geschwister, Kind oder sonstige Personen, mit denen eine Absprache (connected football agent) in derselben Transaktion bestehen könnte (Artikel 12, Absätze 8–10).[277]
- Es bestehen Obergrenzen für Spielerberaterhonorare: Das Spielerberaterhonorar soll wie folgt mit maximalen Provisionshöhen für die gesamte Transaktion gedeckelt werden (Artikel 15, Absätze 1–4) (▸ Dar. 9)[278]

Dar. 9: Service fee cap[279]

Client	Service fee cap	
	Individual's annual Remuneration less than or equal to USD 200,000 (or equivalent)	Individual's annual Remuneration above USD 200,000 (or equivalent)
Individual	5 % of the Individual's Remuneration	3 % of the Individual's Remuneration
Engaging Entity	5 % of the Individual's Remuneration	3 % of the Individual's Remuneration
Engaging Entity and Individual (permitted dual representation)	10 % of the Individual's Remuneration	6 % of the Individual's Remuneration
Releasing Entity (transfer compensation)	10 % of the transfer compensation	

- Vertritt ein Spielerberater einen Spieler, so kann er bei weniger als 200.000 US-Dollar Gehalt (entsprechend umgerechnet in Euro) bis zu 5 Prozent Provision vom Gehalt des Spielers erhalten. Über 200.000 US-Dollar Spielergehalt kann ein Spielerberater nur noch maximal 3 Prozent Provision erzielen. Das heißt zunächst einmal werden 5 Prozent bis 200.000 US-Dollar kalkuliert und hinzu kommen dann 3 Prozent auf den Rest über 200.000 US-Dollar.
- Gleiche Provisionssätze auf Basis des Spielergehalts gelten für die Vertretung des aufnehmenden Vereins.
- Vertreten Spielerberater gleichzeitig einen Spieler und den aufnehmenden Verein, so können die oben genannten Prozentvorgaben summiert werden, d. h. 10 Prozent bis 200.000 US-Dollar Spielergehalt und 6 Prozent ab 200.000 US-Dollar als Provision.

- Vertreten Spielerberater einen abgebenden Verein, so soll die Provisionshöhe auf 10 Prozent der Transfersumme gedeckelt werden.
- Boni des Spielers, die man als »bedingte Zahlungen« bezeichnet, dürfen nicht in die Spielerberaterprovision einkalkuliert werden. Beteiligungen am Weiterverkauf eines Spielers (Sell on), vereinbart mit dem abgebenden Verein, sollen auch nicht mehr möglich sein.

Beispiele zur Berechnung der Spielerberaterprovision anhand der neuen FIFA-Regularien[280]

Möglichkeit 1: Ein Spieler wird von einem abgebenden Verein an einen aufnehmenden Verein für 1 Million US-Dollar transferiert. Der abgebende Verein hat einen Spielerberater engagiert (in diesem Fall berät und unterstützt er den Verein und nicht einen Spieler) und dieser kann maximal 10 Prozent (100.000 US-Dollar) der Transfersumme als Spielerberaterprovision erhalten. Falls der abgebende Verein für die Zukunft eine Weiterverkaufsgebühr vom aufnehmenden Verein erhält, darf dies nicht mehr Teil der Spielerberaterprovision sein und der Spielerberater selbst darf auch keine Prozentualen Anteile an einer Weiterverkaufsgebühr mehr erhalten.

Möglichkeit 2: Im Rahmen eines Transfers erhält ein Spieler einen Arbeitsvertrag mit einem Grundgehalt von 1 Million US-Dollar und mögliche Boni im Wert von 500.000 US-Dollar. Sein Spielerberater, der diesen Transfer abgewickelt hat, darf laut neuen FIFA-Regularien 5 Prozent Provision der Transfersumme bis 200.000 US-Dollar und zusätzlich 3 Prozent der Transfersumme über 200.000 US-Dollar erhalten: (0,05 x 200.000) + (0,03 x (1 Million ./. 200.000)) = 34.000 US-Dollar, was in diesem Beispiel 3,4% Spielerberaterprovision entspricht. Die gleichen Konditionen sollen gelten, wenn der Spielerberater den aufnehmenden Verein vertritt.

Möglichkeit 3: Falls der Spielerberater den Spieler und den aufnehmenden Verein vertritt, sind bis 200.000 US-Dollar 10 Prozent Spielerberaterprovision möglich und über 200.000 US-Dollar noch 6 Prozent: (0,1 x 200.000) + (0,06 x (1 Million ./. 200.000)) = 68.000 US-Dollar.

- Kunde-bezahlt-Regelung: Die Provision von Spielerberatern soll nur noch gegen Rechnung durch den Klienten (z. B. Spieler, Verein, Trainer) bezahlt werden dürfen und nicht mehr durch eine andere oder dritte Partei (Artikel 14, Absatz 2).[281] Das bedeutet, dass die Zahlung der Provision für den Transfer eines Spielers nicht mehr durch den Verein, sondern immer durch den Spieler (»player pays agreement«) bezahlt werden soll. Eine Ausnahme soll bestehen, wenn die Provision weniger als jährlich 200.000 US-Dollar beträgt (Artikel 14, Absatz 3)[282] und wenn der Spielerberater einen Spieler und den aufnehmenden Verein gleichzeitig vertritt, so darf der aufnehmende Verein bis zu 50 Prozent der Spielerberaterprovision direkt an den Spielerberater bezahlen (Artikel 14, Absatz 10).[283]
- Bestimmungen zur Zahlung von Honoraren: Die Spielerberaterprovision soll erst nach der Schließung der Registrierungsperiode (Transferfenster) und im 3-Monats-Rhythmus während der Vertragslaufzeit des Arbeitsvertrags bezahlt werden (Artikel 14, Absatz 6). Falls ein Arbeitsvertrag weniger als sechs Monate beträgt, soll die Spielerberaterprovision in einer einzigen Zahlung ausbezahlt werden, sobald der Arbeitsvertrag endet (Artikel 14, Absatz 8). Falls der Spielerberater einen abgebenden Verein vertritt, so soll der abgebende Verein immer dann die Spielerberaterprovision ausbezahlen, sobald er Transferzahlungen vom aufnehmenden Verein erhält. Der aufnehmende Verein muss den Spielerberater über den Erhalt der Zahlungen stets informieren (Artikel 14, Absatz 8).[284]
- Bestimmungen zum Zeitpunkt der Zahlung von Honoraren: Nur die Vergütung, die ein Spieler oder Verein tatsächlich erhält, unterliegt der Pflicht zur anteiligen Zahlung der Spielerberaterpro-

vision (Artikel 14, Absatz 7). Der Anspruch auf ausstehende und noch nicht fällige Provisionen für Spielerberater soll entfallen, wenn ein Spieler vor Ablauf des ausgehandelten Arbeitsvertrags zu einem anderen Verein wechselt oder der ausgehandelte Arbeitsvertrag vom Spieler ohne triftigen Grund vorzeitig gekündigt wird und der Spielerberater den Spieler zum Zeitpunkt der Kündigung noch vertritt (Artikel 14, Absatz 12).[285]

- Zahlungen sollen nur noch über die eigene Zahlungsdienststelle FIFA Clearing House und nach deren Regeln abgewickelt, weitergeleitet und dokumentiert werden (Artikel 14, Absatz 13).[286]
- Meldepflichten sowie Offenlegung aller Informationen: Spielerberater sollen Offenlegungs-, Melde- und Berichtspflichten der Artikel 16, Absatz 2 j und Absatz 4 erfüllen (Artikel 16, Absatz 2 h).[287]
- Im Bereich Reporting der FIFA Agent Platform sollen alle Vertretungs- und sonstigen Verträge zwischen Spielerberater und Spielern innerhalb von 14 Tagen nach Ausfertigung, Änderung, Beendigung oder Zahlung eines Honorars hochgeladen und alle weiteren abgefragten Informationen darüber beantwortet werden (Artikel 16, Absatz 2 j).[288]
- Falls der Spielerberater eine Agentur führt, sollen im Bereich Reporting der FIFA Agent Platform innerhalb von 14 Tagen nach der ersten Transaktion alle Dokumente im Hinblick auf die Eigentumsverhältnisse, Identität aller Anteilseigner und deren Anteile hochgeladen und alle weiteren abgefragten Informationen darüber beantwortet werden. Außerdem soll offengelegt werden, welche Spielerberater sonst die Agentur nutzen sowie die Namen aller Mitarbeiter der Agentur. Falls sich Änderungen in der Agentur ergeben, sollen diese Änderungen innerhalb von 30 Tagen auch auf der Plattform angegeben werden (Artikel 16, Absatz 2 k).[289]
- Spielerberater sind verpflichtet, ihre Kunden (Spieler und Vereine) über jedes schriftliche Angebot unverzüglich zu informieren, das sie für den jeweiligen Kunden erhalten. Des Weiteren sind

Spielerberater verpflichtet, ihren Klienten auf Anfrage eine Kopie sie betreffender schriftlicher Vereinbarungen und Verträge auszuhändigen sowie eine Übersicht sämtlicher Zahlungen, die im Zusammenhang mit einer Transaktion, an der der betreffende Spielerberater beteiligt war, geflossen sind.[290]
- FIFA will die Namen und Kontaktdaten aller Spielerberater inklusive aller Klienten veröffentlichen, die jeder Spielerberater vertritt. Außerdem soll in dieser Veröffentlichung ersichtlich sein, ob eine Exklusivität der Vertretung besteht oder nicht besteht, das Ablaufdatum der Vertretungsvereinbarung, die erbrachten Leistungen, mögliche von der FIFA auferlegte Strafmaßnahmen und Einzelheiten aller Transaktionen inklusive bezahlter Honorarprovisionen (Artikel 19).[291]
- Die FIFA hat für Streitigkeiten in ihrem Football Tribunal einen Bereich eingeführt, der als Dispute Resolution Chamber bezeichnet wird.[292] Im Bereich Dispute Resolution auf der FIFA Agent Platform können Dokumente und Korrespondenzen etwaiger Streitigkeiten des Spielerberaters archiviert und eingesehen werden.[293]
- Jährliche Weiterbildungen, die auf der FIFA Agent Platform als Continuing Professional Development bezeichnet werden, sollen die verbindliche Voraussetzung für die Fortführung der Lizenz sein (Artikel 9) und damit einheitliche Mindeststandards für die Dienstleistungen der Spielerberater sicherstellen. Diese Weiterbildung sind mehrere Online-Kurse (zu aktuell 10 Credits, die aber noch nach Komplexität, Relevanz und Länge des Kurses variieren können) über relevante Themen für Spielerberater, die jährlich (im »CPD-Kalenderjahr« vom 01.10. bis zum 30.09.) zu absolvieren und mit 80 Prozent in einer jeweils anschließenden kurzen Online-Prüfung zu bestehen sind. Ein Spielerberater des Exam path muss 10 Jahre lang mindestens 20 Credits pro CPD-Kalenderjahr erwerben, diese Zahl verringert sich ab dem 11. Jahr jeweils um ein Viertel (15 Credits). Ein Spielerberater des Legacy path muss fünf Jahre lang 40 Credits pro CPD-Kalenderjahr er-

werben und ab dem 6. Jahr gelten die gleichen Anforderungen wie bei den Spielerberatern des Exam path.[294]

- Ein zusätzliches Online-Zertifikat ist der Weiterbildungskurs Representing Minors über Minderjährige, ohne dessen erfolgreiche Belegung ein Spielerberater nicht mehr mit minderjährigen Spielern Kontakt aufnehmen und arbeiten darf. Dieser Kurs vermittelt ein umfassendes Verständnis für die besonderen Herausforderungen, die mit der Vertretung junger Spieler verbunden sind. Er lehrt die rechtlichen und regulatorischen Rahmenbedingungen, das Erkennen und Fördern junger Talente sowie die praktischen Aspekte von Testspielen, Verträgen, Transfers und Leihen. Darüber hinaus werden die besonderen Rechte und die Schutzbedürftigkeit von Kindern thematisiert. Der Kurs besteht aus zehn Modulen (die in vier Abschnitte unterteilt sind), gefolgt von einer Abschlussprüfung mit 20 Multiple-Choice-Fragen. Sobald der Kurs abgeschlossen ist, erscheint in der FIFA-Lizenzdatenbank neben dem Namen des lizenzierten Spielerberaters im Bereich Authorized to represent Minors ein Authorized und auf der FIFA Agent digital card erscheint das Datum, seit wann das Zertifikat gültig ist.[295]

- Der Minderjährigenschutz sieht außerdem vor, dass ein minderjähriger Spieler erst 6 Monate bevor er laut nationalem Recht einen Profivertrag unterschreiben kann, von Spielerberatern kontaktiert werden darf. Die Vertretungsvereinbarung muss außer von Spielerseite auch von dessen gesetzlichen Vertretern unterschrieben werden (Artikel 13).[296]

- Die Spielerberaterlizenz wird vorläufig ausgesetzt, wenn die jährliche Lizenzgebühr nicht fristgerecht bezahlt wird, die Weiterbildungsvorgaben auf der Plattform im Bereich Continuing Professional Development oder die Berichtspflichten im Bereich Reporting nicht erfüllt werden (Artikel 17, Absatz 1).[297] Eine erste Auswertung der FIFA im Oktober 2024 hat ergeben, dass 1.777 Spielerberater die jährliche Lizenzgebühr nicht bezahlt und 1.387 Spielerberater das CPD nicht durchgeführt haben, woraufhin die

Lizenz bis zur Pflichterfüllung deaktiviert und bei 406 Spielerberatern aufgrund Nichterfüllung vollständig entzogen wurde.[298] Im Bereich License Management auf der FIFA Agent Platform kann ein Spielerberater auch selbst eine vorübergehende Aussetzung oder die dauerhafte Löschung der Spielerberaterlizenz beantragen. Ist die Spielerberaterlizenz erst einmal gelöscht, muss jedoch für eine spätere Reaktivierung das gesamte Lizenzierungsverfahren nochmals durchlaufen werden (Artikel 10).[299]

- Änderungen der Vorgaben zur beruflichen Weiterbildung will die FIFA jährlich in ihren Rundschreiben (Circulars) mitteilen.[300] Ein FAQ[301] und zusätzliche Erklärungen[302] für die FFAR hat die FIFA ebenfalls bereits publiziert.

Weltweite Klagen

Nach Bekanntmachung der geplanten Einführung der neuen FIFA Football Agent Regulations (FFAR) bekamen Spielerberater und ihre Branche große mediale Aufmerksamkeit. Auf Spielerberaterseite entstand aufgrund der geplanten Einschränkungen durch die FIFA großer Unmut, denn der vorgestellte Transfermarkt und seine handelnden Akteure agieren auf einem freien und wettbewerbsorientierten Markt, in den mit den neuen Regeln eingegriffen wird.»Mich stört unter anderem, dass die FIFA ohne demokratische Legitimation eine ganze Branche in ihrer Berufsausübung erheblich einschränken will und sich dabei zum globalen Gesetzgeber aufschwingt. Woher nimmt sie die Rechtfertigung für diese Allmachtsphantasie?«, zitiert die Süddeutsche Zeitung Philipp Wehler, den Geschäftsführer der Deutschen Fußballspieler-Vermittler Vereinigung (DFVV).[303] Die Deutsche Welle schreibt, dass Kritiker der FIFA vorwerfen, sie wolle das Milliardengeschäft der Spielerberatung selbst abschöpfen.[304]

Beim Unmut sollte es nicht bleiben und so planten schon Anfang 2023 einige Spielerberater, die globale Spielerberatervereinigung The Football Forum sowie nationale Spielerberatervereinigungen weltweit rechtlich gegen die FFAR vorzugehen.[305] Im Mai 2023 reichten in Deutschland zwei Spielerberater und die DFVV vor dem Landgericht Dortmund eine Klage mit der Begründung ein, dass die FFAR-Bestimmungen nach europäischen Vorgaben und deutschem Recht wettbewerbswidrig seien und dem Kartellverbot unterliegen würden, weil die FIFA als Monopolistin in einen funktionierenden Markt eingreifen wolle. Die zuständige 8. Zivilkammer gab den Eilrechtsschutzanträgen vollumfänglich statt (Aktenzeichen: 8 O 1/23) mit der Begründung, dass das Reglement der FIFA und die folgende nationale Umsetzung durch den DFB den Handel zwischen den Mitgliedsstaaten der Europäischen Union beeinträchtigen würde und somit ein Verstoß gegen das Kartellverbot vorliege sowie der Wettbewerb verhindert, eingeschränkt oder verfälscht würde.[306] Die folgenden, weiter oben erläuterten Bestimmungen unterliegen explizit der Verfügung des Landgerichts Dortmund:[307]

- Unterwerfungsregelung der Spielerberater unter die FIFA Football Agent Regulations der FIFA oder der Nationalverbände (Artikel 4, Absatz 2[308]; Artikel 16, Absatz 2 lit. b[309]; Artikel 3, Absatz 2 lit. c und d[310]; Artikel 20[311] und Artikel 21[312])
- Verbot von Doppelvertretungen (Artikel 12, Absätze 8–10)[313]
- Kunde-bezahlt-Regelung (Artikel 14, Absätze 2 und 10)[314]
- Bestimmungen zur Zahlung von Honoraren (Artikel 14, Absätze 6, 8 und 11)[315]
- Bestimmungen zum Zeitpunkt der Zahlungen von Honoraren (Artikel 14, Absätze 7 und 12)[316]
- Bestimmung, wonach Zahlungen künftig über die Abrechnungsstelle FIFA Clearing House abzuwickeln sind (Artikel 14, Absatz 13)[317]
- Honorarobergrenze für Spielerberater (Artikel 15, Absätze 1–4)[318]
- Meldepflichten sowie Offenlegung aller Informationen auf öffentlicher Plattform (Artikel 16, Absatz 2 lit. h, j und k)[319]
- Bestimmungen hinsichtlich Offenlegung und Veröffentlichung (Artikel 19)[320]

Das Landgericht Dortmund untersagt jedoch nicht nur einzelne Paragraphen der FFAR, sondern drohte für Deutschland und alle Transaktionen, an denen deutsche Spielerberater beteiligt sind, mit der vollständigen Untersagung des Reglements, falls versucht würde, einen der suspendierten Paragraphen in Deutschland in »irgendeiner Form durchzusetzen, umzusetzen oder anzuwenden«.[321] Dieses Gerichtsunterteil in Deutschland war für Spielerberater weltweit ein großer Erfolg und zeigte ausländischen Spielerberatern, dass ihre geplanten nationalen Klagen durchaus Aussicht auf Erfolg haben könnten. Initiiert wurden die Klagen meist durch einzelne Spielerberater oder nationale Spielerberatervereinigungen und in der Branche entstand plötzlich das Bewusstsein, dass ein Zusammenschluss von Spielerberatern, die eigentlich im Wettbewerb miteinander stehen, sowie ein Zusammenschluss der nationalen Spielerberatervereinigungen unter das Dach eines weltweit agierenden Verbands The Football Forum der ganzen Branche ein starkes homogenes Auftreten verschaffen wird. Seither verzeichnet The Football Forum starken Zulauf von Spielerberatern und nationalen Spielerberatervereinigungen. The Football Forum ging im Januar 2023 noch einen Schritt weiter und drohte FIFA-Funktionären in einem Schreiben direkt, dass »auch Sie persönlich für Schäden, die dem Markt durch solche rechtswidrigen Vorschriften entstehen, gesamtschuldnerisch haftbar gemacht werden könnten«. Weiter zitiert Kicker aus einem Schreiben der Spielerberater an die FIFA, dass »in einigen Ländern wie den USA Verstöße gegen das Wettbewerbsrecht Straftaten sind, die mit Geld- und Freiheitsstrafen geahndet werden können. Wie Sie wissen, vollstrecken die US-Behörden regelmäßig Haftbefehle auch im Ausland, einschließlich in Europa«, womit auf die Verhaftungen von FIFA-Funktionären im Jahr 2015 durch die US-Justizbehörden in der Schweiz angespielt wird.[322]

Da der DFB gegen das Urteil verstoßen haben soll, wurde am 09.08.2023 durch das Landgericht Dortmund ein Ordnungsgeld in Höhe von 150.000 Euro verhängt. Konkret wurde dem DFB vorgeworfen, nach der Urteilsverkündung im Mai »fehlerhafte Informationen« mit einem Rundschreiben und einem E-Mailing an die Regional- und Landesverbände sowie Vereine der 3. Liga verbreitet zu haben. In ähnlicher Weise hat die Deutsche Fußball-Liga (DFL) die Profivereine und Kapitalgesellschaften der 1. und 2. Bundesliga informiert. In den Informationsschreiben über das Urteil wurde von »Einschränkungen« geschrieben und dass das Urteil nur »nach deutschem Recht geschlossene Vereinbarungen« von Spielerberatern mit Klienten »aus Deutschland« betreffen würde. Das war falsch, da das Verbot für jede deutsche Beteiligung gilt, unabhängig wo die Akteure ansässig sind, ansonsten sei das Urteil umgehbar. Außerdem hätte der DFB nach der Urteilsverkündung auf seiner Webseite trotzdem den Eindruck erweckt, dass die FFAR gelten würden und bereits im Sommertransferfenster »berücksichtigt werden müssten«, was das Landgericht Dortmund als »zumindest irreführend« wertete.[323] Auch gegen die FIFA erging aufgrund mangelnder Kommunikation vom Landgericht Dortmund ein Ordnungsgeld über 150.000 Euro. Eine Beschwerde vor dem Oberlandesgericht Düsseldorf im Dezember 2023 gegen diese Strafzahlung wurde zurückgewiesen.[324]

Gleichzeitig klagten weitere Spielerberater weltweit gegen die FIFA u. a. auch in England, Spanien, Frankreich, Italien, Schweiz, Brasilien und Argentinien, wo die FFAR daraufhin ebenfalls von Gerichten untersagt wurden.[325]

Internationale Klagen gegen die FFAR

In England bestätigte am 19.06.2023 der englische Fußballverband (FA), dass einige Spielerberateragenturen ein Schiedsverfahren eingeleitet hatten, um die nationale Umsetzung der FFAR in National Football Agent Regulations (NFAR) für inländische Transfers in England durch den Englischen Fußballverband anzufechten.[326] Am 30.11.2023 entschied das Gericht, dass die Umsetzung der FFAR in England mit der Obergrenze für

Spielerberaterhonorare sowie mit den geplanten Zahlungsregeln, gegen das Wettbewerbsgesetz von 1998 verstößt.[327]

In Spanien erließ am 06.11.2023 das Handelsgericht Madrid eine einstweilige Verfügung gegen den FFAR, wonach sowohl der FIFA als auch dem Spanischen Fußballverband (RFEF) die FFAR und die Anwendung der Spielerberaterhonorarobergrenze (Art. 15, Abs. 1 und 2) untersagt wurde.[328] In Frankreich verbietet die französische Gesetzgebung dem Französischen Fußballverband (FFF) ebenfalls die Spielerberaterhonorarobergrenze (Art. 15) des FFAR anzuwenden, aufgrund der Auffassung, dass die Anwendung der im FFAR vorgesehenen Obergrenze (5 % bzw. 3 % der Vergütung des Spielers) mit Ausnahme der Obergrenze von 10 % bzw. 6 % im Falle einer Doppelvertretung nicht verhältnismäßig sei und kein Wettbewerbsgleichgewicht ermögliche. Ein Kompromissvorschlag des FFF die Höchstgrenze für die Provisionen generell auf 6 % im Falle der Vertretung eines französischen Spielers bzw. 10 % im Falle eines kaufenden Vereins anzuheben, wurde von der FIFA abgelehnt. Am 19.10.2023 beschloss daraufhin das Exekutivkomitee des FFF, die Provisionsobergrenze für Spielervermittler wie bisher bei 10 % zu belassen und somit wurde die Spielerberaterhonorarobergrenze des FFAR der FIFA in Frankreich vom Nationalverband ausgehebelt.[329]

In Italien hat am 16.10.2023 der Italienische Fußballverband (FIGC) ein neues nationales Reglement für Spielerberater auf Basis des FFAR verabschiedet, allerdings muss dies zunächst vom Italienischen Olympischen Komitee (CONI), dem Sportministerium sowie dem Arbeitsministerium genehmigt werden und würde auch erst dann in Kraft treten, wenn auch andere obenstehende Nationalverbände ein neues, mit dem FFAR übereinstimmendes Spielerberaterreglement erlassen haben. Somit sind auch in Italien die FFAR nicht national umgesetzt.[330]

In Brasilien wurde am 18.12.2023 in Rio de Janeiro vor dem 7. Zivilgericht in Barra da Tijuca angeordnet, dass der FIFA die Anwendung einer Reihe von Artikeln der FFAR untersagt wird. Das brasilianische Medienunternehmen O Globo meldete, dass die Klage von der brasilianischen Spielerberatervereinigung Associação Brasileira de Agentes de Futebol eingereicht wurde, an der auch der staatliche Verwaltungsrat für wirtschaftliche Verteidigung (Cade) als interessierte Partei beteiligt war. Das brasilianische Gericht begründete, dass Spielerberater weder mit der FIFA noch mit dem nationalen brasilianischen Fußballverband (CBF) verbunden seien und ihre Tätigkeit autonom und unabhängig ausüben, sofern das Legalitätsprinzip eingehalten wird. Die Anwendung der Artikel der FFAR könne »zu begründeten Zweifeln hinsichtlich einer möglichen Missachtung des Grundsatzes der freien Berufsausübung, einer möglichen Missachtung des Grundsatzes der freien Ausübung der wirtschaftlichen Tätigkeit sowie eines Widerspruchs gegen die Definition des Berufs in Artikel 95 des Gesetzes 14.597/2023 (Allgemeines Sportgesetz) führen«.[331]

Aufgrund dieser weltweiten Klagen und rechtlichen Niederlagen vor nationalen Gerichten hat die FIFA mit Rundschreiben (Circular Nr. 1873) vom 30.12.2023, kurz vor Öffnung des Wintertransferfensters, die Nationalverbände angewiesen, die FFAR nicht umzusetzen.[332] Der DFB schreibt hierzu auf seiner Webseite, dass »das bisherige DFB-Reglement für Spielervermittlung mit Wirkung zum 1. Oktober 2023 aufgehoben wurde, sodass es ab dem 1. Oktober 2023 bis auf Weiteres keine eigenen Regelungen des DFB für Spieler*innen- oder Trainer*innen, Vermittler*innen/Football Agents gibt. Der DFB wird die weiteren Entwicklungen verfolgen und gegebenenfalls zu einem späteren Zeitpunkt regulatorisch tätig werden.«[333] Am 13.03.2024 wies der 1. Kartellsenat des Oberlandesgerichts Düsseldorf die zwischenzeitlich vom DFB eingelegte Berufung zurück und bestätigte die Entscheidung des Landgerichts Dortmund, dass die FFAR gegen das Kartellverbot verstößt und »die wirtschaftliche Handlungsfreiheit der außerhalb der FIFA sowie des DFB und ihrer Verbandshoheit stehenden Spielervermittler« beschränkt.[334] Der DFB hat daraufhin zum 01.01.2025 ein neues nationales Reglement für Deutschland auf Basis der FFAR eingeführt, jedoch unter Ausschluss der suspendierten Paragraphen.[335]

Mittlerweile liegt die FFAR vor dem Europäischen Gerichtshof zur sog. Vorabentscheidung und damit zur Überprüfung, ob das Reglement mit europäischem Recht kompatibel ist. Mit einem Urteil des Europäischen Gerichtshofs wird im Jahr 2025 gerechnet.[336] Bis zu diesem Zeitpunkt bleiben die suspendierten Paragraphen ausgesetzt, wie die FIFA auch selbst auf ihrer Webseite verkündet (»worldwide temporary suspension of the suspended FFAR Rules until further notice.«).[337]

Klagen gegen weitere FIFA-Regularien

Die erfolgreichen Klagen gegen die FFAR in Deutschland und anderen Ländern erregten große mediale Aufmerksamkeit. Aufgrund des öffentlichen Interesses werden nun weitere individuelle Klagen gegen einzelne Transferregeln der FIFA medial wahrgenommen, so etwa die Klage des ehemaligen Profifußballers Lassana Diarra, die am 04.10.2024 vor dem Europäischen Gerichtshof verhandelt wurde. Objekt der Klage waren die FIFA-Regularien des Artikel 17 der «Regulations on the Status and Transfer of Players" (RSTP) der spielerseitigen Vertragsauflösung ohne triftigen Grund und deren Auswirkungen, die bisher drastische Strafen für den Spieler und einen möglichen neuen Verein vorsahen. In seinem Fall hatte er seinen Vertrag ohne triftigen Grund aufgekündigt und konnte sich aber aufgrund einer hieraus folgenden Transfersperre nicht einem nächsten interessierten Verein anschließen, dem außerdem eine Strafe in Millionenhöhe gedroht hätte. Der Europäische Gerichtshof erkannte in seinem Urteil zwar grundsätzlich die Regulierung des Transfermarkts durch die FIFA an und akzeptierte in diesem Zusammenhang auch Regeln, die Vertragsstabilität sicherstellen. Zugleich wurde jedoch die Unverhältnismäßigkeit der verhängten Strafen, die fehlende veranschaulichende Berechnung, die Ungenauigkeit der Definition des triftigen Grunds und der zu große Umsetzungsspielraum der Sanktionen durch die Fußballverbände festgestellt.[338]

Die Schärfe der Formulierung des Gerichtsbeschlusses macht deutlich, dass die FIFA-Regularien vom Europäische Gerichtshof sehr kritisch gesehen werden. Jan Zglinski ist Professor an der Law School der London School of Economics (LES) und meint zu diesem Urteil, dass die FIFA gut beraten wäre, die Kritik an ihren Regularien umfassend zu beachten und nicht nur auf die Vertragsauflösung ohne triftigen Grund zu beschränken, sonst seien weitere Verfahren gegen FIFA-Regularien zu erwarten. Eine empfohlene Möglichkeit wären Verträge mit den handelnden Akteuren – also Zusammenarbeit statt einseitiger Regulierung.[339]

Die FIFA hat am 14.10.2024 einen globalen Dialog in Aussicht gestellt, wie zukünftig der Artikel 17 der Regulations on the Status and Transfer of Players (RSTP) ausgestaltet werden könnte und alle Interessenvertreter der Vereine und Verbände sowie alle anderen relevanten Parteien aufgerufen, konstruktive Vorschläge an die FIFA zu übermitteln.[340]

Zusätzliche nationale Spielerberaterlizenzen

Die FIFA-Spielerberaterlizenz allein reicht nicht aus, um als Spielerberater weltweit tätig werden zu können. Als Spielerberater muss für das Land, in dem man seinen Sitz hat, unbedingt geprüft werden, ob die FIFA-Spielerberaterlizenz ausreicht, um legal agieren zu können, oder ob eine nationale Lizenz beantragt werden muss. In den meisten Fällen kann die nationale Lizenz erst nach Bestehen und Erhalt der FIFA-Spielerberaterlizenz (Exam path) erteilt werden, nur in Ausnahmefällen ist die nationale Lizenz zuerst zu beantragen und mit dieser nationalen Lizenz dann die FIFA-Spielerberaterlizenz (National path). Um als Einheimischer nationale Transfers durchführen zu können, gelten wiederum unterschiedliche länderabhängige Regeln. Für das Ausland und somit für Transfers internationaler Dimension ist trotz FIFA-Spielerberaterlizenz jeweils zu prüfen, ob die FIFA-Spielerberaterlizenz in einem bestimmten Land ausreicht, um

Transfers durchführen zu können oder ob und wie als Ausländer zusätzlich eine nationale Lizenz beantragt werden muss.

Da nationales Recht vor FIFA-Recht und den FFAR gilt, sind weiterhin die nationalen Unterschiede vorherrschend, die bereits erklärt wurden und die es bisher auch gab. Hier sind auch mit der FIFA-Spielerberaterlizenz weiterhin alle Nationalverbände unterschiedlich:

- In Deutschland ist beim DFB keine nationale Lizenz zu beantragen. Für internationale und nationale Transfers mit Deutschland reicht die FIFA-Spielerberaterlizenz aus.[341]
- Beim englischen Fußballverband (The FA) gibt es nationale Regelungen und für Transfers in England ist eine einmalige Online-Registrierung auf der Verbandswebseite nötig, um dauerhaft die englische Spielerberaterlizenz zu erhalten, wofür die FIFA-Spielerberaterlizenz-ID angegeben werden muss. Bezüglich der Beratung minderjähriger Spieler ist nachzuweisen, dass man über die FIFA die entsprechende Schulung absolviert und damit die Zulassung hat und außerdem ist hierfür ein Formular (Background check) des englischen Fußballverbands auszufüllen, über das Spielerberater nochmals überprüft werden sowie eine zusätzliche Gebühr von 104 britischen Pfund zu entrichten.[342]
- Auch für den niederländischen Verband (KNVB) gelten nationale Regelungen und für Transfers in den Niederlanden ist ebenfalls eine einmalige Registrierung auf der Verbandswebseite und die FIFA-Spielerberaterlizenz für den Erhalt einer nationalen Spielerberaterlizenz erforderlich. Der KNVB schreibt hierzu »A football agent who wishes to represent members of the KNVB in the conclusion of the contracts/agreements [...] may register as a football agent with the KNVB at any time. Each registration is in principle indefinite. The KNVB does not charge the football agent for the registration. To be registered, a fully completed and signed football agent statement must be uploaded on the KNVB's football agents portal.«[343]

- In Frankreich berechtigt die FIFA-Spielerberaterlizenz nicht per se zur Ausübung einer Spielerberatertätigkeit. Der Artikel L.222-7 des französischen Sportgesetzbuchs sieht vor, dass ein Spielerberater seine Tätigkeit nur ausüben darf, wenn er als natürliche Person eine französische Spielerberaterlizenz besitzt.[344] Die Prüfung zum Erhalt der französischen Spielerberaterlizenz als Franzose ist unterteilt in einen allgemeinen Teil, den alle im Bereich Sport absolvieren müssen, sowie einen spezifischen Prüfungsteil beim französischen Fußballverband (FFF).[345] Nach erfolgreich abgelegter Prüfung wird dem französischen Spielerberater die Lizenz erteilt.[346] Mit dieser französischen Spielerberaterlizenz erhalten Franzosen die FIFA-Spielerberaterlizenz über den National path. Für Spielerberater aus dem Ausland muss ein Antrag beim FFF gestellt werden. Als EU-Bürger hat man zwei Möglichkeiten: Einerseits mit dem »demande d'établissement«, d.h. dem Antrag nach Frankreich zu ziehen und sich dort niederzulassen, um dort als Spielerberater tätig zu werden und dem »demande de prestation de services«, d.h. dem Antrag auf Erbringung von Dienstleistungen als Spielerberater vorübergehend und gelegentlich in Frankreich für ein Jahr, ohne nach Frankreich umzuziehen. Dieser Antrag ist auf Französisch jährlich schriftlich bei FFF zum Erhalt der nationalen Spielerberaterlizenz zu stellen und mit Geburtsurkunde, Ausweiskopie, Passfoto, Lebenslauf und der Verifizierung der natürlichen Person und der Agentur mit Steuerbescheinigungen (oder alternativen Steuerdokumenten des Heimatlandes) sowie mit dem Nachweis einer Zahlung von Registrierungskosten über 500 Euro zu vervollständigen. Neuerdings ist hierfür nun auch die FIFA-Spielerberaterlizenz nachzuweisen.[347] Erst nach Vervollständigung all dieser Unterlagen tagt der Verband und entscheidet über eine Ausstellung der temporären französischen Spielerberaterlizenz für ein Jahr als »agent prestataire«.[348] Vereine können die Lizenzierung ausländischer Spielerberater in Frankreich nachprüfen, da der französische Fußballverband die temporär zugelassenen ausländischen

Spielerberater auf seiner Webseite öffentlich führt.[349] Französische und ausländische Spielerberater erhalten daraufhin einen Zugang zu einem Online-Portal, auf dem sie alle Informationen zu in Frankreich getätigten Transfers eintragen und diesbezügliche Verträge hochladen müssen.[350]

- Der italienische Verband (FIGC) schreibt durch nationale Regelungen vor, dass Italiener beim italienischen Olympischen Komitee (Comitato Olimpico Nazionale Italiano, CONI) eine nationale Spielerberaterprüfung ablegen müssen und mit Erhalt dieser nationalen Spielerberaterlizenz zugleich die FIFA-Spielerberaterlizenz über den National path erhalten.[351] Italiener müssen dann regelmäßig kostenpflichtige Schulungen absolvieren, um ihre Lizenz weiter zu erhalten. Ein ausländischer Spielerberater mit FIFA-Spielerberaterlizenz muss sich vor Arbeitsaufnahme in Italien über entsprechende Antragsformulare auf der Verbandswebseite registrieren. Der Antragssteller kann eine natürliche (»persone fisiche«) oder eine juristische Person (»persone giuridiche«), also eine Agentur, sein. Die Webseite und Antragsformulare sind nur auf Italienisch erhältlich.[352]
- Der belgische Fußballverband (RBFA) stellt keine zusätzlichen Anforderungen an die Registrierung von lizenzierten FIFA-Spielerberatern, jedoch sind in Belgien verschiedene regionale Gesetze zur privaten Arbeitsvermittlung einzuhalten.[353] Je nachdem, wo der Spieler oder sein neuer Verein in Belgien ansässig ist, müssen die flämischen, Brüsseler Hauptstadt- oder wallonischen Regionalerlasse eingehalten werden. Das flämische Dekret ist das strengste und verlangt, dass sich Spielerberater registrieren lassen, bevor eine Dienstleistung erbracht wird. Vor Transferabschluss ist per Bankgarantie eine Kaution in Höhe von 25.000 Euro zu hinterlegen. Die Nichteinhaltung kann als Straftat betrachtet werden. Darüber hinaus unterliegen die belgischen Profifußballvereine der Sorgfaltspflicht zur Bekämpfung von Geldwäsche und Spielerberater müssen sich daher auf eine Überprüfung einstellen, die eine zwingende Voraussetzung für

den Abschluss eines Vertrags ist, wenn sie bei einer Transaktion auftreten.[354]
- Der spanische Nationalverband (RFEF) genehmigt mit Artikel 3.3 des nationalen Spielerberaterreglements, dass mit der FIFA-Spielerberaterlizenz in Spanien gearbeitet werden darf, ohne dass eine weitere nationale Spielerberaterlizenz beantragt werden muss.[355]
- Der portugiesische Nationalverband (FPF) hat ein nationales Spielerberaterreglement, in dem festgelegt ist, dass eine nationale portugiesische Spielerberaterlizenz für die Tätigkeit als Spielerberater in Portugal zu beantragen ist. In Artikel 14 ist definiert, dass hierfür eine Kopie des Reisepasses oder Personalausweises des Spielerberaters und die FIFA Agent digital card benötigt werden sowie eine »Spielerbatererklärung für natürliche Personen« auszufüllen und zu unterschreiben ist, die im portugiesischen Spielerberaterreglement unter Anhang I (Anexo I) auf Portugiesisch zu finden ist.[356]
- In der Schweiz ist keine weitere Registrierung beim Schweizer Verband (SFV) nötig, allerdings benötigt man in der Schweiz nach Vorgabe des Staatssekretariats für Wirtschaft (SECO) eine behördliche Lizenz zur Arbeitsvermittlung, die jedoch nur in der Schweiz beheimatete Personen bzw. Firmen erhalten können.[357] Ein ausländischer Spielerberater darf deshalb keinen Spieler vom Ausland in die Schweiz transferieren, aber hierfür mit einem Spielerberater mit behördlicher Schweizer Lizenz zur Arbeitsvermittlung zusammenarbeiten.[358]
- In Österreich ist zusätzlich zur FIFA-Beraterlizenz keine weitere Registrierung für ein Tätigwerden erforderlich. Nationale Regelungen für nationale Transfers sind vom österreichischen Verband (ÖFB) vorgegeben.[359] Der ÖFB informiert darüber hinaus, dass für einen nationalen Transfer innerhalb Österreichs keine Lizenz erforderlich ist.

Schulungen von FIFA und UEFA

Die Spielerberaterlizenz stellt also die Grundlage dar, um als Spielerberater arbeiten zu können, jedoch wird man dadurch nicht automatisch auch erfolgreicher Spielerberater. Zu vergleichen ist dies mit jeder anderen Lizenz oder Freigabe für die Berufsausübung. Mit dem theoretischen Grundlagenwissen fängt die Arbeit im Grunde erst an.

Um Spielerberater auf ihre Tätigkeit vorzubereiten, bot die FIFA im Jahr 2022/23 für 24 ausgewählte Bewerber eine englische Schulung genannt Executive Programm in Football Agency an. Diese erste Schulung bestand aus vier Tagesmodulen zu einem Preis von 1.900 US-Dollar. Drei Module fanden online statt und ein Modul war in Präsenz im FIFA-Headquarter in Zürich zu absolvieren. Im ersten Modul wurden die Grundlagen der Fußballagentur (Fundamentals of Football Agency) vermittelt. Dazu zählen Informationen über Branche, FIFA-Reglement, Verhandlungspraktiken, Kundentypen (Spieler und Trainer) und die spezifischen Bestimmungen bei der Vertretung minderjähriger Spieler und ihrer Eltern. Im zweiten Modul ging es um den Transfer von Spielern und somit wieder um die FIFA Regulations on the Status and Transfer of Players, die Registrierung von Spielern, den internationalen Transfer Minderjähriger, das Third Party Ownership, Informationen zur Transfervereinbarung und die FIFA-Zahldienststelle (FIFA Clearing House). Der Inhalt des dritten Moduls umfasste Informationen über die Rechte von Spielern, Spielerberaterprovisionen, mögliche Probleme mit der Spielerberateragentur und/oder mit einem Transfer sowie Verhandlungspraktiken. Im vierten Modul, dem Präsenztermin, wurden Haftungsthemen und Versicherungen, Marketing, Spielerscouting, Finanz- und Vermögensplanung von Spielern, Streitigkeiten vor dem FIFA Agents Chamber und dem internationalen Sportgerichtshof (CAS, Court of Arbitration for Sport), besprochen. Mit Fallstudien wurden die Module jeweils abgeschlossen und am Ende eine

Teilnahmeurkunde ausgehändigt.[360] Die zweite Ausgabe des Executive Programm in Football Agency ist ähnlich der ersten und findet von April bis Juni 2025 statt und umfasst drei Module à vier Tage in Miami, Zürich und Paris. Im ersten Modul (The fundamentals of football agency) in Miami werden die Reglements FFAR und FIFA Regulations on the Status and Transfer of Players besprochen, die beide Bestandteil der Spielerberaterlizenzprüfung sind, sowie Verhandlungspraktiken mit Klienten, das Third Party Ownership und das FIFA Clearing House. Im zweiten Modul (International Transfer System) in Zürich steht ein Einblick in das TMS und die Registrierung von Spielern, aktuelle Gerichtsverfahren vor dem CAS, die Prinzipien der Repräsentation von Klienten, die Zusammenarbeit mit minderjährigen Spielern und deren Eltern, Karriere und Nach-Karriereplanung sowie die Finanz- und Vermögensplanung von Spielern auf dem Programm. Das dritte Modul (Making deals) in Paris thematisiert die Grundsätze eines Transfers, die Erwartungen von Vereinen, Spielern und Spielerberatern, Verhandlungsfähigkeiten, Arbeiten im Frauenfußball sowie Kommunikation und Medienaspekte. Auch dieses Executive Programm in Football Agency kann wiederum nur von 24 ausgewählten Bewerbern zu einem Preis von 1.900 US-Dollar gebucht werden.[361]

Die UEFA bietet mit dem UEFA Player Agent Programme (UEFA PAP) eine eigene Spielerberaterschulung an, die für maximal 35 Teilnehmer konzipiert ist und 7.900 Euro kostet. Sie findet alle zwei Jahre statt, erstreckt sich über drei Monate und besteht aus drei Präsenz- und zwei Online-Seminarveranstaltungen. Bewerben können sich Spielerberater, Intermediäre und Spieler, die seit mindestens zwei Jahren in der Branche arbeiten. Im ersten Seminar wird erklärt wie Vereine, Nachwuchsleistungszentren und Scoutingabteilungen organisiert sind und wie Scouting für das Auffinden von Talenten und das Karrieremanagement funktioniert. Im zweiten Seminar werden die wirtschaftlichen Rahmenbedingungen und Informationen zur Arbeit als Spielerberater selbst dargestellt, um den

Klienten bestmöglichen Service bieten zu können. Außerdem wird über Verhandlungsmanagement gesprochen sowie über Karriere- und Vermögensplanung. Im dritten Seminar stehen Marketing und Kommunikation im Fokus. Zu den Online-Terminen sind außerdem Akteure der Branche als Referenten eingeladen. Alle Teilnehmer erhalten abschließend eine Teilnahmeurkunde. Die UEFA-Spielerberaterschulung wird im Übrigen von der Spielerberatervereinigung The Football Forum unterstützt und beworben.[362] Eine weitere, einfachere, schnellere und kostengünstigere Schulungsmöglichkeit bietet dieses Buch!

Die Arbeit der Spielerberater

Die Arbeit eines Spielerberaters ist vielschichtig und kann einerseits unterteilt werden in Organisatorisches und Unternehmensführung sowie andererseits in Akquise und Zusammenarbeit mit den Klienten, also Spielern, Trainern und Vereinen.

Geschäftsorganisation

Darunter fallen alle Aufgaben und Vorgänge, die generell zum Aufbau der Geschäftstätigkeit notwendig sind. Je nachdem, ob eine Spielerberateragentur als eigenständiges Unternehmen gegründet werden soll oder ob ein Spielerberater allein oder mit Partnern sowie haupt- oder nebenberuflich arbeiten möchte, sind die organisatorischen Aufgaben unterschiedlich. Dazu zählen die im Rahmen einer Unternehmensgründung nötigen Schritte, im Einzelnen also die Wahl der geeigneten Rechtsform (Einzelunternehmen, UG, GbR, KG oder GmbH), der Eintrag ins Handelsregister, die Sicherstellung der Gründungsfinanzierung, der Aufbau einer Webseite und eines Social-Media-Auftritts, die Bereitstellung von Geschäftsräumen, Büroausstattung und -technik, Geschäftswagen u. a.

Vereinsnetzwerk

Die Akquise umfasst alle Arbeiten, die sich um den Auf- und Ausbau sowie die Erhaltung eines persönlich nutzbaren und vertrauenswürdigen Netzwerks aus Spielern, Vereinen und Entscheidungsträgern drehen, gerade zu Beginn der selbständigen Beratertätigkeit. Dieser Netzwerkaufbau ist das Wichtigste, aber sehr aufwendig, langwierig und mitunter schwierig, jedoch selbstverständlich nicht unmöglich.

Dar. 10: Gute Kommunikation und Netzwerkarbeit sind das A und O der Spielerberater

Zunächst gilt es beim Netzwerkauf- bzw. -ausbau die in Frage kommenden Vereine und Entscheidungsträger on- und offline zu recherchieren und diese für einen Erstkontakt zu kontaktieren, sich vorzustellen und über die eigene Beratertätigkeit zu informieren. Die Mehrzahl der Entscheidungsträger wird auf eine freundlich-professionelle Kontaktaufnahme sicherlich positiv reagieren. Falls der (angehende) Spielerberater selbst ein ehemaliger Fußballprofi ist, hat er bereits eine Basis für die künftige Arbeit, da er die Fußballbranche kennt, eventuell einen eigenen Spielerberater hatte und mit ehemaligen Spielerkollegen und Entscheidungsträgern aus Vereinen in

Kontakt steht. Die Größe dieses Netzwerk sowie seine ständige Pflege und Erweiterung sind entscheidend für den Geschäftserfolg, weil damit sichergestellt wird, dass die richtigen Entscheidungsträger angesprochen und damit die Vermittlungsoptionen für die vertretenen Spieler gesteigert werden können. Die Festigung dieses Netzwerks, der Aufbau von gegenseitigem Vertrauen und Wohlwollen, ergibt sich bei einer ernsthaften und seriösen Tätigkeit als Spielerberater fast automatisch: Wenn den Entscheidungsträgern schnell und entsprechend der Bedürfnisse des Vereins passende Spieler angeboten werden und vor allem auch wenn während und nach Verhandlungen der Kontakt per E-Mail und Telefon gehalten und durch persönliche Treffen vertieft wird.

Spielerakquise

Spieler müssen Spielerberatern vor einer eigenen Kontaktaufnahme erst auffallen bzw. gescoutet werden. Häufig geschieht dies bei Spielen, vor dem Fernseher oder live im Stadion sowie beim Daten- und Videoscouting auf den oben bereits vorgestellten Plattformen (Transfermarkt, Wyscout, TransferRoom). Die eigentliche Spielerakquise findet sowohl online als auch offline statt, ist intransparent und es gibt keinen Königsweg, um schnell an gute Spieler zu kommen: Da viele Spielerberater nebenberuflich agieren, viele darüber hinaus nur ein relativ kleines Netzwerk haben und zu Spielern nur indirekter Kontakt besteht, passiert viel über Social Media und hier aktuell vor allem über Instagram. Das gilt in der Branche jedoch als unprofessionell, Anfragen können leicht untergehen und Spieler antworten mitunter auf solche Akquiseanfragen nicht mehr. Falls ein Spieler jedoch eine E-Mail-Adresse für Geschäftszwecke auf Social Media oder einer eigenen Webseite angibt, wäre dies eine legitime Möglichkeit zur ersten Kontaktaufnahme.

Der persönliche Kontakt zum Spieler, der auf unterschiedlichen Wegen hergestellt werden kann, wird in jedem Fall bevorzugt: Oft findet eine solche erste Kontaktaufnahme über Eltern, Geschwister oder Freunde der Spieler statt, die Spielerberater entweder bereits kennen oder recherchieren und kontaktieren. Eine weitere Möglichkeit zur Anbahnung von einschlägigen Kontakten ergibt sich über Veranstaltungen, über andere Spieler oder Dritte. Die direkte Ansprache von Spielern, auch im Rahmen einer zufälligen Begegnung vor/nach dem Training oder Spiel ist eine Möglichkeit der Kontaktanbahnung, allerdings müssen weitere Gespräche in privatem Rahmen erfolgen, weil die Mehrzahl der Vereine dies auf dem Vereinsgelände untersagt. Spieler schließen sich oft einem Spielerberater an, mit dem sie schon in einer anderen Spielerberateragentur gearbeitet haben und der sich nun selbständig gemacht hat. In diesem Fall wissen die Spieler bereits, wie der Spielerberater arbeitet. Gleiches gilt, wenn angehende Spielerberater in Familie oder Freundeskreis ehemalige Profis haben oder wenn ein Anwalt Spieler als Klienten vertritt und selbst in die Spielerberaterbranche expandieren möchte. Generell werden Spielerberater in der Akquise immer kreativer: Moderatoren von Sky wurden abgeworben und in Spielerberateragenturen aufgenommen, da man sich von ihnen u. a. aufgrund ihrer Bekanntschaften mit Spielern, z. B. aus Interviews, einen deutlichen Netzwerkausbau und neue Klienten erhoffte.[363] Falls kein direkter Kontakt mit Spielern zustande kommt, besteht auch die Möglichkeit, als lokaler Intermediär für ausländische Spielerberater tätig zu werden – vorausgesetzt man verfügt über einen entsprechenden Mehrwert, z. B. mit einem großen lokalen Netzwerk an Vereinen und Entscheidungsträgern.

In den Medien ist häufig von schwarzen Schafen der Spielerberaterbranche zu lesen, die versuchen, sich die Zusammenarbeit mit einem Spieler oder dessen Eltern z. B. über große Versprechungen zu erfüllen oder über Geschenke oder Geldzuwendungen zu erkaufen.[364] Andere Spielerberater beziehen die Eltern der Spieler bewusst in die Zusammenarbeit ein, um für deren Söhne arbeiten zu können oder Eltern bestehen darauf, involviert zu werden, um bei Transfers ein

Wort mitzureden und von finanziellen Zuwendungen oder eventuellen anteiligen Beraterprovisionen zu profitieren.[365]

Alles in allem folgt der Start der Spielerakquise dem Huhn-Ei-Prinzip und es stellt sich die Frage, was zuerst da sein sollte: Vereine und Vakanzen, um mit diesen Informationen entsprechende Spieler zu akquirieren, oder Spieler im Portfolio, um diese dann verschiedenen Vereinen vorzustellen. Es gibt hier keinen richtigen oder falschen Weg. Bei allen unterschiedlichen Möglichkeiten der Spielerakquise gilt, dass Spielerberater vor allem zu Beginn ihrer Tätigkeit sehr kreativ sein müssen, um erste Spieler für ihr Portfolio gewinnen zu können, denn jeder Spieler hat oder hatte bereits einen Spielerberater. Fußballprofis ohne Spielerberater gibt es nur wenige, diese Spieler haben in der Regel kein Profiniveau. Aufgrund des umkämpften Marktes und des Wettbewerbs um die Spieler mit weltweit agierenden Spielerberatern und Spielerberateragenturen, müssen sich Personen, bevor sie Spielerberater werden und Spielerberater, zu Beginn und während der Tätigkeit als Spielerberater, stets fragen, warum ein Spieler mit ihnen zusammenarbeiten sollte. Nach erfolgreicher Spielerakquise und aufgrund guter Arbeit wächst das Spielerportfolio über entsprechende Referenzen und Empfehlungen. Sobald Spieler aus dem eigenen Portfolio sehr gute Leistungen zeigen und bekannt werden, haben Spielerberater die Chance, aufgrund dieser Referenzen mit weiteren Spielern und interessierten Vereinen in Kontakt zu kommen. Außerdem erhält der Spielerberater Informationen, die für die eigenen Spieler und seine Agentur genutzt werden können – es entsteht im Idealfall ein ständiger Kreislauf.[366]
Die Akquise von aussichtsreichen Spielern ist demnach eine Daueraufgabe von großer Wichtigkeit: Altersbedingt werden Spieler über 30 Jahre als Klienten nämlich zwangsläufig ausscheiden[367] und die Adresskartei von Spielerberatern verändert sich ständig. Die Akquise wird jedoch einfacher, je mehr Spieler ein Spielerberater betreut und je größer die Bekanntheit des Spielerberaters selbst sowie der von ihm betreuten Spieler wird.

Auf der anderen Seite stellt die Bekanntheit einen Spielerberater auch vor Herausforderungen, denn er wird ständig von Spielern aus aller Welt kontaktiert, die jedoch meist kein Profiniveau haben und für das Vermittlungsgeschäft nicht in Frage kommen. Hier müssen die Spielerberater klare Strukturen haben, um die Spreu vom Weizen, also attraktive von unattraktiven Spielern zu trennen und dennoch für Profispieler, Vereine und Presse ständig erreichbar zu sein.

Spielerberatervertrag

Die Zusammenarbeit zwischen Spielerberatern und Spielern beginnt in der Praxis mit einem üblicherweise schriftlich, aber auch mündlich geschlossenen Vertrag, dem Spielerberater- oder kurz Beratervertrag. Dieser Vertrag hat eine Maximaldauer von zwei Jahren und darf keine Klauseln enthalten, die ihn automatisch verlängern. Falls Spieler und Spielerberater nach zwei Jahren eine weitere Zusammenarbeit wünschen, muss ein neuer Spielerberatervertrag aufgesetzt und unterschrieben werden.[368] Die mündliche Vereinbarung über eine Zusammenarbeit ist nur dann sinnvoll, wenn sich die Parteien sehr gut kennen und vertrauen können. Überhaupt ist von einer mündlichen Vereinbarung abzuraten, da viele Vereine als Nachweis der Zusammenarbeit zwischen Spielerberater und Spielern ein unterschriebenes Schriftstück fordern.[369] In diesem Zusammenhang ist der Unterschied zwischen Vertrag und Mandat zu erläutern. Dieser liegt vor allem in der Länge und Detailtiefe der Regelungen: In einem Vertrag werden z. B. Parteien genannt, Leistungen definiert, Vertragslaufzeit, Exklusivität und Vertragsbeendigung geregelt sowie Vertraulichkeit und Datenschutz, Nebenabreden, Gerichtssitz, anwendbares Recht und salvatorische Klausel fixiert. Bei einem Mandat wird nur vereinbart, dass der Spielerberater das Recht hat, den Spieler für einen bestimmten Zeitraum zu vertreten, der meistens kürzer als zwei Jahre ist. Meistens gelten die Mandate weltweit, aber manchmal werden sie geografisch auf ein Land, eine Ländergruppe oder bestimmte Vereine begrenzt.

Darüber hinaus können Vertrag und Mandat hinsichtlich der Exklusivität eingeschränkt sein: Der Spieler behält sich bei einem nichtexklusiven Vertrag oder Mandat vor, gleichzeitig auch mit anderen Spielerberatern zusammenzuarbeiten, was wiederum bedeutet, dass der Spieler bei gleichen Vereinen dann von mehreren Spielerberatern angeboten werden könnte. In Deutschland sind Exklusivitätsvereinbarungen nach § 297 Nr. 4 SGB III generell unwirksam, da laut dem Urteil des Oberlandesgerichts Hamm vom 08.01.2010 (Aktenzeichen 12 U 124/09) eine Exklusivität den Zweck der Bestimmung verhindert und mögliche Vermittlungschancen ungenutzt bleiben. In Großbritannien, Schweden, Dänemark, Norwegen, Frankreich, Niederlande und Spanien hingegen gilt Exklusivität rechtsverbindlich für maximal zwei Vertragsjahre und Spielerberater hinterlegen geschlossene Spielerverträge beim nationalen Verband.[370] Noch komplizierter werden Verträge und Mandate, wenn Intermediäre oder Drittparteien aufgenommen werden, die an Spielerberaterprovisionen partizipieren wollen und wenn dann auch noch die Provisionsaufteilung individuell verhandelt und festgeschrieben wird, bevor überhaupt jemand angefangen hat, konkret für den Spieler zu arbeiten.

Die FIFA[371] sowie einige Verbände[372] haben für Spielerberaterverträge standardisierte Textvorlagen. Die Spielerberaterverträge werden aber zumeist individuell vereinbart wie bei den kommerziellen Teilen der Verträge zwischen Spielern und Vereinen.[373] Es ist jedoch jedem Spielerberater zu empfehlen, bei der Erstellung der eigenen Vertragsvorlagen sich an die Vorlagen der Verbände anzulehnen und eine anwaltliche Prüfung durchzuführen, damit die später damit abgeschlossenen Spielerberaterverträge nicht aufgrund von juristischen und formalen Fehlern unwirksam sind. Unabhängig davon muss geprüft werden, ob der Spieler aktuell noch in einem Vertragsverhältnis mit einem anderen Spielerberater steht und falls ja, wann dieses Vertragsverhältnis enden wird. Nicht selten kommt es nämlich vor, dass Spielerberater ihren Konkurrenten die Spieler abwerben. Egal, ob es sich um einen Vertrag oder ein Mandat handelt, es ist wichtig, dass in jedem Fall außer der vertraglichen Gebundenheit vor allem Vertrauen, Verbundenheit, Respekt, Toleranz und gemeinsame Zielsetzung die Beziehung zwischen Spielerberater und Spieler bestimmen. Außerdem muss zwischen Spielerberatern und Spieler (und ggf. seinen Eltern und seiner Entourage) die Chemie stimmen. Man muss sich gut vertragen, idealerweise sogar mögen und in jedem Fall wissen, was man aneinander hat. Spielerberater und Spieler kommunizieren oft miteinander, verbringen generell, vor allem aber bei Probetrainings und in der Phase der Vertragsanbahnung, viel Zeit zusammen und das funktioniert in guten wie in schlechten Zeiten nur, wenn man gut miteinander auskommt.

Nach Abschluss der vertraglichen Vereinbarung über die Zusammenarbeit informiert der Spielerberater üblicherweise den aktuellen Verein. Dies ist sinnvoll, da der aktuelle Verein im Hinblick auf Vertragsverlängerung, Transferwünsche o. Ä. wissen sollte, wer seinen Spieler aktuell repräsentiert. Einige Spielerberater listen ihre Spieler auch gleich in ihrem Profil auf den Online-Plattformen Transfermarkt, Wyscout und TransferRoom, wofür ein schriftlicher Nachweis der Zusammenarbeit erbracht werden muss sowie auf der eigenen Webseite. Interessierte Vereine und Dritte können dann über das Spielerberaterprofil und das Profil des Spielers sehen, welcher Spielerberater für den Spieler zuständig ist, zudem ist das Listing auch wichtiger Bestandteil des Selbstmarketings der Spielerberater.

Dienstleistungen für Spieler

Die Zusammenarbeit der Spielerberater mit ihren Klienten ist vom Grundsatz her vergleichbar mit der Arbeit eines Headhunters oder Personaldienstleisters. Das Wichtigste ist, die eigenen Spieler über einen Transfer, eine Leihe oder eine Vertragsverlängerung in ein »zeitgerechtes, marktgerechtes und leistungsgerechtes Arbeitsverhältnis«[374] zu bringen. Die Spielerberater haben diesbezüglich ein klares Ziel, das erfüllt werden muss. Da der Fokus auf einer Transaktion (Wechsel durch Transfer oder Leihe sowie Vertragsverlängerung) liegt, spricht der DFB deshalb nicht von Spielerberatern, sondern von Spielervermittlern, die »gegen Entgelt oder kostenlos, Spieler und/oder Vereine bei Verhandlungen im Hinblick auf den Abschluss eines Berufsspielervertrags oder Vereine bei Verhandlungen im Hinblick auf den Abschluss einer Transfervereinbarung« vertreten.[375] Die eigentliche Arbeit der Spielerberater kann und muss im Grunde heute weit über die reine Vermittlung von Spielern hinausgehen[376], es werden vielmehr verschiedene ergänzende Dienstleistungen angeboten, die im Folgenden näher erläutert werden (► Dar. 11).

Dar. 11: Die Leistungen der Spielerberater für ihre Klienten

Informant

Spielerberater sind vor allem Informanten. Sie erfassen alle möglichen Informationen über aktuelle Regulierungen, über die Vorgänge auf dem Transfermarkt, über mögliche Ablösepläne von Vereinen und Gehaltsstrukturen, so dass sie ihre Spieler im Vergleich zu den Mitspielern im Mannschafts- und Gehaltsgefüge der Vereine einordnen können. Für Spieler und wenn gewünscht deren Eltern sind sie damit die zentralen Informationslieferanten, wissen über (mögliche) Vakanzen in Vereinen und die Angebote auf dem Transfermarkt, über mediale Berichterstattung zum eigenen Spieler, über kommuniziertes Interesse z. B. von Vereinen oder Sponsoren und im Idealfall über alles Bescheid, was für ihre Klienten von Interesse sein könnte. Mit diesen Informationen versorgen die Spielerberater ihre Klienten und versuchen dabei, möglichst viele sportlich und finanziell lukrative Angebote und Entwicklungsszenarien zu erwirken. Das Interesse anderer Vereine muss dem Spieler laut der FIFA-Regularien dann ohnehin mitgeteilt werden.[377] Im Anschluss sollte sich der betreffende Spieler über die Interessensbekundung eines Vereins eine Meinung bilden, bevor der Spielerberater tätig wird; am Ende, falls erforderlich, teilt der Spieler dann seinem Trainer und Sportdirektor selbst seinen Willen zum Vereinswechsel mit.

Karriereplanung

Unter Karriereplanung werden alle Dienstleistungen eingeordnet, die mit der strategischen Planung der Karriere des Spielers zu tun haben. Zum Start der Zusammenarbeit von Spielerberater und Spieler wird zunächst die bestmögliche Karriere planerisch entworfen. Sinnvoll ist es dabei, auch die Familie des Spielers einzubeziehen, um deren Ideen und Wünsche zu erfassen. Auch der aktuelle Verein und dessen Entscheidungsträger sowie die aktuellen Trainer des Spielers haben dazu eine Meinung, die sich entweder direkt oder indirekt über den Spieler in Erfahrung bringen lässt. Im weiteren Verlauf der Zusammenarbeit gehört zur Karriereplanung auch die regelmäßige Diskussion des Status quo des Spielers im aktuellen Verein und darauf aufbauend die Abwägung möglicher nächster Karriereschritte. Hier fließen die Informationen ein, die vom Spielerberater laufend gesammelt werden. Je nach Zeitpunkt unterscheiden sich die relevanten Fragestellungen: In der Karriereplanung für Nachwuchsspieler ist die wichtigste Frage, wie der Sprung in den Profifußball gelingen könnte und für Profifußballer, wo und auf welchem Weg die Karriere fortschreiten kann, ihren Höhepunkt finden oder später enden soll. Das sog. Drehbuch ist für die Karriereplanung der Spieler allerdings keine planbare Strategie, sondern eine taktische Szenariotechnik, die sich auf womöglich ergebende Chancen konzentriert. Beim Drehbuch überlegen sich die Spielerberater mit den von ihnen vertretenen Spielern oder Trainern z. B. in Workshops, welche Kausalkette sich ergeben könnte, wenn sich das »Transferkarussell« zu drehen beginnt. So war es auch 2021 als der Trainer Marco Rose von Borussia Mönchengladbach zu Borussia Dortmund wechselte, woraufhin der Posten in Mönchengladbach frei wurde, den Adi Hütter dann, von Eintracht Frankfurt kommend, besetzte. Nach Frankfurt wiederum kam Oliver Glasner vom VfL Wolfsburg und den Trainerposten in Wolfsburg übernahm Mark van Bommel. Die Berater der Trainer konnten also bei jedem anbahnenden Wechsel antizipieren, ob ihr Klient für die möglicherweise freiwerdende Stelle in Frage kommt und schon proaktiv die Vereine kontaktieren. Dasselbe gilt bei Spielern, bei denen zudem durch deren Vertragsende bekannt ist, dass sie entweder verlängern oder wechseln werden, d. h. bei einem möglichen Wechsel würde eine Vakanz entstehen, die wiederum vom eigenen Spieler eventuell besetzt werden könnte.

Vermögensaufbau

Im Bereich Vermögensaufbau unterstützen Spielerberater ihre Klienten bei der Verwaltung ihrer Finanzen, einschließlich der Verwaltung ihrer Einkommensströme und der Planung für die Zukunft nach dem Fußballgeschäft. Einige Spielerberater empfehlen ihren Klienten entsprechende Produkte, um sicherzustellen, dass das erwirtschaftete Vermögen aus dem Fußball gut angelegt ist. Dies können Immobilien oder Anlageprodukte sein, je nachdem wie risikoreich investiert werden soll. In den Medien liest man häufig von schlechten spekulativen Finanzprodukten, mit denen Spieler viel Geld verloren hätten. Spielerberater sind im Regelfall keine Finanzexperten, deshalb ist es wichtig und ratsam, die Spieler nur von vertrauenswürdigen Fachleuten beraten zu lassen und nur über solche Produkte direkt zu informieren, in die man selbst mit gutem Gewissen investieren würde.

Versicherungen

Der Bereich Versicherungen umfasst sowohl das Privatleben und die Familie der Spieler als auch die Absicherung der Spielerkarriere selbst. Hierzu gehören eine Versicherung für vorübergehende Arbeitsunfähigkeit, über die der Spieler mit Krankentagegeld abgesichert ist, das über die länderindividuelle Lohnfortzahlung des Vereins hinausgeht, optional eine Unfallversicherung, eine Versicherung für dauerhafte Arbeitsunfähigkeit und eine Versicherung zur Absicherung der Hinterbliebenen im Todesfall des Spielers. Versicherungsmakler für diese Bereiche sind z. B. Miller Insurance, Allianz oder Wunderlich.[378] Nach erstmaligem Abschluss erhalten Spielerberater als tippgebende Vermittler häufig eine Provision der ersten jährlichen Versicherungskosten. Bei den Versicherungskosten unterstützt normalerweise auch der Verein als Arbeitgeber seine Spieler, da er (je nach Land) auch für die gesetzliche Kranken-, Unfall- sowie Rentenversicherung zuständig ist. Unterstützung beim Abschluss weiterer privater Versicherungen ist ebenfalls möglich.

Sponsoren

Wichtig für Spieler sind Sponsoren insbesondere aus dem Bereich Sportequipment, die sie z. B. mit Fußballschuhen und Sportkleidung ausstatten. Diese Verträge werden Ausrüsterverträge genannt und sind so gestaltet, dass der Spieler verpflichtet ist, die entsprechende Ausrüstung des Sponsors zu tragen, was andere Vereinssponsoren in der Regel dulden, wenn der Privatsponsorenvertrag bei Vereinseintritt schon bestanden hat und im Gegenzug eine Entschädigung gezahlt wird. Im Jahr 2011 wurde bekannt, dass Mario Götze einen Ausrüstervertrag mit Nike über 150 Millionen Euro für 10 Jahre unterschrieben hatte und damit mehr verdiente als mit seinem damaligen Gehalt bei Borussia Dortmund.[379] Laut öffentlicher Quellen soll Erling Haaland jährlich 22 Millionen Euro von Nike erhalten, Cristiano Ronaldo dagegen 16 Millionen Euro. Neymar und Puma haben einen Ausrüstervertrag mit 100 Millionen Euro über 11 Jahre geschlossen, Mo Salah erhält von Adidas 2,8 Millionen Euro pro Jahr, Lionel Messi vom gleichen Ausstatter jährlich 21,5 Millionen Euro. Für internationale Auftritte und Siege wie z. B. in der Champions League oder Europa League enthalten die Verträge entsprechende Boni.[380] Besonders bekannte und beliebte Spieler können darüber hinaus auch Werbeverträge außerhalb des Fußballbereichs erhalten, so wie der bereits erwähnte Thomas Müller u. a. mit Barilla und Weber sowie Rewe, Bifi und Müllermilch, über solche Verträge erhält er ca. 4 Millionen Euro im Jahr.[381]

Gesundheit und Performance

In diesen gerade für junge Spieler wichtigen Bereichen können die Spielerberater ihre Klienten vielseitig unterstützen: Einige Spielerberater kooperieren z. B. mit Ernährungsberatern und Privattrainern, die die Spieler schulen und mit ihnen privat, etwa in Saisonpausen, trainieren. Auch Psychologen und Mentaltrainer, die sich um die mentale Gesundheit der Spieler kümmern[382] werden immer häufiger angeboten, um die Spieler vor allem in Bezug auf den ständigen Leistungsdruck und die öffentliche Erwartungshaltung innerliche Stabilität zu geben. Wichtig sind Zweitmeinungen bei Verletzungen und vor allem vor geplanten Operationen, um bestmögliche ärztliche Beratung, Versorgung und Genesung bieten zu können. Wenige große Spielerberateragenturen bieten außerdem Kältekammern in ihren Räumlichkeiten an, um die Regeneration der Spieler nach anstrengenden Spielen unterstützen zu können. Leistungsdaten aus

Spielen und Training ist ein wichtiger Aspekt, die den Spielern vom Verein zur Verfügung gestellt werden und worüber Spielerberater selbst oder mit externen Partnern, den Spielern eine Einschätzung geben können. Über die bereits vorgestellten Online-Plattformen können Spielerberater ihren Spielern außerdem kostenfreie Zugänge zu Leistungsdaten und Videomaterial zur Verfügung stellen.

Charity

Viele Spielerberater halten ihre Spieler dazu an, sich ihrer gesellschaftlichen Verantwortung bewusst zu sein und diejenigen zu unterstützen, die im Leben weniger Glück hatten. Diese Aktivitäten werden unter dem Schlagwort Charity bzw. Wohltätigkeit zusammengefasst und Beispiele gibt es viele: Die Unterstützung muss dabei nicht durch die Spieler selbst initiiert werden, wie z. B. von Leon Goretzka und Joshua Kimmich, die 2020 als Spieler des FC Bayern München die Spendenaktion »WeKickCorona« für soziale Einrichtungen gegründet haben, sondern kann auch von den Spielerberatern ausgehen, so wie im Fall der Initiative #FootballHelp der Agentur Graner Bonomi Football Management.[383]

Marketing

Im Bereich Marketing pflegen Spieler vor allem ihre eigenen Social-Media-Kanäle und nur noch wenige betreiben auch eine eigene Webseite. Es besteht die Möglichkeit, dass Spielerberater selbst oder mit Marketingpartneragenturen die Spieler mit entsprechendem Content unterstützen. Eigene Social-Media-Kanäle pflegen Spielerberater ebenfalls und informieren über die Spieler ihres Portfolios (z. B. zu Geburtstagen, nach besonderen Titelgewinnen, nach einem Transfer, einer Vertragsverlängerung). Auf demselben Weg wird auch Content der Spieler und Vereine über die Profile der Spielerberater geteilt. Außer Social Media haben Spielerberater Kontakte zur Presse, geben Auskünfte und bringen ihre Spieler für Interviews und Presseberichte mit Journalisten zusammen.

Unterstützung und Betreuung

Das Tätigkeitsfeld Unterstützung und Betreuung umfasst sämtliche Hilfen, die nichts mit der Tätigkeit und der Karriere des Spielers zu tun haben. Darunter fallen vor allem bürokratische Angelegenheiten, die Suche nach einer geeigneten Wohnung oder einem Haus, der Kauf von Autos oder die Organisation von Sprachkursen sowie die Integration des Spielers und seiner Familie in die neue Umgebung. Auch die Vereine unterstützen die Spieler nach einem Wechsel in vielfacher Weise, etwa durch die Betreuung der Spielerfrauen und Kinder, die Unterstützung bei der Suche nach einem geeigneten Arbeits- oder Kindergartenplatz, es wird nicht zuletzt dafür gesorgt, dass die Familie am Wochenende ins Stadion kommen kann und manchmal werden sogar die Eltern mitversorgt, um einem jungen Spieler die Eingewöhnung in der neuen Umgebung zu erleichtern. Auch bei rechtlichen oder steuerlichen Angelegenheiten stehen Spielerberater mit ihrem Netzwerk von Rechtsanwälten und Steuerberatern den Spielerfamilien unterstützend zur Seite.

In kleinen Spielerberateragenturen kümmern sich Spielerberater um alle Dienstleistungen selbst, in großen ist der Fokus auf Transfers, Leihen, Vertragsverlängerungen und Beratung, während die anderen Dienstleistungen, die als »off the pitch« oder »players support« bezeichnet werden, Mitarbeiter oder Externe erledigen. Alle diese Punkte sind optionale Angebote für den Spieler und werden auf Wunsch des Spielers erfüllt, immer individuell, je nach aktueller sportlicher und familiärer Situation.[384] Ebenfalls individuell ist die Intensität des regelmäßigen Austauschs zwischen Spieler und Spielerberater – es gibt Spieler, die einen Kontakt täglich wünschen und wiederum andere, die sehr selbständig sind und mit einem Meeting bei Neuigkeiten zufrieden sind. Die entscheidende Frage: Wer bezahlt eigentlich für die genannten Dienstleistungen? In der Praxis sind normalerweise alle Dienstleistungen, die ein Spielerberater für seinen Spieler erbringt, für diesen kostenfrei. Im Erfolgsfall eines Transfers oder einer Leihe oder Vertragsverlängerung erhält der

Spielerberater eine Provision, die im Regelfall vom Verein bezahlt wird, außer es wird explizit vereinbart, dass der Spieler den Spielerberater bezahlt, was als Player-pays-Vereinbarung bezeichnet wird.[385]

Spielerberater haben eine große Verantwortung für ihren Klienten: Sie müssen die von Ihnen betreuten Spieler in Vereinen unterbringen, deren Interessen stets im Auge behalten und dabei auf dem Verhandlungsweg die bestmöglichen Optionen für ihre Klienten erreichen. Spielerberater müssen zudem vertrauensvoll mit ihren Klienten umgehen und deren Privatsphäre schützen. Spielerberater sollten bei der Wahrnehmung der Klienteninteressen stets moralisch handeln: Dazu gehört, dass sie wirtschaftliche Interessenkonflikte vermeiden und ihre Klienten fair und ehrlich behandeln, also Integrität und Unabhängigkeit wahren. Im Idealfall gehört dazu auch das Akzeptieren eigener finanzieller Einbußen, wenn dem Spieler dafür im Gegenzug ein entsprechend besserer Karriereschritt ermöglicht wird, wenn z. B. ein anderer Spielerberater für einen am Spieler interessierten Verein arbeitet und die Spielerberaterprovision in diesem Fall geteilt werden wird, was bisher nicht der Fall war.

3
Fußballtransfers

Deal done! Mit diesen Worten wird oft in den internationalen Medien verkündet, dass die Verträge unterzeichnet sind und ein Transfer (oder eine Leihe) abgeschlossen werden konnte. Daraufhin wechselt ein Spieler von einem Verein zu einem anderen. Dazu kommt noch ein Foto mit dem Trikot des neuen Vereins. Die Fans sind in Ekstase und die nächste Spielzeit kann kommen!

Doch bis zu diesem Foto ist es ein mitunter recht langer Weg: E-Mails, Telefonate, Nachrichten, Reisen, Meetings und Verhandlungen – weltweit und mit dutzenden Vereinen. Spielerberater durchlaufen für jeden ihrer Spieler vor einem Transfer oder einer Leihe – mehrfach mit verschiedenen Vereinen – unterschiedliche Phasen, bis ein Transfer, eine Leihe oder Vertragsverlängerung schließlich realisiert werden kann. In den folgenden Kapiteln werden alle Formen eines Fußballtransfers und alle Details der Transfer-Phasen genau erklärt.

In der Pre-Transfer-Phase wird alles erledigt, was zur Anbahnung eines Transfers gehört. Diese Tätigkeit liegt weit vor dem Transferfenster und bildet die Basis für die eigentliche Transfer-Phase, die in eine Suchphase, eine Kontaktaufnahmephase, eine Interessenphase, eine Verhandlungsphase und eine Vollzugsphase unterteilt werden kann. Sobald die Verträge unterzeichnet sind, folgt darauf die Post-Transfer-Phase (▶ Dar. 12).

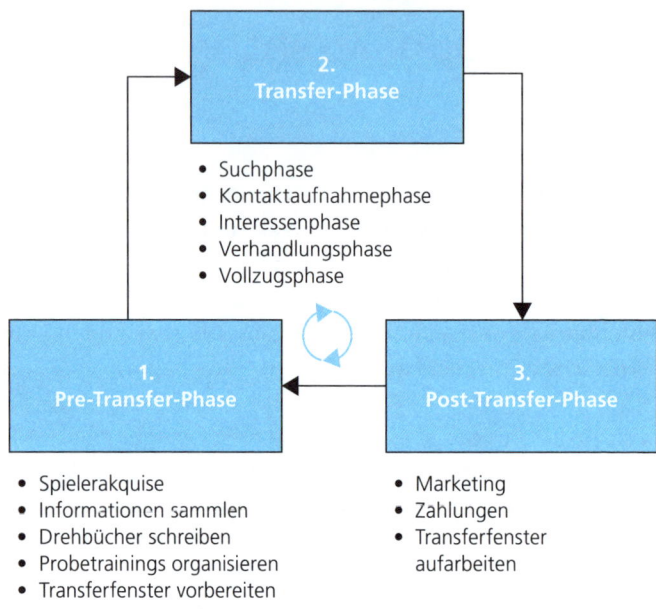

Dar. 12: Die Phasen eines Fußballtransfers

Pre-Transfer-Phase

In dieser Phase werden gezielt Spieler akquiriert, Informationen gesammelt, eigene Drehbücher für ihre Karriereentwicklung geschrieben, Probetrainings organisiert und alles für das nächste Transferfenster vorbereitet.

Die Spielerakquise gestaltet sich, wie im vorigen Kapitel beschrieben, als ein Kontinuum und hieran wird ständig gearbeitet. Sie ist deshalb auch fester Bestandteil der Pre-Transfer-Phase, da es immer möglich ist, neue Spieler zusätzlich zu beraten und in den Vereinen oft mehr Positionen zu besetzen sind, als ein Spielerberater aus seinem Spielerportfolio heraus besetzen könnte. Die Spielerberater sind also ständig auf der Suche nach geeigneten Spielern, mit denen Sie zusammenarbeiten können.

In der Pre-Transfer-Phase werden vor allem solche Informationen gesammelt, die im kommenden Transferfenster für Spielerberater und Spieler marktrelevant sein könnten: Neue Regularien der FIFA und der Nationalverbände, ein Überblick über auslaufende Verträge von Spielern auf Positionen, die durch eigene Spieler ersetzt werden könnten, die Sondierung von Vereinskontakten, die bereits in vergangenen Transferfenstern ein Interesse an der Zusammenarbeit gezeigt haben. Alle diese Informationen fließen dann in Drehbücher ein, wie der Weg für eigene Spieler aussehen könnte. Unabhängig davon, dass ständig hinterfragt werden sollte, was die eingeholten Informationen konkret für die Entwicklung der eigenen Spieler bedeuten könnten, sind die gesammelte Daten auch für die Arbeit des jeweiligen Spielerberaters von großem Interesse. Die Weitergabe solcher Informationen an die Klienten ermöglicht es dem Spielerberater dann auch, sein Engagement und seine Kompetenz auf dem Transfermarkt gegenüber den Klienten hervorzuheben.

In der Pre-Transfer-Phase werden durch die Spielerberater häufig auch Probetrainings mit möglichen neuen Vereinen organisiert. Im Profibereich werden Probetrainings nicht öffentlich ausgeschrieben, sondern individuell organisiert und der Spieler nimmt an einem Mannschaftstraining teil, während im Kinder- und Jugendbereich teilweise öffentliche Probetrainings oder Sichtungsturniere stattfinden, zu denen man sich anmelden kann.[386] Probetrainings im Profibereich sind vor allem relevant für junge Spieler, die kurz vor dem Sprung in eine Profimannschaft stehen, aber wechseln möchten, weil sie entweder den Sprung in den Profikader in der eigenen Mannschaft nicht schaffen oder weil ein anderer Verein in den Spielern sportliches Potenzial vermutet, das durch das Probetraining bestätigt werden soll. Ein Probetraining muss von den

Spielerberatern mit dem potenziellen neuen Verein organisiert und laut FIFA vom potenziell neuen Verein beim aktuellen Verein mindestens zehn Tage vorher über das FIFA Transfer Matching System (TMS) angefragt und dann vorab schriftlich bestätigt werden.[387] Probetrainings dauern in der Regel zwischen einem Tag und einer Woche und finden üblicherweise zu Beginn eines Transferfensters oder in einer Länderspielpause[388] statt, so dass der Spieler nicht im Training und bei Spielen der aktuellen Mannschaft fehlt. Freundschaftsspiele darf der Spieler mit dem Probetrainingsverein bestreiten, jedoch keine offiziellen Punktspiele.[389] Je nachdem, wer ein Probetraining wünscht, werden die Kosten zwischen Spielerberater und interessiertem Verein aufgeteilt. Häufig übernimmt der Verein die Organisation des Probetrainings und alle Mahlzeiten auf dem Vereinsgelände, der Spieler oder die Spielerberater bezahlen die An- und Abreise sowie die Hotelunterkunft. Der Spieler kann allein zum Probetraining reisen, es sei denn, nationale Vorschriften stehen dem entgegen, wie z. B. in Italien, wo Minderjährigen allein eine Hotelunterbringung nicht erlaubt ist.[390] Spieler werden aber auch häufig von den Eltern oder ihren Spielerberatern begleitet, die die Zeit vor Ort auch für einen Austausch mit den Verantwortlichen des Vereins nutzen.

Zur generellen Vorbereitung des Transferfensters gehört aber auch die Überprüfung und Aktualisierung der Kontaktdaten(-banken) der Spieler sowie der Entscheidungsträger der Vereine, die über die Besetzung der Spielervakanzen und damit auch über einen Transfer der Spieler entscheiden. Das Ziel muss es dabei sein, dass zum Start der Transfer-Phase keine Adressabgleiche oder -anpassungen mehr durchgeführt werden müssen und alle Kontakte schnell erreicht werden können. Zur Vorbereitung gehört außerdem die Überprüfung, ob die FIFA-Spielerberaterlizenz und alle nationalen Lizenzen weiterhin gültig sind und alle erforderlichen Maßnahmen zur Lizenzverlängerung umgesetzt wurden, wie z. B. die Teilnahme an erforderlichen Online-Schulungen der FIFA oder in Ländern mit nationaler Spielerberaterprüfung die Teilnahme an erforderlichen Schulungen in Präsenz, wie z. B. in Italien. Dasselbe gilt für alle Unternehmensangelegenheiten des Spielerberaters, die eine regelmäßige Überprüfung erforderlich machen.

Dar. 13: Beim Probetraining muss der Spieler zeigen, was er sportlich leisten kann

Transfer-Phase

Die Transfer-Phase im Fußball beginnt deutlich vor den beiden Transferfenstern, in denen die Spieler dann bei einem neuen Verein registriert und somit verpflichtet werden können. Die Gründe hierfür sind vielfältig: Ein Transfer oder eine Leihe aber auch eine Vertragsverlängerung kann langwierig sein und im wichtigen Sommer-Transferfenster in Europa möchten alle Akteure schnellstmöglich Klarheit, denn die Saison endet in den meisten Ligen im Mai und die Verträge der Spieler zum 30.06.[391] Die Saisonvorbereitung (Vorsaison/Pre-Season) der Vereine beginnt üblicherweise Anfang bzw. Mitte Juli (für den Saisonstart im August) und sollte idealerweise gleich mit dem finalen, auch in der Transfer-Phase nicht mehr veränderten Kader absolviert werden. Außerdem darf ein Spieler, dessen Vertrag am 30. Juni abläuft, schon zum 1. Januar mit anderen Vereinen verhandeln.[392] Er möchte selbstverständlich vermeiden, dass er ab 1. Juli ohne neuen Verein dasteht und dann ohne Trainingsmöglichkeit warten muss, bis sich eine Option mit einem neuen Verein ergibt.[393] Da unabhängig von der Registrierung des Spielers zum Start des Transferfensters Vereine miteinander verhandeln und Verträge für einen Transfer abschließen können, kommt es immer wieder vor, dass in den Medien Transfers vor einem Transferfenster verkündet werden.[394]

Die DFL Deutsche Fußball Liga GmbH hat zur Kontaktaufnahme und zum Vertragsschluss folgende Regelung erlassen: »Clubs müssen, bevor sie Gespräche mit einem Spieler eines anderen Clubs oder mit seinem Vertreter oder Beauftragten über einen Vereinswechsel des Spielers aufnehmen, den Club des Spielers schriftlich informieren. Gespräche über einen Vereinswechsel mit einem Spieler eines anderen Clubs dürfen ohne dessen Einverständnis nicht früher als sechs Monate vor Ablauf des Vertrages mit dem bisherigen Club aufgenommen werden. Ist in dem Vertrag zwischen dem Spieler und dem bisherigen Club eine Verlängerungsoption vereinbart worden, gilt als Zeitpunkt des Vertragsablaufs das ursprünglich vereinbarte Vertragsende. Ein Spieler darf ohne Einverständnis seines bisherigen Clubs einen Vertrag mit einem Club nur abschließen, wenn sein Vertrag mit dem bisherigen Club abgelaufen ist oder in den folgenden sechs Monaten ablaufen wird.«[395]

Vertragsverlängerungen können Teil der Transfer-Phase sein, aber im Gegensatz zu Transfers auch während der ganzen Saison stattfinden. Eine Vertragsverlängerung ist bei gegenseitigem Interesse und ohne vorliegende Angebote anderer Vereine am einfachsten zu vollziehen. Zwischen Spieler, seinem Spielerberater und seinem aktuellen Verein wird ein Vertrag mit neuer Laufzeit und eventuell veränderten Konditionen besprochen, verhandelt und unterzeichnet. Wenn dem Spieler vor der Vertragsverlängerung bereits Angebote anderer Vereine vorliegen, wird die Sache deutlich komplexer und komplizierter, wie im Fall von Transfer oder Leihe auch.

Suchphase

In dieser Phase versuchen Spielerberater herauszufinden, welche Vereine welche Spieler für das kommende Transferfenster suchen. Dies kann das ganze Jahr über stattfinden, beginnt jedoch meist nach Ablauf des letzten Transferfensters. Die Spielerberater kennen für das kommende Transferfenster bereits vakante Positionen in Vereinen, die ihnen entweder direkt mitgeteilt wurden, von denen sie gehört haben oder die sie aufgrund des nahenden Vertragsendes einzelner Spieler annehmen können.

Darüber hinaus nutzen Spielerberater die bereits vorgestellte Online-Plattform Transfermarkt, um Vertragslaufzeiten von Spielern zu prüfen und über die kostenpflichtige Online-Plattform TransferRoom besteht die Möglichkeit, online vereinsseitige Spielervakanzen zu erfahren und im nächsten Schritt dann die Vereine auch direkt über das Portal zu kontaktieren oder in der folgenden Kontaktaufnahmephase einen Spieler direkt anzubieten (zu pitchen).

Am Fußballgeschäft wollen viele Menschen teilhaben, deshalb werden bekannten Spielerberatern von Eltern, Verwandten, Freunden und Bekannten von Spielern sowie Mannschaftskameraden auch viele Informationen unaufgefordert direkt zugetragen, die für die Transferanbahnung und Transfers von Interesse sein können. Außerdem gibt es einige wenige öffentliche Quellen, die transferrelevante vereinsspezifische Informationen enthalten, aber der Öffentlichkeit nicht bekannt sind, wie z. B. öffentlich publizierte Vakanzen der niederländischen Vereine Feyenoord Rotterdam (https://www.scouting1908.com) oder Go Ahead Eagles (https://scouting.ga-eagles.nl).

Auch auf der Seite der Vereine gibt es eine solche Suchphase, die in diesem Zusammenhang erläutert werden muss. Häufig ist diese länger und zeitlich der Suchphase der Spielerberater vorgelagert, da andernfalls keine Vakanzen definiert werden könnten, über die dann Spielerberater informiert werden. Wann die Suchphase vereinsseitig beginnt, ist unterschiedlich: Teilweise finden Gespräche über Sommerzugänge an Weihnachten statt und teilweise erst im Frühsommer oder im Sommer während des Transferfensters selbst. Die Vereine führen hierzu regelmäßige, üblicherweise wöchentliche Kaderplanungssitzungen durch, in denen die sportliche Leitung mit der Scoutingabteilung die Anforderungsprofile und mögliche Neuzugänge bespricht. Der Trainer kann an diesen oder separaten Kaderplanungssitzungen ebenfalls teilnehmen, da er häufig bei möglichen Kandidaten für eine Verpflichtung das Zünglein an der Waage ist und auch das letzte Wort haben kann, denn er stellt die Spieler für die Spiele auf – oder nicht.[396] Auch wie gescoutet wird und Spieler transferiert werden, ist unterschiedlich, man spricht hierbei von Transferphilosophie oder -strategie. Es gibt Vereine, die keinen Spieler verpflichten, den sie nicht live gesehen haben, andere Vereine versuchen den Kader pro Position doppelt besetzt aufzustellen und manche Vereine wiederum legen geografische Suchräume für Neuzugänge fest, in denen gescoutet wird und aus denen mögliche Spieler transferiert werden. Der 1. FC Heidenheim hat zum Beispiel in den 10 Jahren vom Wintertransferfenster 2013/14 bis zum Wintertransferfenster 2023/24 über 110 Transferzugänge vollzogen, wovon nur 7 aus dem Ausland stammten. Das bedeutet in diesem Fall, den Spieler eines ausländischen Vereins hier anzubieten, scheint wenig erfolgversprechend, da anzunehmen ist, dass das Scouting des Vereins (noch) nicht stark auf ausländische Märkte ausgerichtet ist.[397] Der FC St. Pauli scoutet in Ligen, wie Schweden, Polen, Griechenland, dritte Liga England und zuletzt Estland, die nur wenige andere deutsche Vereine fokussieren.[398] Beim spanischen Fußballverein Athletic Bilbao, aus dem Baskenland spielen hingegen nur Basken oder im Baskenland aufgewachsene Spieler.[399] Ein weiteres Beispiel zur Transferphilosophie ist die Festlegung des gewünschten Alters eines Spielers bei bestimmten Vereinen: So verpflichtet etwa Red Bull Salzburg vorrangig Spieler bis zu einem Alter von 19 oder 20 Jahren.[400]

Ben Manga, technischer Direktor und Kaderplaner, sagte zu Suchphase und Scouting in einem Interview: »Ich habe eine sehr gute und große Scouting-Abteilung. Die meisten der Scouts leben in den Ländern, die ich im Fußball für wichtig halte. Wir müssen schon wissen, wo man hingehen muss, um die richtigen Spieler zu finden. Wenn ich sage: ›Wir suchen einen Innenverteidiger, Linksfuß.‹ Dann machen die Scouts die Vorarbeit. Anschließend setzen wir uns zusammen und die Profile werden diskutiert. Wir marschieren und marschieren und marschieren, netzwerken, holen Informationen ein, dann fliegen wir rüber. Wir lernen den Spieler kennen, sein Umfeld, den Charakter. Wir sehen ihn einmal spielen und alles muss genau gecheckt werden – passt er in eine Mannschaft rein? Passt er zu unseren Vorstellungen? Ich verpflichte keinen Spieler, den ich selbst nicht gespürt habe. Wie tickt er? Passt er genau zu uns? Ist er ein Arbeiter oder ein Schönspieler? Das alles muss mitgedacht werden und macht in meinen Augen einen guten Scout, Kaderplaner oder Sportdirektor aus. Wir arbeiten zum Beispiel mit zusätzlichen Absicherungen, indem wir interessante Spieler gezielt teamintern ›blind‹ gegenchecken lassen – das heißt: Der spanische Scout fliegt auch mal nach Belgien, der italienische Scout nach Argentinien, der argentinische Scout nach Europa und so weiter. Ich gebe dann nur ein Spiel vor, aber nicht, welchen Spieler wir möglicherweise bereits im Fokus haben. Und dann warte ich, ob der Scout mir anschließend genau den Namen nennt, den ich erwarten würde.«[401]

Für Spielerberater sind in der Suchphase insbesondere die direkten Kontakte zu Entscheidungsträgern von Vereinen wichtig. Über verschiedene Kanäle (E-Mail, Telefon oder im persönlichen Gespräch) wird abgefragt, welche Positionen für das kommende Transferfenster relevant, also offen sind. Je nachdem, wie gut der jeweilige Kontakt ist, wird von den Entscheidungsträgern an die Spielerberater genau kommuniziert, welche Position, welcher Spielertyp mit welchen Charakteristiken (z. B. Erfahrung, Maximalalter) und mit welchem Budget gesucht wird. Oft wird in dieser Kommunikation erwähnt, dass die Vakanzen nur den aktuellen Stand widerspiegeln und deshalb mit dem Zusatz »falls uns kein weiterer Spieler verlässt« versehen sind. Dies bedeutet, dass sich die Vakanzen durch den Abgang oder Leistungseinbruch eines Spielers, durch längere Länderspielabstellungen (z. B. für den Afrika-Cup, der mitten in der Saison stattfindet), Verletzungen, Trainer- oder Managementwechsel ständig ändern können. Falls für einzelne Spieler mit anderen Spielerberatern als Partner oder Intermediären zusammengearbeitet wird, ist schon während der Suchphase eine enge Abstimmung empfehlenswert.

Kontaktaufnahmephase

Auf die Such- folgt meist direkt die Kontaktaufnahmephase. Im Beziehungsdreieck von Spieler, angestellt bei seinem aktuellen Verein, Spielerberater und möglichen neuen Vereinen ist eine Kontaktaufnahme zwischen diesen Parteien jederzeit möglich.

Da Spielerberaterverträge im Regelfall laut FIFA-Vorgaben nur maximal zwei Jahre laufen[402], Vertragsbeginn und -ende öffentlich nicht transparent sind, zugleich aber meist bekannt ist, bei welchem Verein der interessante Spieler angestellt ist, findet häufig bei einem Interesse an einem Spieler die Kontaktaufnahme direkt zwischen den Vereinen statt. Die Kontaktaufnahme mit einem Spieler dem Verein zu melden, bei dem er angestellt ist, obliegt dem interessierten

Verein auch laut FIFA-Regularien. Die Kontaktdaten der Kollegen bei anderen Vereinen finden sich über das Transfer Matching System (TMS) der FIFA.[403] Ob ein solcher Kontakt beim aktuellen Verein dem Spieler und seinem Berater bekannt wird, hängt von den Kontakten des Spielerberaters ab und auch davon, ob die Vereine ein Interesse daran haben, über ihr Gespräch zu informieren.

Wenn der aktuelle Verein einen Spieler verkaufen möchte (»Wegtransfer«), weil mit diesem sportlich nicht mehr geplant wird oder sein Vertrag ohnehin ausläuft und noch ein Transfererlös erwirtschaftet werden soll, dann werden der Spieler und sein Spielerberater informiert. Häufig wird dem Spielerberater dann auch mitgeteilt, ob ein anderer Verein bereits Interesse an dem betreuten Spieler gezeigt hat und welche Konditionen für Transfer bzw. Leihe erwartet werden. Ob der Spieler wechseln will, ist individuell unterschiedlich und sicherlich abhängig vom aktuellen Vertrag, der Restlaufzeit des Vertrags, den weiteren Aussichten im Verein und den Anfragen potenzieller neuer Vereine. Es kommt auch vor, dass der aktuelle Verein des Spielers selbst andere Vereine direkt kontaktiert, um mitzuteilen, dass der Spieler abzugeben ist. Häufig passiert dies, wenn ein Verein einen Spieler schlicht schnell loswerden möchte und dazu versucht, die Arbeit des Spielerberaters zu forcieren. So hat der FC Sevilla 2023 aufgrund finanzieller Probleme seinen gesamten Kader zum Verkauf angeboten.[404] Normalerweise läuft ein solches Anerbieten jedoch weniger transparent und nichtöffentlich ab, denn einen Spieler aufgrund der sportlichen Leistung oder finanziellem Druck loswerden zu wollen, schwächt die eigene Verhandlungsposition und der Verein wird sehr wahrscheinlich weniger Transfergebühr für den Spieler erzielen.[405] Falls Spieler und/oder Spielerberater einem Abgang nicht zustimmen und den Vertrag fortführen möchten, kann vereinseitig auch anderweitig Druck aufgebaut werden: So kann ein Spieler über die Marketingkanäle des Vereins nicht mehr erwähnt, aus dem Kader gestrichen oder einer separaten Trainingsgruppe zugewiesen werden – je nachdem, was rechtlich und vertraglich möglich ist. Zudem können auch Vereine selbst Spielerberater engagieren, um mögliches Interesse auszuloten und entsprechende Angebote zu erhalten. Auch eine Vertragsauflösung mit einer Kompensationszahlung oder eine Kompensationszahlung als Anreiz für einen Wegtransfer sind möglich.[406]

Eine weitere, jedoch eher seltene vereinsseitige Kontaktaufnahme ist die vom potenziellen neuen Verein beim Spieler direkt (etwa über Social Media). Einerseits, um herauszufinden, wer der aktuelle Spielerberater ist oder um zu verifizieren, ob der Spielerberater auch der im Spielerprofil auf den Online-Plattformen Transfermarkt und TransferRoom ausgewiesene ist. Dies kann auch passieren, wenn der Spieler von mehreren unterschiedlichen Spielerberatern oder von einem dem Verein unbekannten Spielerberater ohne Vertrag bzw. Mandat angeboten wurde. Es wird auch behauptet, dass Vereine damit versuchen, den Spielerberater außen vor zu lassen – doch im Regelfall verweist der Spieler auf seinen aktuellen Spielerberater, der dann mit dem interessierten Verein in Kontakt tritt.[407]

Die zentrale Möglichkeit zur Kontaktaufnahme bildet natürlich die von Spielerberaterseite komplett initiierte. Davor sollte eine kurze Absprache zwischen Spielerberater und dem aktuellen Verein stattfinden, um zu erfahren, welche Konditionen gewünscht sind und mit wem welche Informationen schon ausgetauscht wurden. Es ist nämlich üblich, dass die Kontaktaufnahme mit dem Angebot des Spielers an andere Vereine durch Spielerberater ohne Information an den aktuellen Verein stattfindet. Erst wenn der angefragte Verein Interesse zeigt, wird mit dem aktuellen Verein über die sich daraus ergebenden Optionen gesprochen. Der ständige Austausch mit den beteiligten Entscheidungsträgern in den Vereinen ist für die Zukunft des betreffenden Spielers auch für den Fall interessant, dass der aktuelle Verein gar nicht an einer Abgabe interessiert ist. Die gegenseitige Information der Beteiligten ist wichtig, um im Transferprozess chaotische Unübersichtlichkeit durch unklare Verhältnisse zu vermeiden.

Einige Spielerberater listen ihre Spieler in ihrem Portfolio auf Transfermarkt, TransferRoom, Wyscout und/oder der eigenen Webseite und warten auf Kontakte. Das ist eine gängige Art der Kontaktaufnahme von Seiten der Vereine, da der im Profil des interessierenden Spielers angegebene Spielerberater auf Transfermarkt und TransferRoom authentifiziert ist, die Kontaktdaten der Spielerberater öffentlich gemacht werden können und da auf den Portalen das Vertragsende der Spieler beim aktuellen Verein ersichtlich ist. Mancher Spielerberater möchte sich die Arbeit mit einem solchen Vorgehen aber lediglich einfach machen und die eigene Aktivität so weit wie möglich beschränken, wodurch seinen Klienten aber im schlechtesten Fall mögliche (Verhandlungs-)Optionen entgehen. Erfolgreicher ist die Strategie, die Spieler nicht nur zu listen, sondern parallel alle Hebel in Bewegung zu setzen, um Entscheidungsträger in den Vereinen zu kontaktieren und aktiv über die eigenen Spieler zu informieren bzw. diese gleich direkt zum Transfer anzubieten.

Dar. 14: Genaue Beobachtung und Bewertung von Spielerleistungen in der Suchphase

Es ist anzumerken, dass Spielerberater laut FIFA-Regularien verpflichtet sind, das Interesse von Vereinen dem Spieler schriftlich mitzuteilen.[408] Das ist für Spielerberater von Belang, denn im Fußballgeschäft sind viele Akteure involviert, viele involvieren sich, obwohl sie nicht Teil des Fußballgeschäfts sind, viele wollen mitreden und das über alle möglichen Kommunikationskanäle. Die Kommunikationswege sind vielfältig: E-Mail, Telefon, SMS, WhatsApp-Nachricht oder -Anruf, Nachricht über Wyscout und TransferRoom, LinkedIn, Videokonferenz oder persönliches Gespräch sind gängige Kommunikationsmittel in der Fußballbranche. Treffen können beim Verein, im Büro der Spielerberater oder an externen Orten wie Restaurants oder Hotels im In- und Ausland stattfinden, je nachdem, ob Spielerberater und Entscheidungsträger des Vereins öffentlich gesehen werden wollen und die Presse und Öffentlichkeit vom Treffen vor einem Transfer erfahren darf. Solche Gespräche und Verhandlungen über Transfers sind jederzeit, d. h. unabhängig von Transferfenstern, möglich, werden jedoch vor allem bei Interesse an einem Spieler akut.

Die Beherrschung unterschiedlicher Sprachen ist für Spielerberater vor allem in dieser Phase, aber auch in der folgenden Verhandlungs- und Vollzugsphase ein großer Vorteil. Zwar wird international normalerweise Englisch kommuniziert, es ist aber in einigen Ländern wie z. B. in Frankreich üblich, Angebote und Verträge in der Landessprache zu übermitteln.

Da viele Spielerberater und vor allem Intermediäre nebenberuflich tätig sind und die Spiele meist am Wochenende stattfinden, wird neben dem wöchentlichen Tagesgeschäft auch viel abends und am Wochenende kommuniziert. Im Fußballgeschäft besteht eine Informationsüberflutung, deshalb sollten spielerberaterseitig alle Informationen selektiv, vollständig und trotzdem kurz und bündig kommuniziert werden: Passende Spieler sind den richtigen Ansprechpartnern in den Vereinen direkt anzubieten, möglichst mit so wenig involvierten Personen wie möglich. Da trotzdem zu viele Informationen über die angesprochene Vielzahl der Kanäle an zu viele und teilweise falsche Ansprechpartner fließen, organisieren sich Vereine und filtern auf unterschiedlichste Art und Weise. Es gibt Vereine, die

- versuchen, doppelte E-Mails zu kanalisieren,
- für Scouting-Anfragen nur eine zentrale E-Mail-Adresse anbieten und zudem bitten, von individueller Kontaktaufnahme abzusehen,
- mit standardisierten E-Mails antworten,
- nur Spieler prüfen, die von Spielerberatern mit Spielerberaterlizenz und mit einem Spielervertrag/-mandat gesendet werden,
- eigene Portale für das Anbieten von Spielern eingerichtet haben.

Generell gilt: Je besser der persönliche Kontakt des Spielerberaters zu Entscheidungsträgern in Vereinen ist, desto unkomplizierter erfolgt die Kontaktaufnahme und desto schneller und genauer wird geantwortet.

Nationale Regelungen

Vor der Kontaktaufnahme und dem Anbieten eines Spielers sollte der Spielerberater mit seinem Klienten konkret vereinbaren, welche Ligen und Vereine seinen Vorstellungen entsprechen und dabei klären, ob diese Vorstellung realistisch ist und ob der Spieler überhaupt transferiert werden kann.[409] Anschließend müsste der Spielerberater die Transferoptionen dahingehend filtern, welchen Vereinen sein Spieler überhaupt angeboten werden kann und soll. Nationale Gesetze und Regelungen bilden hier den ersten Filter:

- So dürfen in der italienischen Serie B keine Spieler ohne europäischen Pass verpflichtet werden. Im Jahr 2016 beschloss der italienische Fußballverband, dass jeder Kader maximal 25 Spieler haben darf, wovon mindestens vier Spieler in Italien geboren und

weitere vier Spieler von einem italienischen Verein ausgebildet sein müssen.[410]
- In Deutschland hingegen müssen laut einer Regelung der Deutschen Fußball Liga in jedem Kader der ersten und zweiten Bundesliga mindestens zwölf Lizenzspieler mit deutschem Pass stehen. Außerdem wird die von der UEFA praktizierte Local-Player-Regelung zur Förderung des Nachwuchses angewandt, wonach pro Verein mindestens acht selbst ausgebildete Spieler unter Vertrag stehen müssen, wovon jeweils vier ausgebildete Spieler im Alter zwischen 15 und 21 Jahren in drei Spielzeiten/Jahren für den eigenen Verein sowie weitere vier vom Verband ausgebildete Spieler in drei Spielzeiten/Jahren im Alter zwischen 15 und 21 Jahren für einen anderen Verein des DFB spielberechtigt sein mussten.[411] In der dritten deutschen Liga sind Nicht-EU-Ausländer generell nicht spielberechtigt, da Nicht-EU-Ausländer keinen gesicherten Aufenthaltsstatus haben. Eine Ausnahme für Nicht-EU-Ausländer gilt nur für die erste und zweite Bundesliga, da nur Berufssportler aus Nicht-EU-Staaten Aufenthalts- und Arbeitsgenehmigungen erhalten, »die mit ihrer sportlichen Qualifikation und Eignung durch ihren Einsatz in Deutschland deutschen Vereinen und Athleten den Anschluss an internationale Leistungsstandards mit sichern können«.[412]
- In Spanien dürfen pro Verein höchstens drei Nicht-EU-Ausländer spielen, jedoch ist diese Regel umgehbar, da Spieler die spanische Staatsbürgerschaft beantragen können, wenn sie spanische Vorfahren oder wenn sie fünf Jahre in der La Liga gespielt haben. Beim FC Barcelona waren z. B. Philippe Coutinho, Yerry Mina und Arthur die drei Nicht-EU-Ausländer, während Lionel Messi und Luis Suarez nicht dazu zählten, da Messi neben der argentinischen auch die spanische Staatsbürgerschaft hat, die er erhielt, da er bei der Beantragung der Staatsbürgerschaft 2005 bereits fünf Jahre in Spanien gespielt hat, und Luis Suarez besitzt die italienische Staatsbürgerschaft, da seine Frau Italienerin ist.

- In Frankreich dürfen in der Ligue 1 nur vier Nicht-EU-Spieler im Kader sein. Bei Leihspielern gilt, dass Spieler aus dem Nicht-EU-Ausland in den Kadern beider Mannschaften zu listen sind und damit Plätze blockieren[413], der Spielerberater muss also auch prüfen, ob ein Verein Nicht-EU-Spieler verliehen hat. In der Ligue 2 sind es nur zwei Nicht-EU-Spieler, die im Kader erlaubt sind. Afrikanische Spieler zählen in Frankreich nicht in den Non-EU-Topf, aufgrund des Cotonou-Abkommens zwischen der EU und afrikanischen Staaten.[414]
- Seit dem endgültigen Austritt Englands aus dem EU-Binnenmarkt und der Zollunion zum 01.01.2021 (Brexit) wird nicht mehr zwischen EU-Ausländern und Nicht-EU-Ausländern unterschieden, sondern nur noch zwischen Einheimischen und Ausländern, die für einen Aufenthalt in England ein Visum und eine Arbeitserlaubnis benötigen.[415] Für den Fußball und einen Wechsel nach England gilt, dass ausländische Spieler nun eine Arbeitserlaubnis benötigen, die bisher nur Nicht-EU-Spieler vorweisen mussten und deren Erhalt über ein Punktesystem (Governing Body Endorsement, GBE) geregelt ist. Bepunktet werden pro Spieler Einsätze in der Nationalmannschaft, ein gutes Niveau und eine entsprechende Anzahl an Einsätzen im bisherigen Verein und Erfolge in kontinentalen Wettbewerben. Die Arbeitserlaubnis wird möglich, wenn der Spieler internationale Einsätze hat (Auto pass) oder bezüglich der genannten Kriterien die Mindestpunktzahl von 15 Punkten (von 65) erreicht (Pass) hat.[416] Die englischen Vereine haben zwar eine Herabsetzung der Mindestpunkteschwelle auf 12 Punkte beantragt, dieser wurde aber bisher nicht beschlossen.[417] Wenn die Punktzahl nur knapp nicht erreicht wird (Exceptions panel), kann seit 2023 ein englischer Verein den Spieler trotzdem potenziell als ESC Eligible verpflichten. ESC steht für Elite Significant Contribution und bedeutet, dass der Spieler mit seinen Fähigkeiten einen bedeutenden Beitrag für seinen möglichen neuen englischen Verein und damit für den Sport in England leisten kann. Als ESC Eligibile gilt, wenn

der Spieler einige von der FA festgelegte Mindestanforderungen erfüllt.[418] Für ESC-Eligible-Spieler hat ein Verein eine bestimmte Anzahl an Wildcard Spots bzw. ESC Slots, d. h. freie Plätze im Kader, die jedem Verein zur Verfügung gestellt werden, abhängig davon, wie viele Einsatzminuten sog. English Qualified Player (EQP) des Vereins haben, die englische Spieler sind und zu dem Zeitpunkt, zu dem sie erstmalig dauerhaft für den Verein registriert wurden, u.a. für die englische A-Nationalmannschaft der Männer spielberechtigt waren. Ziel ist für diese Spieler möglichst viel Spielzeit zu garantieren, was mit ESC-Slots belohnt wird. In der Premier League und EFL Championship (2. Liga in England) können dies maximal vier ESC Eligible-Spielerplätze und mindestens ein ESC Eligible-Spielerplatz sein, in der EFL League One (3. Liga in England) und EFL League Two (4. Liga in England) hingegen maximal zwei ESC Eligible«-Spielerplätze.[419] Da Großbritannien seit dem Brexit nicht mehr Teil der Europäischen Union ist, wird England auch seitens der Regeln der FIFA als außereuropäisches Land behandelt, was bedeutet, dass z. B. minderjährige Spieler, außer einiger weniger klar definierter Ausnahmen, nicht mehr aus oder nach England transferiert werden dürfen.[420] Außerdem dürfen die Vereine pro Transferfenster maximal drei ausländische U21-Spieler verpflichten.[421] In England gibt es außerdem die Home-grown-Regel (»Eigengewächs-Regel«), die besagt, dass die englischen Vereine acht Spieler in einem Gesamtkader von 25 Spielern haben müssen, die vor ihrem 21. Geburtstag mindestens drei Jahre bei einem Verein im Vereinigten Königreich verbracht haben.[422]

- In Österreich hingegen gilt für Vereine eine freiwillige Obergrenze von sechs Nicht-Österreichern (Legionäre) im Kader, wobei Spieler, die jünger als 18 Jahre sind und zum ersten Mal in Österreich registriert werden bzw. generell jünger als 22 Jahre sind, nicht als Legionäre gelten. Diese Voraussetzung muss erfüllt sein, um aus dem Topf der TV-Einnahmen (Österreicher-Topf) finanzielle Zuwendungen zu erhalten; dementsprechend wird versucht, diese Obergrenze einzuhalten und auf nationale Spieler zu setzen.[423]

- In der Schweiz dürfen die Vereine der ersten Schweizer Liga (Super League) während einer Saison 25 Spieler auf die sog. Kontingentsliste setzen, d. h. für den Spielbetrieb anmelden, wovon maximal 17 nicht lokal ausgebildete Spieler (No Home Trained Players) sein dürfen. Der Kader eines Vereins darf generell größer sein, jedoch nur Spieler dieser Kontingentsliste sind für den Spielbetrieb in der Meisterschaft und dem Schweizer Cup zugelassen. In der zweiten Schweizer Liga (Challenge League) ist die Kontingentsliste auf 21 Spieler beschränkt, mit maximal 9 No Home Trained Players. Bis zum 30. September darf pro Verein ein Spieler von der Kontingentsliste gestrichen werden, obwohl die Saison schon begonnen hat.[424]

Passgenaue Angebote

Spielerberater sollten außer den nationalen Besonderheiten auch die aktuelle Situation der Vereine kennen, denen sie ihre Spieler anbieten möchten. Wenn konkrete Vakanzen in der Suchphase aufgenommen werden konnten, dann sollten auch nur hierfür passende, geeignete Spieler angeboten werden. Es können zwar auch Positionen angeboten werden, die im Moment nicht gesucht werden, aber dann sollte man geschickt kommunizieren, warum man das tut: Etwa, weil ein Spieler des Vereins im nächsten Transferfenster den Verein verlässt, weil der Spieler ein Ausnahmetalent ist oder weil vermutet wird, dass sich vereinsintern noch Vakanzen auftun könnten. Generell gilt, dass vor Kontaktaufnahme vorgefiltert werden muss, ob das Niveau des aktuellen Vereins eines Klienten sportlich und finanziell zum neuen Verein passt. Ein Topstar von Manchester City wird von seinem Spielerberater niemals in einer dritten Liga in Skandinavien angeboten. Im Jahr 2024 macht es z. B. keinen Sinn, dem 1. FC Köln überhaupt Spieler anzubieten, da der Verein einer Transfersperre unterlag.[425] Im Winter 2023/24 war es unnötig, der TSG Hoffenheim einen klassischen Flügelspieler anzubieten, da der

Verein damals dem Spielsystem »3-5-2« folgte.[426] Ein Angebot erübrigt sich auch für den Fall, dass die Position der anzubietenden Spieler schon mehrfach in einem Verein besetzt ist, wie z. B. im Winter 2023/24 bei Paris Saint-Germain die Torwartposition mit Gianluigi Donarumma und weiteren vier Ersatztorhütern.[427] Ein Spielerberater sollte auch nie bewusst qualitativ schwächere Spieler bei deutlich stärkeren Vereinen anbieten, z. B. einen schwächeren Stürmer beim FC Bayern München, wo Mittelstürmer Harry Kane als Rekordeinkauf im Sommer 2023 verpflichtet wurde, Vereinsikone Thomas Müller als hängende Spitze gesetzt ist sowie Eric Maxim Choupo-Moting als Ersatzspieler fungiert. Auch zu beachten ist, dass eine zweite Liga weltweit unterschiedlich stark ist. Ein Vergleichsindikator können die Transfermarkt-Marktwerte der Vereine oder der xTV von TransferRoom sein. Passende Vereine lassen sich über die Online-Plattform Transfermarkt herausfiltern: Dort lässt sich ermitteln, wie hoch die Ablösesummen eines Vereins bei Zu- und Abgängen in den letzten Jahren ausgefallen sind. Ein erfahrener Spielerberater wird vor diesem Hintergrund nur solche Spieler anbieten, die in den finanziellen Rahmen des jeweiligen Vereins passen. Zudem kann er erkennen, welche vereinsseitigen Erwartungen im Hinblick auf die Ablösesumme bestehen.[428]

Beim Kontakt des Spielerberaters mit potenziell interessierten Vereinen sind Standardinhalte zur Repräsentation eines Spielers Name, Alter, Position und Alternativpositionen, aktueller Verein und die bisherigen Vereinsstationen, ein Link zum Profil auf der Online-Plattform Transfermarkt, sportliche Erfolge, weitere Links zu Videos und Reports sowie allgemeine Informationen zum Spieler selbst, etwa über Sprachkenntnisse und Familienstand. Sehr wichtig sind zudem Angaben über vorhandene Ausstiegsklauseln, die eine vorzeitige Beendigung des aktuellen Vertrags unter bestimmten Bedingungen ermöglichen, oder über eine bevorstehende Vertragsauflösung. Außerdem wird gefordert, dass schon erste finanzielle Details zu möglicher Ablöse und/oder Leihgebühr, aktuellem Gehalt und erster Gehaltswunsch kommuniziert werden.

Erste Rückmeldungen

Vereine arbeiten individuell unterschiedlich mit Datenbanken oder einfach mit Excel-Listen, in denen die Spieler, die Spielerberater, alle übermittelten Informationen und Dokumente abgespeichert werden. Aufgrund der Komplexität und der individuellen Anforderungen empfiehlt es sich für Spielerberater schriftlich zu fixieren, welcher Verein in welcher Weise für welchen Spieler kontaktiert wurde bzw. kontaktiert werden soll. Rückmeldungen der Vereine sollten sorgfältig dokumentiert werden, so dass ein Spieler nach einer Ablehnung nicht aus Versehen nochmals demselben Verein angeboten wird. Dies gilt auch für allgemeine Rückmeldungen zu Spielern: Wenn etwa von niederländischen Vereinen darum gebeten wurde, keine weiteren Nicht-EU-Spieler mehr anzubieten, dann sollte der Spielerberater diese Ansage beachten, um die Vereine nicht zu verärgern oder zu irritieren. Natürlich können weiterhin Spieler angeboten werden, wenn es sich etwa um ein Ausnahmetalent oder um Spieler handelt, die die Mannschaft objektiv weiterbringen könnten. Dann aber sollte der richtige Ansprechpartner im Verein adressiert und dabei schlüssig erklärt werden, warum nun doch über einen Spieler informiert wird.

Falls ein Verein kein Interesse hat, wird dies häufig nicht direkt kommuniziert, sondern einfach keine Antwort auf die Nachricht des Spielerberaters gegeben. Beim Angebot eines anderen Spielers kann dann wiederum gleich ein Anruf erfolgen und man unterhält sich direkt über die Konditionen eines möglichen Transfers. Keine Antwort zu erhalten, das mag anfangs für Branchenfremde ein Problem sein, nicht zuletzt, weil unklar ist, ob die übermittelten Informationen überhaupt beim Adressaten richtig angekommen sind. Beim Nachhaken ist dann Vorsicht geboten, aber die Erfahrung zeigt, dass eine freundlich verbindliche Nachfrage durchaus beantwortet wird. Falls Vereine allerdings ständig rigoros kontaktiert und noch dazu mit unzutreffenden Nachrichten regelrecht gespammt werden, dann kann es vorkommen, dass dies dem Spielerberater klar kommuniziert oder er sogar für die Zukunft kommentarlos von Vereinen blockiert bzw. ignoriert wird.

Dar. 15: Auch Büroarbeit gehört zum Geschäft

Interessenphase

Wenn ein neuer Verein sportliches Interesse an einem Spieler hat, erfolgt im Normalfall sofort eine erste Interessensbekundung. Hier kann davon ausgegangen werden, dass der Spieler schon auf dem Radar des Vereins stand. Andererseits kann eine verbindliche Antwort aus unterschiedlichen Gründen auch dauern, etwa weil vereinsintern noch zum Spieler recherchiert werden muss oder weil sich Vakanzen erst noch ergeben. Rückmeldungen an den Spielerberater werden stets direkt mit dem Spieler besprochen sowie mit möglichen Partneragenturen oder Intermediären, falls ein Transfer gemeinsam realisiert werden soll.

Long und Short List

Aber Vorsicht! Das erste kommunizierte Interesse durch den Entscheidungsträger eines Vereins bedeutet nicht gleich einen bevorstehenden Transfer. Viele Vereine verwenden in diesem Zusammenhang die Bergriffe Long List und Short List, d. h. sie sprechen von einer langen, grob selektierten oder einer kürzeren, schon detailliert gefilterten Liste potenzieller Spieler für Transfers, über die in den Kaderplanungssitzungen beraten wird. Diese Liste bildet dann die Grundlage für entsprechende Entscheidungen des Vereins. Die Kommunikation zwischen Spielerberatern und Vereinen ist in dieser Phase schon eng, da auch die Vereine Gefahr laufen, dass sich ein interessanter Spieler möglicherweise für einen anderen Verein entscheiden könnte. Im Grunde ist der Transfermarkt auch in dieser Phase recht intransparent, so dass die Vereine nicht wissen, wer mitbietet und selbst die Spielerberater häufig nicht sicher wissen, welche Verhandlungen von Vereinsseite aus parallel geführt werden.

Konditionen

Bei sportlichem Interesse wird sehr schnell nach den Konditionen gefragt, also zu welcher Transfer- oder Leihsumme der Spieler wechseln könnte und welche Gehaltsvorstellungen er hat. Die Zahlung einer Transfersumme und diesbezügliche Verhandlungen sind hinfällig, wenn der Spielervertrag zu Beginn des kommenden Haupttransferfensters endet. Auch im seltenen Sonderfall einer Vertragsauflösung besteht die Möglichkeit eines ablösefreien Transfers zu einem neuen Verein, wenn in beiderseitigem Einvernehmen zwischen Verein und Spieler oder einseitig mit triftigem rechtlichen Grund das gemeinsame, noch laufende Vertragsverhältnis – normalerweise ohne Kompensationszahlung – beendet wird.[429] Wenn der Spieler in seinem aktuellen Arbeitsvertrag eine Ausstiegsklausel hat (vertraglich fixierter Betrag, den ein neuer Verein bezahlt und zu dem der Spieler den Verein verlassen kann), muss ein potenzieller neuer Verein kein Angebot abgeben und verhandeln, sondern der Spieler und der potenzielle neue Verein teilen dem aktuellen Verein schriftlich mit, dass von der Ausstiegsklausel des Spielers Gebrauch gemacht wird, um den Spieler zu transferieren und der Betrag wird bezahlt. Manchmal ist die Ausstiegsklausel zeitlich gestaffelt, d. h. Betrag X bis zu einem bestimmten Datum und Betrag Y bis zu einem nächsten Datum. Die Ausstiegsklausel kann auch zeitlich limitiert sein und nach einem bestimmten Datum verfallen. Aufsehen erregte der Spieler Luis Suárez, der seinen Verein Grêmio Porto Alegre verlassen wollte und anbot, die finanzielle Kompensation für die Anwendung der Ausstiegsklausel in seinem Vertrag selbst zu bezahlen.[430]

Der Vollständigkeit halber soll mit dem sog. Spielertausch ein weiterer Sonderfall erwähnt werden, bei dem zwei Vereine die Spieler untereinander austauschen, meist wird für einen der Spieler noch eine zusätzliche Zahlung verhandelt. In diesem Fall ist die Kenntnis dieser Konditionen für den eigenen Spieler ebenfalls wichtig, jedoch werden für beide Spieler sehr aufwendig im Gesamtpaket jeweils individuelle Angebote und Vertragsdokumente verhandelt. Dies funktioniert aber nur, wenn sich alle Parteien über einen Transfer einig sind und gemeinsam versucht wird, diesen Sonderfall zu realisieren.[431]

Auch wenn die Abfrage der Konditionen meist nur mündlich und informell stattfindet, so beginnen doch zu diesem Zeitpunkt bereits die eigentlichen Verhandlungen. Auf Seiten der Spielerberater ist Verhandlungsgeschick und Fingerspitzengefühl gefragt, denn zu hohe Forderungen dürften einen Wechsel sofort torpedieren, dagegen sind zu niedrige Forderungen später kaum noch zu korrigieren bzw. zu erhöhen. Spielerberater müssen jedoch die erste sich bietende Gelegenheit geschickt nutzen, um die Forderungen zu kommunizieren, da hiermit im Verhandlungsprozess ein kognitiver Anker gesetzt wird.[432]

Vorsicht ist geboten, wenn der Spielerberater die Freigabe des aktuellen Vereins für einen Wechsel nicht hat und/oder die Forderungen hinsichtlich Ablöse oder Leihgebühr des aktuellen Vereins nicht kennt. Hier können Annahmen kommuniziert werden, allerdings sollte darauf aufmerksam gemacht werden, dass definitive Summen bisher nicht bekannt sind. Spielerberater müssen auch darauf vorbereitet sein, dass Vereine nach dem aktuellen Spielergehalt fragen, um den Spieler in ihrer Gehaltsstruktur einordnen zu können bzw. das kommunizierte Wunschgehalt kritisch zu hinterfragen. Zu diesem Zeitpunkt stellen Spielerberater auch Rückfragen, welches Budget der Verein für den Transfer hat und versuchen, vorab schon so viele Informationen wie möglich darüber zu erhalten, z. B. über den Einstieg eines Investors, was auf den finanziellen Spielraum schließen lässt. Informationsquelle ist auch die Plattform Transfermarkt, über die pro Verein recherchierbar ist, welche maximalen Ablösesummen der Verein in den letzten Jahren bezahlt hat und welche Ablösen der Verein erhalten hat, die nun in den Spieler investierbar wären.[433] Auch kann man über Transfermarkt leicht herauszufinden, ob und zu welchen Konditionen die Vereine in den letzten Jahren Transfers abgewickelt haben.[434]

Die Höhe der Forderung richtet sich nicht nur nach den Konditionen des Arbeitsverhältnisses im aktuellen Verein, sondern auch nach den Gehältern der zukünftigen Mannschaftskameraden und der Gehaltsstruktur im potenziellen neuen Verein und der sog. Best Alternative to Negotiated Agreement (BATNA), d. h. nach eventuell schon vorliegenden alternativen Angeboten anderer Vereine.[435]

Leihe, Kaufoption und Kaufverpflichtung

Die Leihe von einem Verein zu einem anderen Verein stellt eine Alternative zu einem fixen Transfer dar und bedeutet, dass der Spieler nicht final transferiert wird, sondern aus verschiedenen Gründen nur für einen bestimmten Zeitraum bei einem anderen Verein spielen wird. Diese Gründe können das Sammeln von Spielpraxis sein, das

Überbrücken der Verletzung eines anderen Spielers oder das Testen des Spielers vor einer finalen Transferentscheidung. Die Leihzeiträume wurden auf mindestens 6 Monate, d. h. die Zeit zwischen zwei Transferfenstern, und maximal eine Saison festgelegt. Die FIFA hat im Jahr 2022 beschlossen, dass ein Verein während einer Saison nur noch maximal acht Profis ausleihen und acht selbst leihen darf. Ab 2023 wurde die zulässige Zahl zuerst auf sieben und dann ab 2024 auf sechs Leihspieler reduziert. Ausgenommen von dieser Regelung sind Spieler, die 21 Jahre oder jünger sind, und Profis, die im Verein selbst ausgebildet wurden. Bereits ausgeliehene Fußballprofis dürfen nicht an Drittvereine weiterverliehen werden.[436] Bisher mussten Spielerberater hierauf nicht achten, da kein Limit vorgegeben war. So hielt z. B. der italienische Verein Atalanta Bergamo in der Saison 2021/22 mit 65 Leihspielern die meisten gleichzeitig unter Vertrag, gefolgt von Juventus Turin mit 39 Leihspielern.[437] Für mehr Transparenz werden in England Leihspieler mittlerweile auf den Webseiten der Vereine explizit gelistet.[438]

Die Leihe wird sehr häufig mit einer Kaufoption (buying option) und/oder Kaufverpflichtung (buying obligation oder auch automatic buying option) kombiniert. Bei einer Kaufoption hat der potenziell neue Verein das Recht aber nicht die Pflicht, den Spieler aus einer Leihe heraus zu einem fixen Betrag bis zu einem bestimmten Datum fest unter Vertrag zu nehmen. Der Verein hat den Vorteil, dabei selbst zu bestimmen, ob er die Option bis zu diesem bestimmten Datum wahrnehmen will. Häufig sind verschiedene Beträge zu verschiedenen Daten als alternative Möglichkeiten fixiert. Die Kaufsumme bei einer Kaufoption wird bei Vereinbarung einer Leihe festgelegt und richtet sich auch nach der erwarteten Entwicklung des Spielers. Die Kaufverpflichtung in einer Leihe hingegen sieht ebenfalls einen fixen Betrag vor, greift bzw. aktiviert sich jedoch automatisch verpflichtend, wenn bestimmte Vereinbarungen erreicht werden. Diese Vereinbarungen können z. B. eine bestimmte Anzahl von

Einsätzen sein.[439] Kaufoption und Kaufverpflichtung können auch in Kombination vereinbart werden.[440]

Falls der leihende Verein den Spieler nicht transferieren und fest für sich unter Vertrag nehmen will, gibt es, abhängig vom Interesse und der Zustimmung des verleihenden Vereins und des Spielers, verschiedene Möglichkeiten: Der Spieler geht nach Ablauf der Leihe zurück zum verleihenden Verein und spielt dort oder die Leihe wird mit dem gleichen leihenden Verein verlängert[441] oder er wird an einen dritten Verein nochmals verliehen oder transferiert. Eine weitere Möglichkeit wäre, dass der aktuell leihende Verein die Kaufoption zieht und den Spieler im nächsten Schritt gleich an einen Drittverein verleiht oder transferiert, wenn der leihende Verein hierfür einen entsprechend interessierten Drittverein hat und der Spieler dem zustimmt. Möglich wäre auch die Kaufoption nicht zu ziehen und mit dem verleihenden Verein eine Transfergebühr neu zu verhandeln.

Konkretes Interesse

In dieser Transfer-Phase muss der Spielerberater ausloten, ob konkretes Interesse besteht. Dazu wird versucht, vom potenziellen neuen Verein zwei schriftlich festgelegte Angebote (Initial Offer oder Proposal) mit klar definierten Konditionen zu erhalten, um mit dem aktuellen Verein und dem Spieler im Hinblick auf einen Transfer sprechen zu können. Ein Angebot ist für den neuen Verein gedacht und wird auch als Letter of intent oder Letter of interest bezeichnet. Es beinhaltet einen Vorschlag mit Ablösesummen für einen Transfer oder eine Leihe, die häufig mit Kaufoption oder Kaufverpflichtung kombiniert wird. Das zweite Angebot ist der kommerzielle Vertragsvorschlag für den Spieler und beinhaltet im Mindestumfang einen Vorschlag für das mögliche Basisgehalt sowie schon einen Vorschlag für persönliche Boni und eine Information über die Team-Boni, d. h. mögliche erfolgsabhängige variable Zusatzvergütungen. In dieser Interessensphase sind häufig die Konditionen der Spielerberater noch nicht bekannt oder sie sind im Angebot des Spielers aufgeführt. Die Angebote erhält der Spielerberater und bespricht diese dann mit dem Spieler und dem aktuellen Verein. Möglich ist auch, dass er nur ein Angebot für den Spieler erhält und ihn der potenzielle neue Verein informiert, dass das Vereinsangebot direkt an den aktuellen Verein geht oder der Spielerberater erhält ein Schreiben des potenziellen neuen Vereins mit der Bitte um Weiterleitung an die richtigen Entscheidungsträger des aktuellen Vereins. Je besser das Verhältnis zwischen Spielerberater und den beteiligten Vereinen ist, desto eher kennt der Spielerberater die Details des Austauschs. Es besteht auch die Möglichkeit, dass die Angebote sukzessive geschickt werden, d. h. der Spieler erhält vom potenziellen neuen Verein ein Angebot und erst nach seiner Zusage wird ein Angebot an den aktuellen Verein gesandt. Schriftliche Angebote werden per E-Mail oder per WhatsApp übermittelt. Mit beiden Angeboten wird aus dem ersten vagen Interesse ein konkretes und mit der Übermittlung der jeweiligen Angebote an den aktuellen Verein und den Spieler beginnen die Verhandlungen ganz konkret.

Das Scouting der Vereine bis zu diesem Punkt ist immens: Daten, Videos, Live-Spiele, Gespräche mit ehemaligen Mannschaftskameraden, Trainern und Entscheidungsträgern. Viele Vereine versuchen alles abzuwägen, um sich für den richtigen Spieler zu entscheiden. Auch der Transferzeitpunkt ist wichtig: Obwohl vor und während des Sommertransferfensters viel Zeit ist, wird zum Ende des Transferfensters für Vereine bei bisher ausbleibenden Transfers die Zeit knapp sowie im Winter werden Transfers eher kurzfristig getätigt als im Sommer. Auch bei Vertragsverlängerung wird auf den richtigen Zeitpunkt spekuliert.[442]

In einigen Fällen wird vor oder nach der Übermittlung der Angebote auch ein (Online-)Meeting vereinbart, in dem der potenzielle neue Verein dem Spieler und seinem Spielerberater weitere Informationen über den Verein und die Beweggründe für das Interesse am Spieler übermittelt sowie den Spieler im Rahmen eines persönlichen

Gesprächs kennenlernen möchte. Sehr wichtig ist hierbei für alle Beteiligten, sich über das Spielsystem, die Spielidee und die zukünftige Rolle des neuen Spielers im Mannschaftskader auszutauschen. Der Verein kann Spieler und Spielerberater auch eine Präsentation und/oder ein Werbevideo per E-Mail oder WhatsApp zukommen lassen. Manchmal wird der Spieler auch eingeladen, die Trainingsstätten und das Stadion des potenziell neuen Vereins kennenzulernen und/oder die Atmosphäre bei einem Heimspiel zu erleben. Diese Treffen finden gelegentlich auch ohne das Wissen des aktuellen Vereins statt.[443] Können Vereine bei solchen Treffen dem Spieler eine gute Perspektive aufzeigen, ihm eine möglichst optimale Entwicklung seiner sportlichen Stärken zusagen und dabei ihr Interesse ehrlich bekunden, dann hat dies in aller Regel einen sehr positiven Einfluss auf die mögliche Transferentscheidung des Spielers.

Wenn der aktuelle Verein kein Interesse an einem Wechsel des Spielers hat, so wird er dies in der Regel kommunizieren oder man wird übertriebene Forderungen stellen, um den Transfer entweder gleich zu vereiteln oder nur mit sehr hoher finanzieller Entschädigung zu ermöglichen. In den Medien war in diesem Zusammenhang in der Vergangenheit meist von Trainings- und Spielstreiks wechselbereiter Spieler, öffentlichen Unmutsbekundungen, ungenehmigten Reisen u. Ä. zu lesen,[444] womit ein Vereinswechsel erzwungen werden sollte. Aber letztlich führte dies nur zu Unmut, (Rechts-)Streitigkeiten und Mannschaftsausschluss.[445] Im Fall des Desinteresses machen nur persönliche Gespräche mit dem Verein Sinn, in dem der Spieler beim Verein seinen Wechselwunsch hinterlegt und um Freigabe bittet, um aus dieser Blockade (Deadlock) herauszufinden, denn Wechseln kann ein vertragsgebundener Spieler nur mit Freigabe seines aktuellen Vereins. Seinen Vertrag kann ein Spieler einseitig nur außerordentlich aus wichtigem Grund kündigen, z. B. aufgrund von nicht bezahlten Gehältern trotz Abmahnung.[446]

Spätestens in der Interessenphase besteht die Gefahr, dass ein möglicher Transfer schon bei Fans, Presse und Medien publik wird, da nun mittlerweile schon sehr viele Leute Bescheid wissen: Spieler, Spielerberater, eventuelle Intermediäre oder Partner der Spielerberater, Entscheidungsträger und involvierte Angestellte des potenziellen neuen Vereins und eventuell Entscheidungsträger eines abgebenden Vereins sowie Familie der Spieler und eventuell Familien der Spielerberater und Entscheidungsträger. Deshalb wird meist versucht, den Kreis der involvierten Personen so klein wie möglich zu halten und sich diskret auszutauschen. Je weiter die Transfer-Phase fortschreitet, umso mehr Menschen sind involviert und das Risiko einer (zu) frühen Offenlegung vor Transferabschluss steigt.[447]

Dar. 16: Auch in der Verhandlungsphase sind Spielerberater viel unterwegs...

Verhandlungsphase

Die Interessenphase geht bei konkretem Interesse mit den beiden Angeboten nahtlos in die Verhandlungsphase über. Ein schriftliches Angebot kann auch erst am Ende dieser Phase erfolgen und bis dahin wird mündlich verhandelt. Die Verhandlungen sind mitunter hart und kontrovers, da die Positionen im Hinblick auf die meisten finanziellen Verhandlungsgegenstände unterschiedlich sind, jedoch haben z. B. Spieler, Spielerberater und potenzieller neuer Verein auch gemeinsame Ziele wie sportliche Erfolge und eine positive Entwicklung des Spielers.

Verhandelnde sind immer der potenziell neue Verein und der Spielerberater, der für den Spieler und in Konsequenz auch für sich selbst verhandelt sowie auch für den aktuellen Verein, der ihm seine Forderungen mitgeteilt hat. Der Spielerberater ist außerdem Informant: Für den Spieler, um über den Stand der Verhandlungen zu informieren, zwischen den Vereinen, wenn die Verhandlungen über ihn laufen und wenn die Vereine untereinander selbst verhandeln, muss er durch Nachfrage in Erfahrung bringen, ob und wie sich die Vereine einigen können. Nach Erhalt der beiden schriftlichen Angebote informiert der Spielerberater den Spieler und den aktuellen Verein. Wenn die Parteien mit den jeweiligen Angeboten einverstanden sind, gibt es keine weiteren Verhandlungen und auf Basis der bisherigen Ergebnisse werden die Verträge aufgesetzt, damit dann in der Vollzugsphase der Transfer oder die Leihe finalisiert werden kann.

Das materielle Resultat der Verhandlungsphase bilden schließlich die schriftlich fixierten Vereinbarungen in verschiedenen unterschriftsreifen Verträgen:

- Einem Transfer- oder Leihvertrag zwischen zwei Vereinen (wenn der Spieler nicht ablösefrei wird, vertragslos ist[448] oder sein Vertrag im Einvernehmen aufgelöst wird[449]),
- einem Arbeitsvertrag zwischen Verein und Spieler, der bei einer Leihe mit Kaufoption und/oder Kaufverpflichtung und unterschiedlichen Konditionen für den Zeitraum der Leihe und den möglichen Zeitraum nach Ziehen der Kaufoption und somit fixem Transfer, mehrfach ausgefertigt sein kann,

- einer Provisionsvereinbarung zwischen Verein und Spielerberater, wenn der Spielerberater nicht mit dem Spieler vereinbart hat, von diesem direkt bezahlt zu werden (Player-pays-Vereinbarung), was selten vorkommt sowie
- weiteren Vertragsdokumenten wie etwa einem Auflösungsvertrag mit dem bisherigen Verein und z. B. einer Vereinbarung über die Verwertung der Bildrechte des Spielers.

Der Spiegel schreibt zur Vertragsausgestaltung im Profifußball: »Kein Kontrakt ist wie der andere, die Unterschiede sind groß, zwischen Weltklasse- und Durchschnittsspielern, zwischen Jüngeren, denen eine große Zukunft prophezeit wird, und Älteren, bei denen nicht sicher ist, wie lange sie den Ansprüchen noch genügen. Die Verträge differieren, je nach Liga und Land, nach dem Renommee des Klubs und dem Leumund des Spielers.«[450] – dem ist nichts hinzuzufügen.

Angebotsinhalte zwischen Vereinen

Das erste Angebot ist meist nur wenige Seiten lang und umfasst eine Auflistung der verschiedenen Verhandlungsgegenstände, die mit konkreten Euro-Bruttobeträgen versehen sind.

- Basiskosten
  - Basisablösesumme (Sockelablöse)
  - Leihe
  - Dauer der Leihe
  - Leihgebühr
  - Gehaltszahlung während Leihe
  - Kaufoption/optionale Ablöse (Buying option) im Falle einer Leihe
  - Kaufverpflichtung/verpflichtende Ablöse (Buying obligation) im Falle einer Leihe, anhand bestimmter zu erfüllender Konditionen (z. B. Anzahl Einsätze, Erfolge, etc.)

- Kombination aus optionaler Ablöse (Buying option) und verpflichtender Ablöse (Buying obligation) im Falle einer Leihe
- Sonderzahlungen
- Rückkaufoption
- Weiterverkaufsbeteiligung (Sell on)
- Andere Gebühren
  - Ausbildungsentschädigung (Training compensation)
  - Solidaritätsbeitrag (Solidarity contribution)
- Vorbehalte
  - Genehmigung des Vorstands
  - Erhalt der Arbeitserlaubnis
  - (Beglaubigtes) polizeiliches Führungszeugnis (mit/ohne Apostille zur Beglaubigung von Urkunden im internationalen Verkehr)
  - Unterzeichneter Arbeitsvertrag mit dem Spieler
  - Erfolgreiche ärztliche Untersuchung (Medizincheck/Medical check)

Im ersten Teil wird stets aufgeführt, für welchen Spieler das Angebot gilt, wann das geplante Datum des Transfers ist und im Fall einer Leihe ist der Leihzeitraum (halbes Jahr oder eine Saison) angegeben.[451] Bei einer Leihe werden auch schon mögliche Daten für die Kaufoption und/oder Voraussetzungen im Falle einer Kaufverpflichtung festgelegt.

Sockelablöse und Sonderzahlungen

Die Transfersumme unterteilt sich üblicherweise in folgende Bestandteile: Die Sockelablöse ist bei einem Transfer die fixe Basistransfergebühr, die vereinbart wird. Naturgemäß versucht der verkaufende/verleihende Verein, die Sockelablöse so hoch wie möglich anzusetzen und der kaufende/leihende Verein im Gegenzug, diese so niedrig wie möglich zu halten. Der verkaufende/verleihende Verein versucht bei weiteren Forderungen eher im Bereich der Sonderzahlungen nachzugeben.

In diesem Teil des Angebots offeriert der potenzielle neue Verein dem aktuellen Verein auch Zahlungsziele für die Sockelablöse. Der aktuelle Verein fordert die Ablöse naturgemäß sofort, während der potenzielle neue Verein, abhängig von seiner finanziellen Situation, eher versuchen wird, die Ablöse in Raten über mehrere Saisons zu verteilen. Von der UEFA gibt es eine Regelung, dass die Raten maximal auf fünf Jahre verteilt werden dürfen.[452] Die Gründe für die zeitliche Streckung der Ablösezahlung können sein, dass einerseits der neue Verein zum aktuellen Zeitpunkt nicht genug finanzielle Mittel für den Transfer hat, oder dass er mit einer Ratenzahlung versucht, die Financial-fairplay-Vorgaben der UEFA einzuhalten, die besagen, dass Ausgaben für Gehälter, Ablösesummen und Beraterhonorare am Umsatz von 2023/24 bis 2025/26 schrittweise von 90 Prozent auf 70 Prozent gesenkt werden müssen und in einem Zeitraum von drei Jahren kein Transferminus von mehr als 60 Millionen Euro erwirtschaftet werden darf. In England lag 2023 die Grenze des Transferminus aufgrund nationaler Regelungen bei 119 Millionen Euro, allerdings hatte der FC Chelsea im Wintertransferfenster bereits Transferausgaben von ca. 300 Millionen Euro für acht Spieler, was nur aufgrund von Spielerverkäufen und/oder aufgrund von Ratenzahlungen der Ablösen möglich ist. Der Verkauf eines Spielers wird buchhalterisch sofort verbucht (beim FC Chelsea der Verkauf des Spielers Timo Werner für 70 Millionen Euro), während der Kauf eines Spielers anhand der Zahlungen verbucht wird und je länger die Vertragslaufzeit und die mögliche Periode der Ratenzahlung der Ablöse (beim FC Chelsea haben zwei der acht Spieler 8,5 Jahre Vertragslaufzeit), desto niedriger die aktuellen buchhalterischen Aufwendungen bzw. Kosten. Es handelt sich also kurzfristig um einen legalen Finanztrick, der aber aufgrund der langen Vertragslaufzeiten und möglicher finanzieller Altlasten der Gegenwart langfristig hochriskant sein kann. Aufgrund dieser Vorgehensweise prüfte der englische Verband die Beschränkung der Vertragslaufzeiten auf fünf Jahre.[453] Inzwischen haben sich die englischen Vereine zumindest auf die Ratenzahlung der Transferablöse in einem Zeitraum von fünf Jahren, unabhängig von der Vertragslaufzeit der Spieler, geeinigt.[454]

Zur Sockelablöse kommen mögliche weitere variable Sonderzahlungen, die an zukünftige Erfolge des neuen Clubs (z. B. Gewinn der Meisterschaft) unter Mitarbeit des Spielers und/oder individuelle Leistungen des Spielers (z. B. die Anzahl der Spieleinsätze) geknüpft werden und dementsprechend erst nach Erfüllung dieser Vertragsbedingungen bezahlt werden. Vereine sind bei Sonderzahlungen kreativ und diese können nach Höhe der Erfolge auch gestaffelt sein, d. h. je größer der Erfolg, desto höher die zu erwartende Sonderzahlung. Ein bekanntes Beispiel ist der Transfer Jude Bellinghams von Borussia Dortmund zu Real Madrid. Als Sockelablöse kassierte Borussia Dortmund 103 Millionen Euro und bis zu 30,9 Millionen Euro können in den folgenden sechs Vertragsjahren bei Real Madrid als Sonderzahlungen hinzukommen, einerseits durch Erfolge der Mannschaft wie z. B. Teilnahme und Gewinn der Champions League oder der spanischen Meisterschaft sowie über persönliche Erfolge wie Einsatzzeiten oder auch Auszeichnungen.[455]

Leihgebühr, Kaufoption und Kaufverpflichtung

Bei einer Leihe wird zuerst die Leihgebühr verhandelt, die die Basiskompensation für den geliehenen Spieler darstellt. Ein verleihender Verein kann auch auf die Leihgebühr verzichten, wenn er damit dem verliehenen Spieler mehr Spielpraxis verschaffen kann und für den leihenden Verein eine Win-win-Situation entsteht. Andersherum können auch Sonderregelungen vereinbart werden wie z. B. der Abbruch der Leihe oder die nachträgliche Erhöhung der Leihgebühr, falls der Spieler nicht genug Einsatzzeiten bekommt.

Außer der Leihgebühr wird insbesondere die Übernahme des Gehalts verhandelt: Es besteht die Möglichkeit, dass ein potenziell neuer Verein das Gehalt komplett, anteilig oder auch überhaupt nicht übernimmt. Alle Möglichkeiten werden in Kombination mit der Leihgebühr verhandelt, aber auch eine Gehaltsübernahme ohne Leihgebühr ist in bestimmten Fällen denkbar, je nachdem, welche Ziele der verleihende Verein verfolgt.[456]

Bei einer Leihe können zu jeder Zeit im Hintergrund auch Verhandlungen zwischen dem aktuellen Verein und dem Spieler über die Verlängerung seines aktuellen Vertrages laufen, während die Leihe mit einem potenziell neuen Verein verhandelt wird. Dies ist vor allem dann der Fall, wenn der aktuelle Vertrag nur noch eine Saison läuft, für die der Spieler aber ausgeliehen werden soll, denn in diesem Fall könnte der potenziell neue Verein, abhängig vom Preis, den Spieler gleich kaufen oder darauf warten, dass er in einer weiteren Saison ablösefrei wird. Dann wäre auch eine Leihe mit Kaufoption oder Kaufverpflichtung nach der Saison unsinnig. Selbstverständlich muss der Spieler einer Vertragsverlängerung zustimmen und wird dies nur tun, wenn die Leihe für ihn mehr Spielzeit bedeutet und wenn er daran glaubt, dass sein aktueller Verein nach der Leihe auf ihn setzt.

Bei einer Leihe werden außer der Leihgebühr auch die Konditionen der bereits erwähnten Kaufoption und/oder die Kaufverpflichtung verhandelt. Bei einer Kaufoption bedeutet dies, dass ein bestimmter Betrag fixiert wird, mit dem bis zu einem bestimmten Datum der leihende Verein den Spieler vom ausleihenden Verein fix abkaufen kann oder alternativ verschiedene Beträge zu verschiedenen bestimmten Terminen. Bei einer Kaufverpflichtung hingegen werden vorab bestimmte Ereignisse fixiert, aufgrund derer eine Kaufpflicht mit einem bestimmten Betrag verpflichtend automatisch greift.[457]

Rückkaufoption

Eine Rückkaufoption bzw. -klausel gibt dem ehemaligen Verein das Recht, generell oder in einer vor Verkauf vertraglich festgelegten Periode einen verkauften Spieler zu einem späteren Zeitpunkt vom kaufenden Verein für eine beim Transfer vertraglich fixierte Summe wieder zurückkaufen zu können. Die Rückkaufoption kann auch bei einer Leihe mit Kaufoption eingeräumt werden, so dass der verleihende Verein, der einen Spieler per Kaufoption wegtransferiert, in Zukunft die Möglichkeit hat, den Spieler wieder zurückzukaufen.[458] Die Rückkaufoption erscheint vordergründig als ein Nachteil für den Käuferverein, aber häufig ist bei solchen Konstellationen die Sockelablöse geringer, so dass gerade Käufervereine mit schwächerem finanziellen Hintergrund den Spielertransfer überhaupt nur so realisieren können. Die Rückkaufoption kann die Ablösesumme kompensieren oder gar übersteigen. Auch in diesem Fall wird oft kreativ eine Staffelung der Rückkaufsumme vereinbart, die etwa steigt, je mehr Erfolge der Spieler verzeichnet. Dem Käuferverein wird zudem oft die Möglichkeit eingeräumt, dem verkaufenden Verein die Rückkaufoption abzukaufen.

Weiterverkaufsbeteiligung (Sell on)

Der aktuelle und der potenzielle neue Verein können eine Weiterverkaufsbeteiligung vereinbaren, wenn der aktuelle Verein Prozentual an einem zukünftigen Weiterverkaufserlös beteiligt werden möchte. Dies ist im Fall von Spielern interessant, die ein Alter haben, bei dem angenommen wird, dass sie nach dem nächsten Verein nochmals weiterverkauft werden könnten. Dies bedeutet, dass jetzt (oder nach Leihe mit realisierter Kaufoption/-verpflichtung) Verein A an Verein B einen Spieler transferiert und Verein A z. B. eine 10-prozentige Beteiligung zugesichert wird, sollte Verein B während der Vertragslaufzeit den Spieler an einen Verein C weiterverkaufen. Im Fachjargon spricht man von Sell on. Hierzu gibt es zwei Regelungsmöglichkeiten: Entweder wird der Sell on auf die Netto-Transfersumme (Net transfer fee) oder auf den Netto-Transfergewinn (Transferplus, Net transfer profit) vereinbart, was einen großen Unterschied ausmacht: Bei 10 Prozent auf die Netto-Transfersumme bekommt Verein A vom Verein B etwa 10 Prozent auf 1 Million Euro Netto-Weiterverkaufstransfersumme an Verein C; beim Netto-Transfergewinn hingegen bekommt Verein A von Verein B 10 Prozent auf 1 Million Euro Netto-Weiterverkauf-Transfersumme an Verein C, jedoch abzüglich der Transfersumme (oder Leihgebühr mit Kaufoptions- bzw. -verpflichtungssumme), die Verein B an Verein A bezahlt hatte. Falls Verein B ein Transferminus mit dem Spieler erwirtschaftet, d. h. die erwirtschaftete Transfersumme an Verein C kleiner ist als die bezahlten Transfersumme an Verein A, so erhält Verein A bei einer Net-transfer-profit-Vereinbarung keine Sell-on-Provision. Die Weiterverkaufsbeteiligung kann auch noch an weitere Konditionen geknüpft sein: So kann etwa vereinbart werden, dass eine solche Regelung erst greift oder in ihrer Höhe variiert, wenn der Marktwert des Spielers sich um einen bestimmten Schwellenwert steigert.[459]

Ausbildungsentschädigung und Solidaritätsbeitrag

Eine Ausbildungsentschädigung (Training compensation) muss laut FIFA-Regularien ein Verein unter bestimmten Voraussetzungen an Vereine bezahlen, die einen Spieler ausgebildet haben. Diese Zahlung ist fällig, wenn der Spieler zum ersten Mal als Berufsspieler registriert oder international transferiert wird und ist dann bei jedem weiteren Vereinswechsel an den aktuellen Verein zu bezahlen. Laut FIFA-Definition findet die Ausbildung eines Spielers zwischen dem 12. und 23. Lebensjahr statt und deshalb soll die Ausbildungsentschädigung bis zum Alter von 23 Jahren und für die bis zum 21. Lebensjahr absolvierte Ausbildung tagesgenau gezahlt werden, außer es ist bei einem Wechsel innerhalb der EU offensichtlich, dass ein Spieler seine Ausbildung bereits vor dem 21. Lebensjahr beendet hat. Jeder Profiverein wird von seinem Verband, abhängig vom Leistungsniveau des Landes, in bis zu vier Kategorien eingeteilt und dies jährlich im Transfer Matching System (TMS) der FIFA dokumentiert.[460] Die Top-Fußballländer der UEFA England, Deutschland, Frankreich, Spanien, Italien, Belgien und die Niederlande decken für ihre Ligen und Vereine alle vier Kategorien ab, Österreich und die Schweiz drei Kategorien, während sich die Vereine leistungsschwächerer Länder wie Montenegro und Lichtenstein in nur einer Kategorie befinden.

Hinter jeder Kategorie stehen fixe Ausbildungsentschädigungsbeträge: Vereine der UEFA in Kategorie 1 bezahlen pro Jahr eine Ausbildungsentschädigung von 90.000 Euro, Vereine der Kategorie 2 pro Jahr 60.000 Euro, Vereine der Kategorie 3 pro Jahr 30.000 Euro und Vereine der Kategorie 4 pro Jahr 10.000 Euro.[461] Um die Ausbildungsentschädigung generell und bei sehr jungen Spielern nicht zu hoch anzusetzen, wird für die ersten vier Jahre vom 12. bis 15. Lebensjahr für alle Vereine nur der Betrag der Kategorie 4 fällig, d. h. 10.000 Euro pro Kalenderjahr. In der Europäischen Union und im Europäischen Wirtschaftsraum gelten außerdem spezielle Zusatzregelungen: Wechselt der Spieler von einem Verein einer niedrigeren zu einem Verein einer höheren Kategorie, erfolgt die Berechnung auf der Grundlage der durchschnittlichen Ausbildungsentschädigungen der Kategorien beider Vereine, wechselt der Spieler jedoch von einem Verein einer höheren zu einem Verein einer niedrigeren Kategorie, so erfolgt die Berechnung der Ausbildungsentschädigung anhand der niedrigeren Kategorie. Das System FIFA Clearing House berechnet seit 2022 anhand des Electronic Player Passport (EPP) pro Spieler mit den eingereichten Unterlagen der Vereine bei einem Transfer automatisch, wie hoch die zu bezahlende Ausbildungsentschädigung ist und zu welchen Anteilen an welche Vereine diese ausbezahlt werden muss.[462]

Bei Vereinswechseln innerhalb der EU gilt, dass wenn der aktuelle Verein dem Spieler 60 Tage vor Vertragsablauf nicht nachweislich schriftlich eine zum vorigen Vertrag gleichwertige Vertragsverlängerung angeboten hat, so hat der Verein keinen Anspruch auf Ausbildungsentschädigung, jedoch besteht der Anspruch für mögliche vorherige Vereine weiter fort. Für folgende Sonderfälle muss innerhalb der EU ebenfalls an den aktuellen Verein keine Ausbildungsentschädigung bezahlt werden: Der aktuelle Verein kündigt den Vertrag des Spielers ohne triftigen Grund oder der Spieler wird zu einem Verein der Kategorie 4 transferiert oder ein Berufsspieler erhält bei seinem Transfer wieder den Amateurstatus.[463] Auch im Fall einer Leihe muss der leihende Verein keine Ausbildungsentschädigung bezahlen, hat aber später ein Anrecht darauf, für den Zeitraum bezahlt zu werden, in dem der Spieler geliehen war und ausgebildet wurde.

Rechenbeispiele zur Ausbildungsentschädigung

Wenn ein japanischer Spieler mit 20 Jahren von einem Verein der Kategorie 2 in Japan in die deutsche Bundesliga wechselt und bisher nur Amateur war, dann bezahlt der deutsche Verein für den Zeitraum des 12. bis 15. Lebensjahres 40.000 Euro (= 4 x 10.000 Euro pro Kalenderjahr) und für das 16. bis 20. Lebensjahr tagesgenau 450.000 Euro (= 5 x 90.000 Euro pro Kalenderjahr), also insgesamt 490.000 Euro. Diese Summe wird zwischen den beteiligten Vereinen anhand der Kalenderjahre, in denen der Spieler bis zu seinem jetzigen Alter gespielt hat, aufgeteilt.

Das gleiche Beispiel bei zwei Vereinen aus der EU von Kategorie 2 zu Kategorie 1 würde bedeuten, dass für den Zeitraum des 12. bis 15. Lebensjahres ebenfalls 40.000 Euro (= 4 x 10.000 Euro pro Kalenderjahr) zu bezahlen wären, für das 16. bis 20. Lebensjahr jedoch der Durchschnitt beider Kategorien, da er von einem Verein einer niedrigeren zu einem Verein einer höheren Kategorie wechselt, d. h. tagesgenau 375.000 Euro (= 5 x [0,5 x (90.000 Euro + 60.000 Euro)] pro Kalenderjahr), also 415.000 Euro insgesamt.

Wenn der Spieler mit 18 Jahren in Japan Profispieler wurde, d. h. einen Profivertrag unterschrieben hat, so bezahlt der deutsche Verein erst ab diesem Zeitpunkt bis heute pro Kalenderjahr 90.000 Euro, d. h. für das 18. und 19. Lebensjahr 180.000 Euro (= 2 x 90.000 Euro pro Kalenderjahr).

Die Zahlungsfrist der Ausbildungsentschädigung beträgt 30 Tage.[464] Die Zahlung wird zwischen den Vereinen über das FIFA Clearing House abgewickelt.[465]

Im Rahmen eines Transfers oder einer Leihe mit Kaufoption und/oder Kaufverpflichtung wird zumeist schon im Angebot geregelt, dass eine Ausbildungsentschädigung für den aktuellen Verein mit der Transfergebühr abgedeckt ist und nicht zusätzlich bezahlt werden muss.

Der Solidaritätsbeitrag (Solidarity contribution) ist ein weiteres Instrument, mit dem Vereine entschädigt werden sollen, die an der Ausbildung eines Spielers beteiligt waren. Laut FIFA-Regularien müssen maximal 5 Prozent einer Transfergebühr (abzüglich eventuell enthaltener Ausbildungsentschädigung) und einer Leihgebühr vom potenziellen neuen Verein an den oder die Vereine ausgeschüttet werden, die an der Ausbildung des zu transferierenden Spielers beteiligt waren. Dies gilt stets im Fall eines Transfers oder einer Leihe zwischen Vereinen unterschiedlicher Verbände oder zwischen zwei Vereinen des gleichen Verbandes, wenn der Ausbildungsverein zu einem anderen Verband gehört (»national transfer with international dimension«). Dies gilt für alle Transfers und Leihen in der kompletten Karriere des Spielers, jedoch nicht im Fall eines ablösefreien Wechsels und z. B. einer Signing fee. Der relevante Ausbildungszeitraum ist die Periode vom 12. bis 23. Geburtstag und die Aufteilung der 5 Prozent Solidaritätsbeitrag erfolgt tagesgenau nach der Anzahl der Kalenderjahre, die der betreffende Spieler bei einem Verein registriert war:

- Kalenderjahr 12. bis 15. Geburtstag: Jeweils 5 Prozent des 5-prozentigen Solidaritätsbeitrags
- Kalenderjahr 16. bis 23. Geburtstag: Jeweils 10 Prozent des 5-prozentigen Solidaritätsbeitrags

Im Angebot können kaufende/leihende Vereine versuchen, dass der Solidaritätsbeitrag von 5 Prozent auf die Transfergebühr aufgeschlagen wird, die FIFA sieht jedoch vor, dass der Solidaritätsbeitrag in der Transfer- oder Leihgebühr bereits inkludiert ist. Der kaufende/leihende Verein muss dafür sorgen, dass diese 5 Prozent verteilt werden, was auch über das FIFA Clearing House erfolgen kann.[466]

Sonderregelungen

In Verträgen zwischen Vereinen gibt es verschiedenste Sonderregelungen, z. B. die Vereinbarung, dass ein Spieler, der wechselt, beim anstehenden direkten Aufeinandertreffen der Vereine, nicht eingesetzt werden darf.[467] Es gibt auch verrückte Klauseln wie zwischen dem FC Barcelona und dem FC Liverpool, wo bei einem Transfer vereinbart worden sein soll, dass der FC Barcelona bis zu einem bestimmten Datum auf die Ablösesummen von Spielern des FC Liverpool jeweils einen Aufschlag von weiteren 100 Millionen Euro bezahlen muss, um zu verhindern, dass weitere Spieler abgeworben werden.[468]

Vorbehalte

Zum Abschluss stehen im Angebot häufig Vorbehalte, die zu erfüllen sind, damit der Vertrag zustande kommt. Hierzu gehört die Genehmigung des Vorstands für den Transfer bzw. die Leihe, die vor allem eine finanzielle Freigabe bedeutet, der Erhalt einer Arbeitserlaubnis im Zielland und manchmal wird auch ein polizeiliches Führungszeugnis (ggf. beglaubigt mit Apostille) verlangt. Weitere Grundlage für einen Transfer zwischen zwei Vereinen sind außerdem die Einwilligung des Spielers, d. h. ein unterzeichneter Arbeitsvertrag zwischen Spieler und neuem Verein, sowie ein Arbeitsfähigkeitsnachweis über eine erfolgreiche ärztliche Untersuchung (Medical check).

Dar. 17: Die Verhandlungen selbst verlaufen mal mehr und mal weniger glamourös und zumeist hinter verschlossener Tür

Angebotsinhalte zwischen Verein und Spieler

Auch zwischen Verein und Spieler ist das erste Angebot nur wenige Seiten lang. Aufgrund des Wettbewerbs auf dem Transfermarkt steht auf dem Angebot üblicherweise eine Frist, bis wann das Angebot gültig ist und diese umfasst normalerweise nur wenige Tage. Der größte Verhandlungsteil der Angebots- und Vertragsbedingungen zwischen Verein und Spieler sind die Gehaltsbausteine und die Vertragslaufzeit. Für Gehälter gibt es naturgemäß keine weltweit oder ligaweit einheitlichen Regelungen, weil der Zeitpunkt der Anstellung sowie Land, Ligen, Vereine und Spieler individuell sind. Laut Transfermarkt geben europaweit Vereine heutzutage im Durchschnitt ca. 60 Prozent ihrer Einnahmen für Gehälter aus (2013 42 Prozent). In Deutschland liegt die Bundesliga auf diesem europäischen Durchschnitt, während die Vereine der englischen Premier

League bei über 70 Prozent liegen, die Vereine der italienischen Serie A bei fast 80 und die Vereine der französischen Ligue 1 sogar bei über 80 Prozent.[469]

Spielergehälter

Das Gehalt bringt nicht nur Geld, sondern das eigentlich komplexe und intransparente Gehaltsgefüge bewirkt auch ein implizites Ranking der Spieler. Für Spielerberater ist wichtig, möglichst viele Gehälter zu kennen, um für die eigenen Spieler bestmögliche Ergebnisse verhandeln zu können. Außer internen Informationen, die Spielerberater in Angeboten und Verhandlungen für die von ihnen vertretenen Spieler erhalten, bringen sie auch nebenbei Informationen über das Gehaltsgefüge von Vereinen und/oder Gehälter anderer Spieler in Erfahrung. Externe Informationen, die durch Recherchen von Nachrichtenportalen öffentlich werden, betreffen zumeist nur die Spitzenverdiener, geben aber einen Eindruck von den Dimensionen im Einkommensbereich: In der Saison 2022/23 waren die Spitzenreiter im Bruttogrundgehalt Mbappé mit 72 Millionen Euro, Neymar mit 44,1 Millionen Euro und Messi mit 40,5 Millionen Euro, die damals alle noch bei Paris Saint-Germain gespielt haben.[470] Messi verdient 2023/24 in den USA bei Inter Miami ohne Boni 20,5 Millionen US-Dollar und mit Boni und Sponsorenverträgen 54 Millionen US-Dollar.[471] Erling Haaland soll bei Manchester City inklusive Boni jährlich 51 Millionen Euro verdienen,[472] ohne Boni ca. 31 Millionen Euro.[473] Eden Hazard verdiente bis 2024 27 Millionen Euro bei Real Madrid und Robert Lewandowski 26 Millionen Euro beim FC Barcelona. Beim FC Bayern München sollen Sadio Mané 24 Millionen Euro, Manuel Neuer ca. 20 Millionen Euro und Thomas Müller ebenfalls ca. 20 Millionen Euro verdient haben. Die bestbezahlten Spieler in der italienischen Serie A Dusan Vlahovic, Wojciech Szczesny und Leonardo Bonucci von Juventus Turin sowie Marcelo Brozovic von Inter Mailand sollen 12 Millionen Euro jährlich verdient haben und außerhalb von Europa Cristiano Ronaldo 71 Millionen Euro beim saudi-arabischen Al-Nassr FC.[474] In Frankreich werden die Gehaltslisten jährlich von der Fachzeitung L'Équipe publiziert. Im Jahr 2024 spielen, trotz der Abgänge von Messi, Neymar und Mbappé, die meisten der bestverdienenden Fußballer bei Paris Saint-Germain. Die Spieler Ousmane Dembélé und Marquinhos erhalten ein geschätztes Bruttojahresgehalt von ca. 13,5 Millionen Euro, Lucas Hérnandez ca. 13,3 Millionen Euro und Nordi Mukiele ca. 8,4 Millionen Euro. Pierre-Emerick Aubameyang von Olympique Marseille soll 7,8 Millionen Euro jährlich erhalten wie auch Wissam Ben Yedder bei AS Monaco. L'Équipe ist auch bei den Trainergehältern sehr transparent und listet von Luis Enrique bei Paris Saint-Germain mit einem Bruttojahresgehalt von rund 11 Millionen Euro bis Carles Martinez Novell beim FC Toulouse mit einem Bruttojahresgehalt von 240.000 Euro jeden Trainer auf.[475] In Italien macht oft die Fachzeitschrift Gazzetta dello Sport die Nettogehaltszahlen der Vereine der Serie A öffentlich. Der bestbezahlte Spieler 2024 sei der Innenverteidiger Matthijs de Ligt von Juventus Turin mit einem Nettojahresgehalt von 8 Millionen Euro, gefolgt von weiteren zehn Spielern desselben Vereins, die zwischen 5 und 7,5 Millionen Euro netto verdienen. Beim Wettbewerber Inter Mailand hat 2023/24 nur Romelu Lukaku mit jährlich 7,5 Millionen Euro netto und beim SSC Neapel der Spieler Kalidou Koulibaly mit jährlich 6 Millionen Euro netto genau so viel verdient.[476] In England soll laut der Times der Spieler Kevin De Bruyne von Manchester City rund 23 Millionen Euro verdienen und Manchester Uniteds Torhüter David de Gea ca. 22,5 Millionen Euro.[477] Bei jedem Spieler wird versucht, das Gehalt von Verein zu Verein zu steigern, so soll Omar Marmoush bei Eintracht Frankfurt jährlich zwei Millionen Euro verdient haben und nach seinem Wechsel im Wintertransferfenster 2024/25 zu Manchester City 16 Millionen Euro brutto (10 Millionen Euro netto) pro Jahr.[478] Die Gehälter der Topstars und deren Transfersummen steigen ständig, da die internationale Nachfrage enorm ist und finanziell starke Vereine bereit sind, für Spieler jeden Preis zu bezahlen, die ihre Mannschaft erfolgreicher machen.[479] Das Durchschnittsgehalt pro Spieler soll laut Sporting Intelligence in den ersten Ligen in Frankreich bei ca. 850.000 Euro pro Jahr liegen, in Deutschland bei ca. 1,2 Millionen Euro, in Italien bei 1,3 Millionen Euro, in Spanien bei 1,4 Millionen Euro und in England bei 2,8 Millionen Euro.[480] Oft wird von 1 Million Euro jährlichem durchschnittlichem Bruttogehalt eines durchschnittlichen Profifußballers in der ersten Liga gesprochen.[481] In den jeweiligen zweiten und dritten Ligen wird deutlich weniger verdient, auch in Vereinen, die nach einem Aufstieg in die erste Liga schnell wieder absteigen.[482] Spielerberatern sind Gehälter aufgrund vieler Angebote, Verhandlungen und Transfers bekannt. Die öffentlich kolportierten Gehaltsangaben sind allerdings schwierig zu bewerten und zu vergleichen, da oft unbekannt ist, wer die Daten erhebt, ob die Angaben korrekt sind, ob von der Gesamtsumme, von Brutto- oder Nettowerten und von Beträgen unter Einrechnung der Spielerboni die Rede ist.

Abgaben und Steuern

Da Abgaben und Steuern sowie mögliche Steuervorteile national unterschiedlich ausfallen, informiert der potenziell neue Verein den Spielerberater, wie hoch diese Abzüge sind und wieviel vom Bruttogehalt netto für den Spieler übrigbleibt. In Deutschland bezahlt ein Profifußballer wie jeder Angestellte die Einkommensteuer und bei einem hohen Einkommen und abhängig von seiner Steuerklasse den Spitzensteuersatz von ca. 45 Prozent zuzüglich Solidaritätszuschlag und Sozialabgaben. Ist der Profifußballer darüber hinaus noch selbst Werbefigur, so muss er für diese Arbeit und Einnahmen ein Gewerbe anmelden und Gewerbesteuer bezahlen.[483] In Italien müssen Ausländer für fünf Jahre bis zu einer Obergrenze der Jahreseinkünfte von 600.000 Euro nur auf 50 Prozent der Einkünfte Steuern bezahlen, wenn ein Kind im Haushalt lebt, gar nur auf 40 Prozent. Die im Jahr 2015 eingeführten weiteren Steuervergünstigungen für Vereine, um die Verpflichtung internationaler Fußballprofis zu ermöglichen, wurden von der neuen Regierung um Giorgia Meloni wieder zurückgenommen. In Spanien gibt es sogar das sog. Beckham-Gesetz (Ley Beckham), das ausländischen Spitzenverdienern einen Steuersatz von nur 24 Prozent ermöglicht. Die Region

Madrid offeriert außerdem noch die sog. Ley Mbappé, die für Investitionen in Vermögenswerte außerdem eine Reduktion der Einkommensteuer um 20 Prozent vorsieht. In Frankreich müssen ausländische Arbeitnehmer, die in den vorangegangenen fünf Jahren nicht in Frankreich steuerpflichtig waren, über einen Zeitraum von acht Jahren nur ca. 70 Prozent des Bruttoeinkommens versteuern, da eine Einkommenssteuerbefreiung von bis zu 30 Prozent (Prime d'impatriation) gewährt wird. Französische Vereine geben deshalb in Angeboten für Spieler gelegentlich Nettowerte an, da der Bruttobetrag dann aufgrund dieser Prime d'impatriation für sie deutlich geringer ausfällt und um zu vermeiden, dass der Spieler aufgrund eines vermeintlich geringen Bruttobetrags absagen könnte oder den gleichen Bruttobetrag eines internationalen Konkurrenzangebots fordern könnte, was ihn dann im Nettobetrag deutlich besserstellen würde. Belgien gilt als Land mit hohen Steuersätzen, einen Steuervorteil gibt es für Einkommen über 75.000 Euro mit einer steuerfreien Pauschale für fünf Jahre von 30 Prozent, diese ist allerdings gedeckelt bei 90.000 Euro. In den Niederlanden hingegen gibt es unter bestimmten Bedingungen Steuervorteile für Ausländer mit einem Bruttogehalt von mindestens 66.000 Euro, wobei für fünf Jahre bis zu 30 Prozent des Gehalts steuerfrei bleiben.[484] In England fällt für Spielereinkommen über 50.000 britischen Pfund der Spitzensteuersatz von 45 Prozent an. Die Forderung, dass Fußballprofis wie alle Engländer nur 40 Prozent versteuern sollten, wurde dagegen nicht umgesetzt.[485] In der Schweiz sind die Steuersätze von Kanton zu Kanton unterschiedlich.[486]

Spielerberater wissen außerdem oder werden von den Vereinen darauf hingewiesen, dass national im Hinblick auf Spielergehälter, außer den genannten verschiedenen Besteuerungen, auch andere nationale Besonderheiten gelten: In den Niederlanden steht Nicht-EU-Spielern ein Mindestgehalt zu (ca. 460.000 Euro brutto), das einige niederländische Vereine davon abhält, Nicht-EU-Spieler zu verpflichten. In Spanien werden oft nur 70 Prozent des Gehalts monatlich ausbezahlt und die restlichen 30 Prozent erst zum Ende der Saison oder zum Ende des Vertrags. In der Major League Soccer (MLS) in den USA gibt es eine Gehaltsobergrenze (Salary cap), die für die gesamte Vertragslaufzeit eines Spielers inklusive Transfergebühr festgelegt ist. Im Jahr 2024 beträgt der Salary cap pro Spieler 5,2 Millionen US-Dollar und bis ins Jahr 2027 soll dieser auf 7 Millionen US-Dollar ansteigen. Jeder Spieler soll mindestens 85.500 US-Dollar und maximal 1,65 Millionen US-Dollar pro Jahr verdienen. Allerdings gibt es Sonderbedingungen wie die sog. Designated Player Rule, durch die Vereine bei drei Profispielern und weiteren drei Spielern, die jünger als 22 Jahre alt sind (U-22 Initiative Players), die Gehaltsobergrenze legal umgehen können und die General Allocation Money, einen Geldtopf in Höhe von maximal 1,9 Millionen US-Dollar, der zur Reduktion von Spielergehältern genutzt werden kann, um den Salary cap zu halten, wofür dieser Fonds zur Ausgleichszahlung genutzt werden kann. Die Targeted Allocation Money in Höhe von 2,7 Millionen US-Dollar ist eine weitere Sonderbedingung, über die ein vierter Topverdiener den Status des Designated Player abgeben kann, so dass ein Designated Player Platz frei wird und hieraus die Differenz vom Salary cap zum vertraglich festgelegten Gehalt weiterbezahlt werden kann. Alles Ausnahmen mit dem Ziel, auch ausländische Topstars verpflichten zu können. Im Jahr 2007 war David Beckham der erste Spieler, bei dem die Designated Player Rule angewandt wurde und seitdem wird diese Regelung auch als Beckham Rule bezeichnet. Diese Sonderbedingung macht es möglich, dass Lionel Messi unter Hinzuziehung von Sponsorenverträgen bei Inter Miami die bereits erwähnten 54 Millionen US-Dollar jährlich verdient.[487] In Spanien veröffentlicht die spanische Fußballliga (La Liga) regelmäßig die Gehaltsobergrenze pro Verein, die die maximalen Ausgaben für Gehälter vorgibt, die Vereine während einer Spielzeit inklusive Aktivitäten im Sommer- und Wintertransferfenster tätigen dürfen. Real Madrid darf in der Saison 2024/25 bis zu 755 Millionen Euro ausgeben, was aufgrund des guten finanziellen Wirtschaftens ein Plus von 28 Millionen Euro zur letzten Berechnung vom Frühjahr

2024 darstellt. Im Frühjahr 2024 schrieb die Fachzeitschrift Marca, dass die sog. 50-Prozent-Regel beim FC Barcelona greifen wird, die besagt, dass für zwei eingesparte Euro nur ein neuer Euro ausgegeben werden darf. Da der FC Barcelona besser wirtschaftet sind nun 426 Millionen Euro an Ausgaben erlaubt, was ein Plus von 222 Millionen Euro im Vergleich zum Frühjahr 2024 bedeutet. Bei den anderen Vereinen wie Atlético Madrid liegt die Gehaltsobergrenze bei 311 Millionen Euro, bei Real Sociedad bei 159 Millionen Euro, bei Villareal CF bei 136 Millionen Euro und bei Real Betis Sevilla bei 109 Millionen Euro. Die geringsten Gehaltsobergrenzen haben Getafe CF mit 39 Millionen Euro, RCD Espanyol Barcelona mit 9 Millionen Euro und Sevilla FC mit 2,5 Millionen Euro. Bei den Vorgaben sind kurzfristige starke Einschnitte möglich, wie z. B. beim Sevilla FC, der im Frühjahr 2024 noch eine Gehaltsobergrenze von 152 Millionen Euro hatte, aber aufgrund von finanziellen Schwierigkeiten mittlerweile zu Einsparmaßnahmen und Spielerverkäufen gezwungen ist. Die Gehaltsobergrenzen in Spanien sind Empfehlungen, der sich die Vereine widersetzen können, dann jedoch mit Geldstrafen und/oder Punktverlust rechnen müssen.[488]

Die möglichen Verhandlungsgegenstände im Angebot eines potenziell neuen Vereins für den einzukaufenden Spieler sind nachfolgend aufgeführt:

- Vertragsdauer
- Grundgehalt
- Sonderzahlungen/Boni/Prämien, z. B.
  - Punkteprämie, anhand
    - Spielminuten
    - Auflaufen
    - Unentschieden
    - Sieg
  - Erfolgsprämie, anhand

- Anzahl Spiele
- Tore und Torvorlagen
- Keine Gegentore (Clean sheet bonus)
- Titel
- Aufstieg
- Länderspieleinsatz
  - Treueprämie (Loyalty bonus/premium)
- Vertragsabschlussgebühr (Signing fee)
- Bildrechte
- Zukunftsklauseln
  - Beteiligung an Weiterverkauf (Sell on)
  - Ausstiegsklausel
- Automatische Vertragsanpassungen
  - Aufstieg
  - Abstieg
  - Vertragsverlängerung
- Sonstiges
  - Wohnbudget
  - Auto
  - Gesetzliche Verpflichtungen (z. B. Urlaubsgeld) und allgemeine Kompensationen
- Vorbehalte
  - Transfervereinbarung mit aktuellem Verein
  - Erfolgreiche ärztliche Untersuchung (Medizincheck/Medical check)
  - Erhalt der Arbeitserlaubnis
  - Genehmigung des Vorstands

Vertragsdauer

Im ersten Teil wird aufgeführt für welche Vertragsdauer das Angebot ausgelegt ist, d. h. in welchen Saisons der Spieler beim Verein spielen soll. Bezüglich der maximalen Vertragslänge empfiehlt die FIFA den Verbänden eine maximale Vertragsdauer von fünf Jahren, allerdings sind aufgrund nationaler Rechts Abweichungen zulässig[489]: So ist in England ein Vertrag zwischen Verein und Spieler über jede Laufzeit möglich, mit der einzigen Einschränkung, dass er am 30. Juni enden muss. So hatte z. B. der Spieler Michailo Mudryk beim FC Chelsea im oben genannten Beispiel einen Vertrag über achteinhalb Jahre erhalten. In Spanien sind die Vertragslaufzeiten ebenfalls frei wählbar und der Spieler Pepelu hat beim Verein UD Levante seinen Vertrag 2023 um zehn Jahre verlängert.[490] In Deutschland wird die Vorgabe der FIFA mit einer maximalen Vertragsdauer von fünf Jahren umgesetzt.[491] Bei einer Leihe ist die festgelegte Leihdauer, die zwischen Verein und Spieler vereinbart wird, gleich wie die Leihdauer, die auch zwischen den Vereinen vereinbart wird. Falls die Leihe eine Kaufoption und/oder Kaufverpflichtung vorsieht, so werden die finanziellen Konditionen einmal für den Zeitraum der Leihe und einmal für den Zeitraum nach der Leihe aufgeführt, letzteres manchmal auch in einem weiteren separaten Angebot. Falls dies nicht separiert wird und im ersten Teil bei Vertragsdauer Leihe und Kaufoption/-verpflichtung erwähnt sind, so ist davon auszugehen, dass die finanziellen Angaben für den Zeitraum der Leihe und den Zeitraum nach Kaufoption/-verpflichtung gelten sollen.

Grundgehalt und Boni

Ein zentraler Verhandlungsgegenstand ist das Grundgehalt. Dabei bedeutet Grundgehalt, dass der Spieler hierfür nicht ein Spiel absolvieren muss. Es ist nicht an eine Erfüllung oder bestimmte Leistung gekoppelt, was wiederum bedeutet, dass Vereine versuchen, diesen Vertragsbestandteil sowie Vorabsonderzahlungen möglichst niedrig zu halten, auch um das Gehaltsgefüge in der Mannschaft generell zu wahren. Dagegen streben Spieler ein möglichst hohes Grundgehalt und Vorabsonderzahlungen an, da sie vom Spielsystem und der Aufstellung des Trainers abhängig sowie den Risiken von Formkrisen und Verletzungen ausgesetzt sind. Auch im Profifußball setzt bei einer Verletzung die Zahlung des Gehalts wie bei normalen Arbeitnehmern nach einer bestimmten Zahl von Krankheitstagen aus: So etwa in Deutschland am 43. Tag, in Frankreich wird 90 Tage weiterbezahlt und in Belgien 180 Tage nach einem Arbeitsunfall und 60 Tage nach einer Krankheit oder privatem Unfall. Das Grundgehalt wird brutto oder netto ausgewiesen, wobei immer vom Bruttogehalt auszugehen ist, wenn keine andere Angabe erfolgt.

Zum Grundgehalt, das nicht nur über 12 Monate, sondern auch mit einem 13. oder 14. Gehalt berechnet werden kann, kommen die unterschiedlichsten Sonderzahlungen (Boni) hinzu: Punkteprämien und Erfolgsprämien, wie z. B. bei Aufstieg, Meisterschaft, Pokalsieg, Pokalfinale, Top-Platzierungen, bestimmte Phasen in Champions League oder Europa League, Nicht-Abstieg bei Aufsteigern usw., die häufig in individuelle Prämien und Teamprämien unterschieden werden. Es gibt trotz Vertrag im Profifußball außerdem die Möglichkeiten einer individuellen Treueprämie (Loyalty bonus oder Loyalty premium) und einer Vertragsabschlussgebühr (Signing fee). Bei allen Gehaltsbausteinen zusammen spricht man von einem Gesamtpaket. Im Eingangsbeispiel von Kylian Mbappé wurde erwähnt, dass der Spieler bei Real Madrid 15 bis 20 Millionen Euro netto pro Jahr verdienen und zusätzlich eine Signing fee von 150 Millionen Euro aufgeteilt über fünf Jahre Vertragslaufzeit erhalten soll. Da sein Gehalt nicht das Gehaltsgefüge bei Real Madrid sprengen soll, wofür außerdem die Gehälter der Mitspieler Jude Bellingham und Vinicius Jr. auf je 15 Millionen Euro Bruttogehalt angepasst wurden[492], gibt es außer der Signing fee etliche Bonuszahlungen (Punktgewinne, Anzahl von Spielen, Gewinn des Ballon d'or etc.) und einen Treuebonus, durch den der Spieler nach Ablauf einer bestimmten Zahl von Vertragsjahren eine Sonderausschüttung erhält.[493] Bei Paris Saint-Germain lag dieser Treuebonus für die jeweils abgelaufene Saison im September 2022 bei 70 Millionen Euro und im September 2023 bei 80 Millionen Euro. Außerdem erhält Mbappé 80 Prozent aller Einnahmen des Vereins aus seinen Bild-Rechten statt der bei Real Madrid sonst üblichen Aufteilung 50:50. Das Gesamtpaket, das Mbappé bei Real Madrid erhält, soll bis zu 500 Millionen Euro betragen.[494] Über Angebote und Verträge anderer Spieler gibt es noch mehr Details: Der SPIEGEL schreibt z. B. in seiner Investigativrecherche Football Leaks, dass im Jahr 2015 ein bestimmter Stürmer bei Bayer 04 Leverkusen ein jährliches Bruttogrundgehalt von 4,2 Millionen Euro erhalten hat und dazu folgende Sonderzahlungen: Als Punkteprämie 4.000 Euro pro Punkt in der Bundesliga (d. h. 12.000 Euro für einen Sieg = 3 Punkte) und 10.000 Euro pro Punkt in der Champions League. Als Erfolgsprämie 100.000 Euro je für die Bundesligameisterschaft und für den Sieg in der Champions League sowie 150.000 Euro für die Qualifikation zur Champions League. Nach jedem 5. Pflichtspieltor in einer Saison wurde eine Sonderzahlung in Höhe von 100.000 Euro vereinbart. Weiter schreibt der SPIEGEL, dass 2012 ein bestimmter Linksverteidiger beim VfL Wolfsburg ein monatliches Bruttogrundgehalt von 110.000 Euro gehabt haben soll mit einer zusätzlichen Punkteprämie von 15.000 Euro pro Punkt, d. h. 45.000 Euro pro Sieg. Die Punkteprämien werden oft abhängig von der Anzahl der Einsatzminuten ausbezahlt, in diesem Fall galt ein Spiel auch noch als halber Einsatz, wenn der Spieler erst zehn Minuten vor Schluss eingewechselt wurde. Als weitere Erfolgsprämie wurde nach 15 Pflichtspielen eine Sonderzahlung in Höhe von 200.000 Euro und nach 30 Pflichtspielen von weiteren 200.000 Euro vergütet. Im Jahr 2015 soll ein bestimmter Innenverteidiger bei Schalke 04 monatlich 250.000 Euro Bruttogrundgehalt erhalten haben und als Prämie 30.000 Euro pro Punkt. Als Erfolgsprämie eine Erhöhung des Bruttomonatslohns auf 300.000 Euro bei Qualifikation für die Champions League und eine Sonderzahlung von 200.000 Euro bei Gewinn des DFB-Pokals. In England wird das Bruttogrundgehalt (Basic wage) wöchentlich ausgewiesen und ein bestimmter Stürmer soll im Jahr 2015 beim FC Liverpool 68.085 Pfund Basic wage pro Woche verdient haben, d. h. vier Millionen Euro pro Jahr als Bruttogrundgehalt. Als Punkteprämie seien 10.000 Pfund pro Sieg vereinbart gewesen, 300.000 Pfund für mehr als 30 Einsätze in einer Saison sowie eine Gehaltserhöhung des wöchentlichen Bruttogrundgehalts um 10.000 Pfund pro Woche ab 35 geleisteten

Spielen. Auch für Tore soll der Spieler eine Prämie erhalten haben: Pro Saison für die ersten fünf Tore jeweils pro Tor 25.000 Pfund, für die Tore sechs bis zehn pro Tor 45.000 Pfund, für die Tore 11 bis 15 pro Tor 65.000 Pfund und ab dem 16. Tor pro Tor 85.000 Pfund. Elfmeter wurden hierbei nicht gezählt. Für die ersten fünf Torvorlagen (Assist bonus) wurden je Vorlage 25.000 Pfund verhandelt und ab der 11. Torvorlage 65.000 Pfund. Ein Teamkamerad, ein defensiver Mittelfeldspieler, soll für jedes Tor und jede Torvorlage 20.000 Pfund erhalten haben und aufgrund seiner Position für ein Spiel ohne Gegentreffer einen sog. Clean sheet bonus über 10.000 Pfund. Der Loyalty bonus sollte dem defensiven Mittelfeldspieler einmal pro Jahr zwei Millionen Pfund zusätzlich einbringen. Persönliche Erfolge wie das Startelfdebüt in einem Pflichtspiel der Nationalmannschaft wurden mit 250.000 Pfund belohnt und jedes weitere Nationalmannschaftsspiel jeweils mit 10.000 Pfund.

Die Gehaltsvereinbarungen können noch detaillierter werden: Ein deutscher Jungnationalspieler soll bei Bayer 04 Leverkusen ein monatliches Bruttogrundgehalt von 70.000 Euro für die ersten zwei Saisons und 100.000 Euro ab der dritten Saison erhalten haben. Sein monatliches Bruttogrundgehalt sollte sich ab 25 Einsätzen um 1.000 Euro pro Monat erhöhen. Einsätze in der Nationalmannschaft sollten ihm 10.000 Euro Erhöhung des monatlichen Bruttogrundgehalts für das erste Länderspiel bringen, 20.000 Euro Erhöhung des monatlichen Bruttogrundgehalts nach dem fünften Länderspiel und weitere 20.000 Euro Erhöhung des monatlichen Bruttogrundgehalts nach dem zehnten Länderspiel. Pro Spiel soll der Spieler 8.000 Euro Auflaufprämie erhalten haben und als Vertragsabschlussgebühr 200.000 Euro. Die Punkteprämie war von der Platzierung abhängig: 8.000 Euro pro Punkt für die ersten bis fünften Bundesligaspieltage, 12.000 Euro pro Punkt für die Spieltage 6 bis 34 auf dem ersten Platz, 10.000 Euro auf dem zweiten oder dritten Platz, 8.000 Euro bei Platz 4 bis 8 sowie 6.000 Euro bei Platz 9 oder schlechter. Als Erfolgsprämie seien 100.000 Euro für den Gewinn der Deutschen Meisterschaft,

110.000 Euro für den Gewinn des DFB-Pokals, 10.000 Euro pro Punkt in der Gruppenphase der Champions League, 40.000 Euro pro Runde in der K.o.-Phase der Champions League und 100.000 Euro für den Gewinn der Champions League vereinbart gewesen.[495]

Dar. 18:   Eine kurze Pause zwischen den anstrengenden Verhandlungsrunden

Ausstiegsklausel

Ein weiterer Vertragsgegenstand kann die sog. Ausstiegsklausel sein, die dem Spieler einräumt, den Verein während der Vertragslaufzeit gegen Zahlung einer vertraglich festgelegten Summe verlassen zu können. Da die Ausstiegsklausel vor allem für den Spieler interessant ist und anderen Vereinen die Möglichkeit einräumt, den Spieler zu einem Betrag X nur mit einem schriftlichen Hinweis zu aktivieren und ohne Verhandlungen aus seinem Vertrag herauszukaufen, ist die Ausstiegsklausel beim aktuellen Verein des Spielers in der Regel nicht sonderlich beliebt. Man muss allerdings dabei bedenken, dass sie die Voraussetzung gewesen sein könnte, dass der Spieler überhaupt beim Verein unterschrieben hat.[496] Je besser ein

Verein sportlich steht, desto eher wird er eine Ausstiegsklausel nicht akzeptieren.[497] In Frankreich sind Ausstiegsklauseln nicht erlaubt, in Spanien und Portugal jedoch Pflicht in jedem Vertrag und so werden teilweise astronomische Summen in den Vertrag aufgenommen, um diese Regelung zu umgehen. So hatte der FC Barcelona in den Vertrag von Neymar eine Ausstiegsklausel von 222 Millionen Euro verankert. Dabei war intendiert, dass diese Ausstiegsklausel niemand aktivieren werde, doch Paris Saint-Germain war bereit, diese Summe zu bezahlen und Neymar wechselte damit nach Frankreich.[498] Die Spielerverträge von Alejandro Balde, Noah Darvich, Ansu Fati, Ferran Torres, Raphinha, Jules Kounde, Pedri, Ronald Araujo und Gavi sollen seitdem vertraglich mit einer Ausstiegklausel von jeweils 1 Milliarde Euro ausgestattet worden sein.[499] Einerseits kann die Ausstiegsklausel so definiert sein, dass eine Summe über die gesamte Vertragslaufzeit gilt, andererseits gibt es viele verschiedene Möglichkeiten, diese konkret auszugestalten.[500] Die Ausstiegsklausel kann geografisch eingeschränkt werden, so dass sie nur für bestimmte Länder oder Vereine gilt, oder die Höhe der Ausstiegsklausel länderspezifisch variieren, so dass z. B. die Ausstiegsklausel bei englischen Vereinen höher ist oder bestimmte Länder explizit ausgeschlossen sind.[501] Auch zeitlich kann die Ausstiegsklausel beschränkt sein, so dass sie nur ab einer bestimmten Saison oder bis zu einer bestimmten Saison gilt. Auch hier ist es möglich, die Ausstiegsklausel vom Betrag her zu variieren, d. h. bis zu einer bestimmten Saison liegt die Ausstiegsklausel bei einem Betrag X und ab einer weiteren Saison bei Betrag Y. So wird in der Presse berichtet, dass eine Ausstiegsklausel für einen Spieler zu einem bestimmten Termin abgelaufen sei, womit dann klar ist, dass die Ausstiegsklauseln nicht eine ganze Saison gelten müssen, sondern an beliebigen Tagen unwirksam werden können.[502] Vereine versuchen teilweise den Spielern ihre Ausstiegsklausel regelrecht abzukaufen, d. h. ein neuer Vertrag ohne Ausstiegsklausel wird aufgesetzt und der Spieler erhält hierfür eine finanzielle Zuwendung. Diese Konstellation stellt eine Win-win-Situation dar, denn der Spieler erhält eine finanzielle

Zuwendung, die er sonst nicht bekommen hätte, der aktuelle Verein erhält von einem potenziellen neuen Verein voraussichtlich mehr Ablöse im Vergleich zu dem Fall, wenn eine Ausstiegsklausel aktiviert worden wäre.[503]

Weiterverkaufsbeteiligung (Sell on)

Eine mögliche Zukunftsklausel für den Spieler kann die Beteiligung an seinem eigenen Weiterverkauf (Sell on) sein, d. h. der Spieler erhält einen vertraglich fixierten Prozentsatz (auf Net transfer fee oder auf den Net transfer profit) vom potenziellen neuen Verein, wenn dieser ihn selbst in der Zukunft weiterverkauft.

Automatische Vertragsanpassungen und optionale Vertragsverlängerungen

Die Komplexität der Gestaltung der Spielergehälter nimmt dahingehend noch weiter zu, da Vereine oft noch festlegen, wie sich das Gehalt automatisch – so etwa im Fall der Corona-Pandemie mit wenig Zuschauern[504] – entwickeln soll sowie mit der Festlegung von Ligaszenarien bei Aufstieg oder Abstieg oder für den Fall, dass der Vertrag eines Spielers nur für eine bestimmte Liga gilt und z. B. bei Abstieg automatisch endet und der Spieler dann ablösefrei wird. Wenn jedoch diesbezüglich nichts vereinbart ist, so gilt das fixierte Gehalt mit allen Sonderbedingungen ligaunabhängig.

In Angeboten und Verträgen können auch Automatismen der Vertragsverlängerung vorkommen, so dass sich der Vertrag nach einer bestimmten individuellen Leistung (z. B. Anzahl der Spiele, Tore etc.) oder Mannschaftsleistung (z. B. bei Aufstieg, Titelgewinn etc.) automatisch um ein, zwei oder drei Jahre verlängert.[505] Teilweise sind die Klauseln auch so ausgestaltet, dass ohne leistungsabhängige Automatismen eine Vertragsverlängerung in beiderseitigem Einvernehmen oder auch nur einseitig (von Verein oder Spieler) per Option gewählt werden kann; der Vertrag verlängert sich somit, ohne dass neu- oder nachverhandelt werden muss.

Sonderregelungen und kuriose Forderungen

Sonstige monetäre oder nichtmonetäre Zuwendungen wie z. B. Dienstwagen, Haus oder Appartement sowie rechtliche Ansprüche wie Urlaubs- oder Weihnachtsgeld runden den kommerziellen Teil des Angebots ab. Sonderregeln sind immer auch Teil der Verhandlungen zwischen Verein und Spieler, die mitunter außergewöhnlich sein können. Laut Sky hatte der Spieler Mario Balotelli beim FC Liverpool eine Klausel im Vertrag, die ihm eine Million britische Pfund extra einbrachte, wenn er sich an bestimmte Verhaltensregeln hielt (z. B. keine Provokationen oder Beleidigungen auf dem Platz). Der Spieler Ronaldinho ließ sich in seinem Vertrag beim brasilianischen Verein Clube de Regatas do Flamengo festschreiben, dass er zweimal pro Woche feiern gehen durfte und der Spieler Emmanuel Adebayor stellte bei Verhandlungen mit dem französischen Verein Olympique Lyon die Forderung nach der Trikotnummer 10, einer Villa mit Meerblick, einem persönlichen Star-Koch und einem Helikopter, wobei der Vertrag nicht zustande kam. Der Spieler Giuseppe Reina vereinbarte bei Arminia Bielefeld den Bau eines neuen Hauses pro Jahr, da jedoch keine Details zur Art des Hauses festgelegt wurden, kam es nie zu einer Umsetzung dieser Klausel. Bei Eintracht Frankfurt sicherte sich der Spieler Rolf-Christel Guie-Mien eine Klausel, die seiner Frau einen Kochkurs für deutsche Hausmannskost garantierte. Krassimir Balakov hatte beim VfB Stuttgart eine Klausel, die seinen Vertrag jedes Jahr verlängerte, solange ein Arzt ihm die Spielfähigkeit bestätigte. Bernd Stange als Nationaltrainer des Iraks konnte dank einer speziellen Klausel bei Ausbruch eines Krieges das Land verlassen – eine Regelung, die nach der US-Invasion 2004 dann in Kraft trat. Schließlich gab es eine skurrile Forderung vom Vater des Spielers Moise Keans, der für den Verbleib seines Sohnes bei Juventus zwei Traktoren für seine Farm verlangte, was jedoch nicht erfüllt wurde. Der Spieler Daniel Agger baute sich mit einer Abwasserfirma ein zweites Standbein auf und verhandelte sich eine Klausel in den Vertrag, die seiner privaten Firma acht Bandenwerbungen pro Heimspiel garantierte. Auch vereinsseitig sind außergewöhnliche

Sonderregelungen möglich, so forderte z. B. der FC Augsburg eine Sonderzahlung von 300.000 Euro, wenn der abzugebende Spieler gegen seinen alten Verein aufgelaufen wäre. Der Verein Betis Sevilla regelte für den Spieler Rafael van der Vaart vertraglich freie Schuhwahl, allerdings durfte kein Rot – die Farbe des Erzrivalen FC Sevilla – enthalten sein.[506]

Weiterleihe

Der Vollständigkeit halber soll hier noch erwähnt werden, dass mit Spielern auch eine sofortige Weiterleihe vereinbart werden kann. Ein Beispiel hierfür ist das junge Toptalent Paris Brunner, der von Borussia Dortmund zu AS Monaco nach Frankreich gewechselt ist und sofort für ein Jahr an Cercle Brügge nach Belgien weiterverliehen wurde. Das bedeutet, dass mit AS Monaco verhandelt und ein Transfer- und Arbeitsvertrag unterschrieben wurde und gleichzeitig mit Cercle Brügge ein Leihvertrag und ein Arbeitsvertrag für den Zeitraum der Leihe. Ziel dieser Aktion ist es, dass der Spieler in der belgischen Liga zunächst Spielpraxis sammeln soll, bevor er dann fest nach Monaco wechselt. Ein solcher Transfer mit Weiterleihe wird manchmal vollzogen, um jungen Talenten eine sanfte Einführung in den nächsten Karriereschritt zu ermöglichen.[507]

Vorbehalte

Von Seiten des Vereins obliegt das Angebot für den Spieler Vorbehalten, die bezüglich Genehmigung des Vorstands, Erhalt der Arbeitserlaubnis und Medizincheck dem Angebot zwischen den Vereinen entsprechen. Hinzu kommt außerdem als Vorbehalt die Transfervereinbarung zwischen den Vereinen, ohne die ein Arbeitsvertrag nichtig wäre. Final entscheidet der Spieler, ob ihm das sportliche Projekt und das damit verbundene Angebot des Vereins zusagt.[508] Im Falle einer Leihe mit Kaufoption kann außerdem eine Vorbehaltsklausel in das Angebot aufgenommen werden, dass der Spieler der Kaufoption zustimmen muss.

Angebotsinhalte zwischen Verein und Spielerberater

Vereine und Spielerberater haben zwei Möglichkeiten der Zusammenarbeit: Einerseits können Vereine Spielerberater mündlich oder schriftlich mandatieren, einen Transfer für sie einzufädeln. Die zweite Möglichkeit ist die gängige Praxis, die im Folgenden detailliert erläutert wird, dass nämlich der Spielerberater für seinen Spieler arbeitet und für ihn Transfermöglichkeiten schafft, die sich ergebenden Optionen mit ihm bespricht und dann mit einem passenden Verein den Transfer zum Abschluss bringt.

Während die Angebote zwischen Vereinen sowie Verein und Spieler verhandelt werden, ist in manchen Angeboten für den Spieler die Provision für den Spielerberater mitaufgeführt, manchmal wird diese auch schriftlich separat fixiert und manchmal auch nur mündlich kommuniziert. Manchmal ist sie zu diesem Zeitpunkt auch noch gar nicht klar, da zuerst die Modalitäten der Vereine und des Spielers zu klären sind.

In den Medien wird oft pauschal von 10 Prozent Spielerberaterprovision gesprochen.[509] Doch was bedeutet das? 10 Prozent Provision auf den Transfer oder auf das Spielergehalt? Vom Brutto oder Netto? Wer bezahlt die Provision? Wann und wie oft?

Im Erfolgsfall eines Transfers wird der Spielerberater meistens vom Verein entlohnt, unabhängig davon, ob er vom Verein mandatiert ist oder einen eigenen Spieler vertritt. Nur selten wird die Provision vom Spieler an den involvierten Berater oder vom Verein über den Spieler an den Spielerberater bezahlt.

Die finanziellen Verhandlungsgegenstände zwischen Verein und Spielerberater gliedern sich wie folgt und sind wie bei Transfergebühr bzw. Gehalt abhängig von verschiedenen Faktoren (z. B. von der aktuellen Leistung und Attraktivität des vertretenen Spielers sowie seiner erwarteten sportlichen Entwicklung):

- Provision auf Transfersumme und/oder Leihgebühr
- Provision auf Grundgehalt des Spielers
- Sonderzahlungen/Boni/Prämien
- Frei verhandelte Provision
- Vertragsabschlussgebühr (Signing fee)
- Beteiligung an Weiterverkauf (Sell on)

Rechenbeispiel zur Spielerberaterprovision

Die Provision auf Transfersumme oder Leihgebühr bedeutet, dass der Spielerberater verhandelt, dass er von der Summe, die der neue Verein dem aktuellen Verein zu bezahlen hat, einmalig einen Prozentsatz erhält. Für eine Transfersumme von 1 Million Euro, die Verein B an Verein A für einen Spieler bezahlt, würde der Spielerberater bei einer Provision von 14 Prozent somit 140.000 Euro von Verein B erhalten. Diese 140.000 Euro werden Verein A nicht von der Transfersumme/Leihgebühr abgezogen, sondern diese bezahlt Verein B zusätzlich an den Spielerberater.

Die Provision auf das Grundgehalt des Spielers bedeutet, dass die Provision des Spielerberaters abhängig vom Gehalt des Spielers ist, das er bei seinem neuen Verein B erhalten wird. In der Praxis wird meistens das Bruttojahresgrundgehalt als Basis herangezogen, mit dem ein zu verhandelnder Prozentsatz multipliziert wird und die Spielerberaterprovision darstellt.

Wenn ein Spieler z. B. monatlich 100.000 Euro Bruttogrundgehalt verdient und der Spielerberater für sich 14 Prozent Provision auf das Bruttojahresgrundgehalt verhandelt hat, dann erhält der Spielerberater 100.000 Euro x 12 Monate (bei 13. oder 14. Monatsgehalt entsprechend multipliziert mit 13 oder 14) x 0,14 also in der Summe 168.000 Euro Provision. Diese Provision erhält der Spielerberater unter Voraussetzung eines gleichbleibenden Spielergehalts pro Saison bis zum Vertragsende des Spielers. Die Provisionszahlungen an den Spielerberater enden nur dann vorzeitig, wenn der Spieler den Verein wechselt oder wenn der Spieler zu einem anderen Spielerberater wechselt und mit diesem und dem aktuellen Verein den Vertrag verlängert. Die Provisionszahlungen des Vereins an den Spielerberater sind auch in diesem Fall zusätzlich, d. h. der Spieler hat aufgrund der Spielerberaterprovision keine Gehaltseinbußen. Der Vorteil dieser Provisionierung ist, dass der Spielerberater umso mehr Geld erhält, je besser er für seinen Spieler das Gehalt verhandelt und für sich den Prozentsatz seiner Spielerberaterprovision. Einige Länder schreiben die Höhe der Provisionierung per Gesetz vor, so darf in Frankreich laut dem Artikel L. 222-5 à L. 222-12 des Sportgesetzes die Provisionierung eines Spielerberaters bei maximal 10 Prozent des Spielervertrags liegen.[510] Einige wenige Vereine machen transparent, dass Spielerberaterprovisionen nur bis zu einer bestimmten Höhe bezahlt werden, um schon vorab zu hohe Forderungen zu vermeiden.[511]

Die Provisionen werden je nach vertraglicher Vereinbarung normalerweise einmal oder zweimal pro Jahr ausbezahlt. Der Zeitpunkt der Provisionsauszahlung liegt oft im September, nach Schließung des Sommertransferfensters, oder im Oktober bzw. November, wenn in Europa auch die Gelder der Fernsehrechte an die Vereine fließen, sowie im Februar nach Schließung des jeweiligen Wintertransferfensters. Der Grund für zwei Zahlungen pro Jahr liegt darin, dass je nach vertraglicher Vereinbarung eine einmalige Provisionsauszahlung hälftig zurückgefordert werden müsste, wenn der Spieler im Wintertransferfenster zur Saisonhälfte wechselt. Die Zahlungen nach Schließung der Transferfenster ergeben sich dadurch, dass ein Verein erst dann die Provision an einen Spielerberater bezahlt, wenn der Spieler den Verein nicht mehr wechseln kann und die gezahlte Provision nicht mehr zurückgefordert werden muss. Dies bedeutet jedoch auch, dass ein Spielerberater für einen Spieler, der z. B. Ende August und damit zum Ende des Sommertransferfensters zu einem neuen Verein wechselt, ab 1. Juli (Beginn der neuen Saison) keine Provision mehr beim aktuellen Verein berechnen kann. Die Provision vom neuen Verein wird erst ab Ende August berechnet, außer der Spielerberater verhandelt mit dem neuen Verein eine Provision, die für die ganze Saison gilt, d. h. rückwirkend zum Saisonbeginn 1. Juli. Eine weitere Gestaltungsmöglichkeit besteht darin, die Provisionszahlungen Prozentual unterschiedlich auf die Vertragsdauer zu verteilen, um einen Anreiz zu schaffen, dass der Spielerberater den Spieler möglichst lange im Verein hält und nicht ständig an einem neuen Transfer arbeitet, indem er z. B. für die erste Saison 20 Prozent, für die zweite Saison 30 Prozent und für die dritte Saison 50 Prozent Spielerberaterprovision erhält.[512]

Ein gleicher oder anderer Prozentsatz kann zusätzlich auf Sonderzahlungen, Boni oder Prämien des Spielers verhandelt werden, was jedoch eher selten geschieht.

Eine weitere Möglichkeit der Partizipation von Spielerberatern an einem Transfer ist die frei verhandelte Provision, die nicht Prozentual abhängig von Transfersumme/Leihgebühr oder Gehalt verhandelt wird. Wenn diese frei verhandelte Provision zu Vertragsbeginn bezahlt wird, kann diese als eine Art Vertragsabschlussgebühr (Signing fee) bezeichnet werden.

In niedrigen Ligen wird häufig eine einzige Provisionszahlung vereinbart, die einem Bruttomonatsgehalt des Spielers entspricht, je nach Verhandlung mit oder ohne Provision auf die Boni des Spielers.

Die bereits vorgestellte Weiterverkaufsbeteiligung (Sell on) ist auch für Spielerberater eine Möglichkeit, an der sportlichen Entwicklung eines Spielers und einem wirtschaftlichen Gewinn durch Weiterverkauf zu partizipieren, wenn auch aufgrund nationaler Regelungen nicht überall möglich. Wie bereits dargestellt kann eine Beteiligung am Weiterverkauf (auf Basis von Net transfer fee oder Net transfer profit) verhandelt werden. Die Auszahlung der Weiterverkaufsprovision erfolgt dann nach entsprechendem Transfer.

Die Existenz unlauterer oder arglistiger Methoden von Spielerberatern, um Geld zu verdienen, die zwar in den Medien kursieren, ist aber fraglich – so etwa im Fall eines sog. Kickback-Deals, bei dem ein Spielerberater mit dem Entscheidungsträger eines Vereins eine hohe Provisionszahlung vereinbart, die dann privat und zu Lasten des zahlenden Vereins wieder an den Entscheidungsträger zurückfließt. Ein ehemaliger Manager des Hamburger SV sagte hierzu, dass solche Methoden in der Bundesliga nicht üblich seien und ihm bisher nur ein Spielerberater für einen Transfer Geld geboten habe.[513]

Weitere Forderungen von Spielerberatern können Hospitality-Pakete für Spiele, Business-Flüge oder ähnliche Zuwendungen sein, die manchmal auch als finale Verhandlungsgegenstände, vor allem bei Transfers mit kleineren Vereinen, aufgenommen werden.

In der Praxis sind Provisionen auf das Bruttojahresgrundgehalt üblich, jedoch sind alle vorgestellten Provisionsmodelle in jeder Höhe möglich.[514] Ein bekanntes Beispiel ist der Transfer des Spielers Paul Pogba von Juventus Turin zu Manchester United im Jahr 2016 für eine Ablösesumme von 105 Millionen Euro. Sein Spielerberater soll mit diesem Transfer rund 49 Millionen Euro an Provisionen erhalten haben, die jeweils mit Juventus Turin und Manchester United verhandelt und an verschiedene Firmen des Spielerberaters ausgezahlt wurden. Die erste große Zahlung stammte von Juventus Turin selbst, denn der Spielerberater hatte sich eine Weiterverkaufsbeteiligung (Sell on) bei Pogbas ablösefreiem Wechsel zu Juventus im Jahr 2012 gesichert. Als Pogba 2016 zu Manchester United wechselte, erhielt sein Spielerberater 27 Millionen Euro aus den Transfererlösen von Juventus Turin. Diese Summe wurde direkt nach Abschluss des Transfers zu Manchester United an eine seiner Firmen überwiesen. Zusätzlich zur Weiterverkaufsbeteiligung an Juventus Turin zahlte

Manchester United rund 22 Millionen Euro an Spielerberaterprovision. Dieser Betrag setzte sich aus einer direkten Vermittlungsprovision sowie aus langfristigen Zahlungen zusammen, die über die Vertragsdauer von Pogba und sein Bruttogehalt berechnet wurden. Diese Zahlungen wurden in Pogbas Vertrag mit Manchester United verankert und nach Abschluss des Transfers in mehreren Tranchen ausgezahlt. Final kommt noch hinzu, dass der Spielerberater mit Pogba selbst eine Zahlung in Höhe von 2,6 Millionen Euro verhandelt haben soll, die unabhängig von den Zahlungen der beiden Vereine war. Die Zahlungsströme wurden teils unmittelbar nach Vertragsabschluss und teils über einen längeren Zeitraum abgewickelt, abhängig von den jeweiligen verhandelten Vereinbarungen zwischen Spielerberater, Juventus Turin, Manchester United und Pogba. Der Transfer wurde durch Enthüllungen aus den Football Leaks, die vom Spiegel veröffentlicht wurden, detailliert offengelegt und zeigte an einem realen Beispiel auf, wieviel Geld die Spielerberater bei solchen großen Transfers verdienen können.[515]

Generell gilt: Je besser der eigene Spieler, desto besser die Verhandlungsposition und je geschickter der verhandelnde Spielerberater, desto besser das Verhandlungsergebnis. Wenn mehrere Vereine an einem Spieler Interesse haben, befinden sich Spieler und Spielerberater in einer komfortablen Verhandlungssituation und können mehr Forderungen stellen bzw. höhere (Verhandlungs-)Risiken eingehen. Wie während der Kontaktaufnahmephase ist bei Verhandlungen jedoch besonderes Fingerspitzengefühl, Verhandlungsgeschick und die richtige Kommunikation gefragt, damit ein möglicher Transfer oder eine Leihe nicht platzt. Platzen kann ein Transfer aber auch aufgrund der beteiligten Vereine, wenn z. B. der aktuelle Verein plötzlich höhere Forderungen stellt oder den eigentlich freigegebenen Transfer aus internen Gründen, z. B. aufgrund der Verletzung eines anderen Spielers, doch ablehnt. Hier kann auch der Spielerberater das Gesicht verlieren, weil der potenzielle neue Verein sich getäuscht fühlen könnte – in jedem Fall eine unglückliche Situation. Der wechselwillige Spieler kann in diesem Fall nochmals seinen Wechselwunsch artikulieren, wenn jedoch sein Arbeitsvertrag fortbesteht, bleibt der Spieler gebunden. Es entsteht eine Lose-lose-Situation, da der aktuelle Verein dem Spieler und seinem Spielerberater kommuniziert hatte, dass der Spieler zu bestimmten Konditionen wechseln darf, der Spieler wechseln will und nun unzufrieden ist. Beim neuen Verein, der fest mit dem Spielertransfer gerechnet hatte, ist die Lage nicht viel besser, weshalb eine solche Situation in jedem Fall vermieden werden muss. Platzen kann ein Transferdeal aber auch nur für den potenziellen neuen Verein, wenn der Spieler sich aufgrund eines besseren Angebots für einen anderen Verein entscheidet – das ist jederzeit und bis zur endgültigen Vertragsunterzeichnung in der Vollzugsphase möglich.

Die schriftlichen Angebote mit der Auflistung aller Verhandlungsgegenstände werden häufig als Word-Dokumente verschickt, so dass Gegenforderungen direkt im Textdokument eingetragen und an den potenziellen neuen Verein verschickt werden können, wenn die schriftlichen Angebote noch nicht alle gewünschten Verhandlungsgegenstände umfassen oder die Beträge im Angebot noch nicht deckungsgleich sind. Die Angebote können mehrfach hin- und hergeschickt werden und jede Partei versucht dabei, die jeweiligen Verhandlungsgegenstände für sich so gut wie möglich zu gestalten. Das Procedere gleicht einem Pingpong-Spiel zwischen den Beteiligten: Punkte, über die man sich geeinigt hat, können z. B. grün markiert oder mit einem Okay versehen werden, so dass auf einen Blick klar ist, worüber Konsens besteht und welche Punkte noch einer finalen Verhandlungsrunde bedürfen.

Vollzugsphase

Sobald im Hinblick auf sämtliche Punkte der Vereinbarungen die nötige Einigkeit zwischen den beteiligten Verhandlungsparteien besteht, sind die Verhandlungen erfolgreich abgeschlossen und stehen vor dem (vertraglichen) Vollzug. Nun geht alles sehr schnell und manche der nachfolgend dargestellten Arbeitsschritte laufen teilweise parallel ab.

Verträge

Im nächsten Schritt wird alles Verhandelte (meist vom potenziellen neuen Verein) in entsprechende Verträge übernommen, die den Vereinen meistens schon als Textvorlagen, u. a. durch Musterarbeitsverträge der Verbände, vorliegen.[516] Die in der Verhandlungsphase vereinbarten individuellen Konditionen sind entweder in den Vertragstext selbst eingearbeitet oder finden sich als Anhänge des Vertrags wieder.

Nach Fertigstellung erhalten der aktuelle Verein und der Spielerberater die unterschriftsreifen Verträge, die vor allem im Arbeitsvertrag des Spielers eine Vielzahl von spezifischen Klauseln enthalten, die über die bisher verhandelten Konditionen hinausgehen und nach Spieler, Verein und Region stark variieren. Viele Verträge enthalten z. B. Regelungen zur Nutzung der Bildrechte des Spielers, die Verpflichtung zur Teilnahme an Marketing- und Sponsorenveranstaltungen des Vereins, strikte Vorgaben zu Disziplin und Anwesenheit, Regelung der Privatsponsoren, Teilnahme an Trainingseinheiten sowie an weiteren Teamevents. Bei Verstößen können sportliche Sanktionen wie z. B. das Trainieren in der zweiten Mannschaft[517] sowie finanzielle Sanktionen in Form von Gehaltskürzungen verhängt werden.

Im Hinblick auf ihre medizinische Betreuung sind die Spieler verpflichtet, sich ausschließlich von den Vereinsärzten behandeln zu lassen. Die Hinzuziehung eigener Ärzte ist nur mit Zustimmung des Vereins erlaubt, auftretende Verletzungen müssen nach festgelegten Prozeduren gemeldet und behandelt werden.

Zusätzlich enthalten solche Verträge häufig Regelungen zur steuerlichen Optimierung des Einkommens, oft durch komplexe rechtliche und finanzielle Konstruktionen, die dazu dienen sollen, das Nettogehalt des Spielers zu maximieren.[518] Häufig werden außerdem Regelungen zur Außendarstellung, insbesondere in sozialen Medien, vereinbart sowie alles verboten und sanktioniert, was das Image des Vereins schädigen könnte.

Die Spielerarbeitsverträge sind bis zu 40 Seiten stark, im Ausland in der Regel auf Englisch oder manchmal wie z. B. in Frankreich in der jeweiligen Landessprache abgefasst. Es empfiehlt sich in jedem Fall, den Vertrag übersetzen zu lassen, um jedes Detail verstehen und von einem Anwalt prüfen lassen zu können. Der Spielerberater sollte alle ungenauen, falschen oder unverständlichen Formulierungen hinterfragen, da nach Unterschrift nur noch der Vertragstext gilt und keine sonstigen Nebenabreden, erst recht keine mündlichen Zusicherungen. Häufig ist aufgrund nationaler Vorgaben etwas anders dargestellt als in der Verhandlungsphase vereinbart. So gibt es etwa in Frankreich einen sog. Ethik-Bonus, der nach gutem Verhalten des Spielers ausbezahlt wird und häufig schlicht als Teil des Gehalts definiert ist. Sofern das im Vertragstext nicht klar verständlich ist, würde diese Frage dann durch den Spielerberater geklärt und als Information an den Spieler weitergegeben. Im unglücklichsten Fall kann es jedoch auch vorkommen, dass Formulierungen im Vertrag nochmals verhandelt und ggf. abgeändert werden müssen.

Mündliche Einigung, Ausschluss vom Trainingsbetrieb und Abreise

Im nächsten Schritt folgt die mündliche Absprache zum letzten Stand der Verträge: Von Seiten der Vereine auf das Vertragsangebot zum Transfer/Leihe des Spielers, seitens der Spieler auf den Arbeitsvertrag und seitens der Spielerberater auf den Provisionsvertrag. Daraufhin folgt der Ausschluss vom Trainingsbetrieb des Spielers beim aktuellen Verein, so dass dieser sich vor Transfer oder Leihe nicht verletzt und die Freigabe zur Abreise zum potenziellen neuen

Verein. Gleichzeitig wird von Spielerberater, Spieler und potenziellem neuen Verein sofort geprüft und organisiert, wann und wie der Spieler kurzfristig zum potenziellen neuen Verein reisen kann, wer ihn begleitet und wer alle am Zielort (meistens Flughafen) abholt. Oft sprechen sich die Vereine noch ab, zu welchem Zeitpunkt und möglichst zeitgleich über den erfolgreichen Transfer- bzw. Leihvertrag öffentlich berichtet werden soll. Der Spieler verabschiedet sich noch von seinen Mannschaftskameraden und reist dann zum neuen Verein.

Fans und Fanseiten auf Social Media sind teilweise sehr gut vernetzt und häufig sickert schon früher durch, dass ein Spieler vor einem Wechsel steht. Häufig scheint dies nur noch eine Unterschrift entfernt, doch dem ist nicht zwangsläufig so, da alle bisherigen und noch zu durchlaufenden Schritte in der Öffentlichkeit unbekannt sind; also Vorsicht bei der Beurteilung solcher Gerüchte. Fabrizio Romano kommentiert diesen Transferstatus jedenfalls stets mit »Here we go« – ein Transfer steht bevor!

Ankunft und Medizincheck

Der Spieler kommt mit oder gleichzeitig mit den Spielerberatern am Zielort an und ein Vereinsmitarbeiter, meistens der Teammanager und/oder ein Mitarbeiter der Scoutingabteilung, holen die Anreisenden ab. Am Anreisetag ist das Zeitprogramm weniger straff, es geht zunächst um die Akklimatisierung, den Verein, die Mitarbeiter und die Gebäude zum ersten Mal zu sehen und erste leichte sportliche Tests zu absolvieren. Der Hauptteil des Medizinchecks findet vor allem bei internationalen Transfers, wenn der Spieler eine längere Flugreise hinter sich hat, eher am Folgetag statt. Der Zeitplan für die ersten Tage eines ausländischen Spielers beim neuen Verein könnte folgendermaßen aussehen:

Day 1

- 07:55 Arrival at the airport: pick-up
- 08:30 Transfer to hotel and check-in
- 11:45 Pick-up at the hotel
- 12:00 Functional test at the training grounds with physio
- 13:30 Lunch
- 14:30 Meeting with scouting department and then free afternoon

Day 2

- 08:15 Pick-up at the hotel (eat breakfast before departure)
- 08:30 Endurance running test with constant monitoring of lactate values at performance center (running shoes necessary)
- 09:30 Transfer to the hospital
- 10:00 Medical check by the team doctor: Magnetic resonance tomography, ultrasonics, blood analyses
- 12:00 Transfer to the Stadium: Meeting with sporting director, final check of documents and signing (incl. marketing photos and videos of signature)
- 13:00 Marketing photos and videos in stadium and elsewhere
- 14:00 Lunch
- 16:00 Bureaucratic issues (local registration with authorities and work permit)
- 19:00 Dinner together

Day 3

- 09:00 Pick-up at the hotel (eat breakfast before departure)
- 10:00 First training
- 12:00 Lunch
- 15:00 Car and first apartment/house visits

Der Medizincheck ist eine vollumfassende Untersuchung des gesamten Körpers und eine Überprüfung der Hochleistungsfähigkeit im Profisport. Er umfasst verschiedene Bereiche wie zuerst eine Überprüfung des Körpers durch Physiotherapeuten, im Hauptteil dann einen Lauftest zur Überprüfung der Leistungsfähigkeit mit Maske zur Kontrolle der Atmung und ständiger Laktatuntersuchung sowie im Krankenhaus dann eine Magnetresonanztomographie, Ultraschall und Blutbild.[519] Im Profifußball kann es auch vorkommen, dass Transfers und Leihen aufgrund der Ergebnisse des Medizinchecks und der Aufdeckung verschiedener gesundheitlicher Probleme scheitern. Dies war auch schon bei sehr bekannten Spielern der Fall. Das Resultat des Medizinchecks wird den Beteiligten sofort mitgeteilt.[520]

Deal done – Vertragsunterzeichnung und offizielle Kommunikation des Transfers

Nach erfolgreich abgelegtem Medizincheck, von dem alle Beteiligten stets ausgehen, folgt im Anschluss die nochmalige finale Überprüfung des Arbeitsvertrags sowie des Spielerberaterprovisionsvertrags und die Unterzeichnung dieser beiden zentralen Verträge. Die Verträge zwischen den Vereinen werden meist schon vorab unterzeichnet und per E-Mail zwischen den Vereinen ausgetauscht. Laut FIFA-Regularien ist der Spielerberater mit Name, FIFA-Spielerberaterlizenznummer, dem Klienten (Spieler oder Verein) auf dem Transfer- oder Arbeitsvertrag zu nennen, wofür er provisioniert wird und den er auch unterzeichnen muss.[521] Die Atmosphäre zum Zeitpunkt der Unterschriften ist gelöst, da alle beteiligten Akteure nun an einem Tisch sitzen: Spieler und Spielerberater, Präsident und/oder Sportdirektor und/oder Chefscout und oft noch der Leiter der Rechtsabteilung des Vereins – das neue Kapitel für Verein, Spieler und Spielerberater kann damit beginnen.

Dar. 19: Nach harten Verhandlungen und vielen Mühen – endlich können die Verträge unterschrieben werden

Noch sind an diesem Tag nicht alle Aufgaben erledigt, denn das Marketing des Transfers mit der Aufnahme von Fotos, Videos und ersten internen Interviews sowie die öffentliche Bekanntgabe über Homepage, soziale Medien und Presse steht noch aus. Nur bei Transfers, die weit vor dem eigentlichen Transferfenster abgeschlossen werden und für den Fall, dass der Spieler beim aktuellen Verein noch Spiele zu absolvieren hat, werden diese begleitenden Marketingmaßnahmen verschoben. Häufig wird schon die Vertragsunterzeichnung per Foto dokumentiert und auch ein Video im Stadion gedreht, um möglichst viele und schöne Impressionen festzuhalten, die dann vom Verein zum definierten Zeitpunkt im Laufe der nächsten Stunden veröffentlicht werden. Sobald der Transfer vom neuen Verein veröffentlicht wurde, postet auch der Spieler auf Social Media die Neuigkeit. Er äußert sich dabei zum Transfer sowie seinem nächsten Karriereschritt und verabschiedet sich in der Regel noch von den Fans seines bisherigen Vereins. Nun ist es offiziell, der Transfer ist vollzogen: Deal done!

Dar. 20: Deal Done! Medienfoto zum Transfer des Stürmers Ado Onaiwu (2. v.r.) vom FC Toulouse zu AJ Auxerre mit den beteiligten Spielerberatern im August 2023

Information an den bisherigen Verein

Der Spielerberater sollte den bisherigen Verein über die erfolgte Unterzeichnung des neuen Vertrags informieren. Daraufhin kann der alte Arbeitsvertrag des transferierten Spielers beim bisherigen Verein aufgelöst werden. Die zugehörigen Dokumente sollte der Spieler dann gleich unterzeichnen, um das Kapitel mit dem bisherigen Verein ordnungsgemäß abzuschließen. Dieser Schritt ist selbstverständlich dann nicht notwendig, wenn der Arbeitsvertrag beim bisherigen Verein ohnehin abgelaufen ist.

Absage an andere interessierte Vereine

Spielerberater sollten die Zeit nach einer Vertragsunterzeichnung nutzen, um andere Vereine, die auch an diesem Spieler interessiert waren, zu informieren, dass der Spieler sich für einen anderen Verein entschieden hat. Dies gilt als sehr professionell, dient der Kontakt- und Geschäftspflege und die anderen Vereine sollten dies vom Spielerberater erfahren, bevor der Transfer offiziell verkündet wird.

Dar. 21: Tue Gutes und sprich darüber – nach dem erfolgreichen Deal stehen Spielerberater gelegentlich auch im medialen Rampenlicht

Feier

Am Abend des Tags der Vertragsunterzeichnung folgt in der Regel noch eine Einladung zum Abendessen mit Vereinsverantwortlichen, Spieler und Spielerberatern. Im Kreise der Hauptverantwortlichen des erfolgten Transfers wird in einem Restaurant gegessen und man lernt sich persönlich noch etwas näher kennen. Lange und exzessiv ist diese Feier allerdings nicht, denn am nächsten Tag wartet die erste Trainingseinheit und das Kennenlernen mit der Mannschaft auf den neuen Spieler. Für ihn beginnt nun das Leben im neuen Verein.

Post-Transfer-Phase

Die Post-Transfer-Phase beginnt einerseits für den Spieler unmittelbar nach dem Transfer von einem Verein zum anderen (unmittelbare Post-Transfer-Phase) und andererseits nach der Schließung des Transferfensters (nachgelagerte Post-Transfer-Phase). Nach dem Transfer eines Spielers ist die unmittelbare Post-Transfer-Phase eine Periode, in der die Weichen für den reibungslosen Übergang und die optimale Integration des Spielers im neuen Verein gestellt werden. Das Hauptziel dieser Phase besteht insbesondere bei internationalen Spielertransfers darin, alle organisatorischen und logistischen Herausforderungen zu bewältigen, so dass der Transfer rechtlich finalisiert wird und der Spieler sich so schnell wie möglich auf seine neuen sportlichen Aufgaben konzentrieren kann. Hierzu gehört vereinsseitig die systemische Abwicklung des Transfers und spielerberaterseitig die Klärung offener Wohnungs-, Finanz-, Versicherungs- und Eingliederungsfragen im neuen Umfeld sowie für alle Beteiligten gemeinsam die Integration des Spielers, damit der Transfer zur Erfolgsgeschichte wird. In diesem Zusammenhang geht es vor allem um eine kontinuierliche und im Hinblick auf die sportliche Leistungsentfaltung nachhaltige Betreuung des Spielers.

Unmittelbare Post-Transfer-Phase

Nationale Transferabgleichungssysteme und das FIFA TMS

Die FIFA sorgt dafür, dass internationale Transfers zwischen Vereinen reibungslos und regelkonform ablaufen. Sowohl der abgebende als auch der aufnehmende Verein müssen die Spielerinformationen, Transferdetails und Dokumente innerhalb von 14 Tagen im FIFA Transfer Matching System (TMS) hinterlegen. Dazu zählen alle Details zum Transfer, alle Vereinbarungen und Verträge sowie alle Informationen über Zahlungen und weitere Dienstleistungen. Sobald beide Parteien dies innerhalb der festgelegten Transferperiode erledigt haben und die Angaben übereinstimmen, wird ein Transferzertifikat ausgestellt, das für den neuen Verein als Spielberechtigung in der nationalen Liga dient. Anschließend muss der aufnehmende Club lediglich nachweisen, dass die Ablösesumme bezahlt wurde, um den Transfer abzuschließen.[522]

Bei nationalen Transfers nutzen hingegen die Verbände unterschiedliche eigene nationale Systeme (Domestic Electronic Systems). In Deutschland heißt das System Transfer-Online-Registrierungssystem (TOR), das seit 2015 nationale Transfers vereinfacht, indem über eine Eingabemaske Informationen zu Transfers, Leihen, Vertragsverlängerungen und Spielerregistrierungen eingepflegt werden können. Alle relevanten Dokumente wie Transfer- und Arbeitsverträge sowie die Ergebnisse des Medizinchecks werden im System hochgeladen und damit bei der DFL hinterlegt. Das System ist transparent, intuitiv bedienbar und arbeitet effizient, wodurch Anträge innerhalb von Minuten erstellt werden können.[523] Über die Schnittstelle FIFA Connect können sich die nationalen Systeme mit dem FIFA TMS verbinden.[524]

Erfüllung der Vorgaben der FIFA und nationalen Verbände
Auch in der Post-Transfer-Phase sind Vorgaben der FIFA und der nationalen Verbände zu erfüllen. In den nationalen Regularien einiger Länder ist zudem festgeschrieben, dass Spielerberater nach einem erfolgreichen Abschluss alle Informationen zum Transfer sowie die Vertragsdokumente an den nationalen Verband übermitteln müssen. In Frankreich ist dies beim französischen Fußballverband FFF z. B. per Upload in ein eigens dafür eingerichtetes Online-System möglich. Zur Übermittlung der Informationen gibt es festgelegte

Fristen, die eingehalten werden müssen, um keine Sanktionen zu riskieren. In zusammengefasster Form sind dann von einigen Verbänden Übersichten online abrufbar, welche Spielerberater mit welchem Verein für welchen Spieler welche Art von Transfer abgeschlossen haben[525] sowie welcher Verein wieviel Gesamtprovision an Spielerberater zu bezahlen hat.[526] Eines bleibt aber geheim, nämlich wieviel Geld an welchen Spielerberater fließt.

Versicherungen

Ein wichtiger Bestandteil dieser Phase ist die umfassende Klärung aller privaten und beruflichen Versicherungsfragen. Es wird sichergestellt, dass der Spieler durch angepasste Kranken- und Unfallversicherungen im neuen Land gut abgesichert ist. Die Berufsunfähigkeitsversicherung, die im Profisport essenziell ist, wird ebenfalls überprüft und gegebenenfalls angepasst, um die Karriere des Spielers gegen das Risiko von Verletzungen abzusichern. Darüber hinaus werden Haftpflicht- und Eigentumsschutzversicherungen organisiert, um auch das persönliche Vermögen des Spielers zu schützen. Hierbei wird besonders darauf geachtet, dass bestehende und neue Policen lückenlos ineinandergreifen und die gesetzlichen Anforderungen des jeweiligen Landes erfüllen.

Private Integration

Ein weiteres zentrales Thema ist die Unterstützung bei der privaten Integration des Spielers und seiner Familie im neuen Verein und in der neuen Umgebung. Transfers, insbesondere internationale, erfordern oft weitreichende Umstellungen im Alltag. Um den Übergang zu erleichtern, übernehmen Spielerberater und Verein die Organisation des Umzugs und die Suche nach einer geeigneten Unterkunft. Dabei wird darauf geachtet, dass die neue Wohnung den persönlichen Bedürfnissen des Spielers entspricht und logistisch günstig zum Trainingsgelände liegt. Wenn der Spieler Freundin oder Frau und Kinder hat, wird außerdem dafür gesorgt, dass Schulen oder Kindergärten in der Nähe sind und die Kinder entsprechend angemeldet werden. Auch der Familiennachzug wird umfassend unterstützt, indem beispielsweise Visa und Flugtickets organisiert sowie lokale Ansprechpartner vermittelt werden. Für die Frau des Spielers wird häufig Hilfe bei der beruflichen oder sozialen Integration angeboten. Diese umfassende Betreuung hat das Ziel, dem Spieler die Sorge um private Angelegenheiten abzunehmen und so ein stabiles Umfeld zu schaffen, in dem er sich voll auf den Fußball und den neuen Verein konzentrieren kann. Zuletzt gibt es noch eine Vielzahl von kleinen, aber wichtigen organisatorischen Aufgaben wie die Anmeldung bei lokalen Behörden oder die Organisation eines Fahrzeugs. Auch kulturelle Aspekte wie die Einführung in die Stadt oder das Knüpfen von Kontakten zu anderen Spielern und Vereinsmitgliedern spielen dabei eine Rolle. Diese scheinbar nebensächlichen Punkte tragen aber wesentlich dazu bei, dass sich der Spieler willkommen fühlt und sich in seinem neuen Umfeld zurechtfindet.

Sprachliche Integration

Besondere Aufmerksamkeit wird in der Post-Transfer-Phase durch den Verein auch der sprachlichen Integration des Spielers gewidmet. Insbesondere bei internationalen Transfers ist ein Sprachkurs unverzichtbar, um die Kommunikation innerhalb der Mannschaft und mit dem Trainerstab zu erleichtern. Sprachkurse werden speziell auf die Bedürfnisse des Spielers abgestimmt, um schnelle Fortschritte zu ermöglichen. Oft wird der Spieler auch in die lokale Kultur eingeführt, um sich besser mit dem neuen Lebens- und Vereinsumfeld identifizieren zu können, wodurch die Eingewöhnung beschleunigt werden soll.

Marketing im neuen Verein

Parallel dazu spielt Marketing eine zentrale Rolle in der Post-Transfer-Phase. Der Wechsel des Spielers wird genutzt, um seine öffentliche Wahrnehmung positiv zu beeinflussen und den Marktwert des Spielers weiter zu stärken. In enger Abstimmung zwischen Spielerberater und Verein werden Pressekonferenzen, PR-Kampagnen und

Social-Media-Aktivitäten organisiert, die den Spieler der neuen Fangemeinde noch persönlicher vorstellen und die Identifikation mit dem Verein fördern. Darüber hinaus wird der Spieler in neue Sponsorenpartnerschaften eingebunden, während bestehende Verträge auf ihre Vereinbarkeit mit der neuen Situation geprüft werden. Auch der Verein profitiert von der Vermarktung des Spielers durch Trikotverkäufe und Fanartikel, die gemeinsam mit den Marketingstrategien des Spielers abgestimmt werden. Das Ziel ist es, sowohl die Popularität des Spielers zu steigern als auch die wirtschaftlichen Interessen aller Beteiligten zu fördern.

Die unmittelbare Post-Transfer-Phase ist somit weit mehr als nur eine administrative Notwendigkeit. Sie ist ein umfassender Prozess, der in Ergänzung zur beruflichen Integration in die neue Mannschaft alle Aspekte des privaten Lebens berücksichtigt. Das Ziel ist es dabei, ein optimales Umfeld zu schaffen, das es dem Spieler ermöglicht, sich sofort voll auf seine sportliche Leistung im neuen Verein zu konzentrieren und das Beste aus seinem Vereinswechsel machen zu können.

Nachgelagerte Post-Transfer-Phase

Die nachgelagerte Post-Transfer-Phase beginnt mit der Schließung des Transferfensters. Es besteht die Möglichkeit, dass die unmittelbare Post-Transfer-Phase mit der Organisation und Integration von Spielern in neuen Vereinen parallel noch läuft, falls der Spielerwechsel kurz vor oder sogar am Deadline Day stattgefunden hat. Die nachgelagerte Post-Transfer-Phase umfasst organisatorische und strategische Aufgaben, die im Rahmen des Transfers angefallen sind. Es geht schlicht darum, die aktuellen Transfers organisatorisch abzuschließen, den gesamten Ablauf des Transferfensters nachzuarbeiten, alle Zahlungsströme pro Transfer zu überprüfen und die Grundlagen für eine erfolgreiche Arbeit im nächsten Transferfenster zu legen.

3 Fußballtransfers

Vertragliche Vereinbarungen umsetzen

Die Inhalte der geschlossenen Verträge werden nach einem Transfer umgesetzt. Man muss hierzu wissen, dass die Verträge unabhängig voneinander gelten, d. h. der Spieler hat einen Arbeitsvertrag mit dem Verein geschlossen und der Spielerberater einen Provisionsvertrag mit dem Verein. Wenn sich allerdings herausstellen sollte, dass die Spielerberaterlizenz national ungültig ist, so wird der Spielerberater keine Provision erhalten, allerdings besteht der Arbeitsvertrag zwischen Spieler und Verein fort. Die meisten Zahlungen fließen zeitlich nach der Schließung des jeweiligen Transferfensters. Für seine Gehaltszahlungen schreibt der Spieler keine Rechnung, sondern er erhält diese als Arbeitnehmer per Banküberweisung auf Basis seines Arbeitsvertrags. Die Kontrolle der Einhaltung der Vertragsvereinbarungen und der finanziellen Abwicklung des Transfers sind ein essenzieller Bestandteil der nachgelagerten Post-Transfer-Phase. Spielerberater stellen sicher, dass pro Spieler alle in den individuellen Verträgen festgelegten Punkte wie Gehalt, Prämien oder andere zugesagte Leistungen von der Vereinsseite korrekt umgesetzt werden. Der Spielerberater überwacht die vereinbarten Zahlungsströme durch Rückfragen beim Spieler.

Provisionsauszahlungen nach Rechnungsstellung

Durch eigene Rechnungsstellung erhalten Spielerberater zu den vereinbarten Terminen ihre Vermittlungsprovision. Außerdem hat der Spielerberater eventuell anteilige Provisionsansprüche an Dritte auszubezahlen oder erhält solche von Dritten wie z. B. im Falle eines gemeinsamen Transfers mit anderen Spielerberatern oder Intermediären. In einem solchen Fall, in dem normalerweise ein Spielerberater den Spieler vertritt und der andere über ein besonders gutes Vereinsnetzwerk verfügt und den Transfer einfädelt, wird die Provision normalerweise hälftig geteilt, jedoch ist auch dies Verhandlungssache und bei jedem Transfer individuell, falls nicht eine generelle Kooperation besteht. Es besteht auch die Möglichkeit, dass eine Partei vom Verein für den Transfer bezahlt wird und die andere Partei vom

Spieler. Die genaue Überprüfung und Abwicklung der Zahlungen stellen sicher, dass alle Transfers korrekt abgerechnet werden und keine offenen Posten verbleiben. Bei Unregelmäßigkeiten wird frühzeitig der Kontakt gesucht, um Konflikte zu vermeiden. Falls Konflikte entstehen, die nicht selbst gelöst werden können, sind die jeweiligen nationalen Verbände zuständig und seit 1. Oktober 2023 für Streitigkeiten aus Vertretungsvereinbarungen im Zusammenhang mit internationalen Transfers oder Trainerwechseln die Agents Chamber der FIFA, die solche Streitigkeiten kostenlos verhandelt.[527]

Im Folgejahr wird, wie vertraglich festgelegt, eine weitere Provisionsrechnung geschrieben, wenn der Spielervertrag noch aktiv und gültig ist, der zwischen Spieler und Verein unter Vermittlung des Spielerberaters geschlossen wurde. Hierzu sollte der Spielerberater weiterhin im Besitz der Spielerberaterlizenz sein.

Ablage und Dokumentation

Parallel dazu werden alle organisatorischen Aufgaben, die während der Transferphase angefallen sind, systematisch erledigt. Dazu gehört die Ablage aller relevanten Unterlagen wie Verträge, Versicherungsdokumente und Genehmigungen. Diese Dokumentation ist nicht nur für die aktuelle Zusammenarbeit wichtig, sondern bildet auch die Basis für zukünftige Transfers. Der Spielerberater analysiert zudem den gesamten Transferprozess, identifiziert Optimierungspotenziale und leitet Erkenntnisse ab, die in der nächsten Transferphase berücksichtigt werden können. Der Spielerberater überprüft dabei auch bestehende Sponsorenverträge und entwickelt neue Strategien, um den Marktwert des von ihm vertretenen Spielers weiter zu steigern.

Nach dem Transferfenster ist vor dem Transferfenster

Abschließend dient die nachgelagerte Post-Transfer-Phase auch dazu, die Basis für die nächste Transfer-Phase zu schaffen. Sie geht dabei fließend wieder in eine neue Pre-Transfer-Phase über. Bezüglich des eigenen Spielerportfolios bedeutet dies, dass die Spieler besucht und Spiele der Spieler vor dem Fernseher und live im Stadion verfolgt werden, wofür Spielerberater über Akkreditierungen stets entsprechende Eintrittskarten erhalten und dann gleich mit Entscheidungsträgern der Vereine zusammenkommen können, um stets im Austausch zu bleiben und Präsenz zu zeigen. Außerdem sind Marktentwicklungen zu beobachten und der künftige Transfermarkt zu analysieren. Durch diese vorausschauende Planung kann der Spielerberater sicherstellen, dass die Spieler stets bestmöglich positioniert sind, sei es innerhalb des aktuellen Vereins oder für einen möglichen zukünftigen Wechsel.

4
Checkliste für Spieler: Der Spielerberater und die Spielerberateragentur

Die Wahl des richtigen Spielerberaters und der richtigen Spielerberateragentur ist, wie wir oben gezeigt haben, eine richtungsweisende Entscheidung in der Karriere eines Fußballprofis. Um sicherzustellen, dass ein Spieler den richtigen Partner an seiner Seite hat, sich nicht von großen Namen ehemaliger Profis blenden lässt, die nun als Spielerberater arbeiten, und um nicht auf (zu) große Versprechungen hereinzufallen, kann die folgende Checkliste verwendet werden. Die Beantwortung der jeweiligen Leitfragen führt dann zu den schlüssigen Entscheidungen, die jungen aufstrebenden Spielerpersönlichkeiten dabei helfen, den für sie richtigen Spielerberater auszuwählen:

1. Hat der Spielerberater und die Spielerberateragentur ein großes Vereinsnetzwerk, vor allem in Ländern und Ligen, in denen der Spieler spielen kann und möchte?
2. Welche professionellen Kontakte hat der Spielerberater in die Vereinswelt?
3. Bei welchen Vereinen kann der Spielerberater Spieler direkt anbieten?
4. Kann der Spielerberater den von ihm vertretenen Spieler seine geleistete Arbeit nachweisen?
5. Welche Sprachen spricht der Spielerberater und in welchen internationalen Ligen kann er damit seine Spieler vertreten?
6. Welche Lizenzen hat der Spielerberater?
7. Welche Transfers hat der Spielerberater bereits getätigt?

4 Checkliste für Spieler:

8. Über welches Portfolio an Spielern verfügt der Spielerberater?
9. Wieviel Zeit kann der Spielerberater für jeden Spieler aufwenden?
10. Was kann der Spielerberater an sonstigen Dienstleistungen bieten?
11. Welche Partner hat der Spielerberater im Team oder Netzwerk in den Bereichen sportliche Unterstützung, medizinische Zweitmeinung sowie Recht und Marketing?
12. Wie oft kann ein gemeinsamer persönlicher Austausch zwischen Spielerberater und Spieler stattfinden?
13. Wie offen und transparent agiert der Spielerberater z. B. bei der Kommunikation von Interessenten, Angeboten oder von Informationen über den Stand der Verhandlungen?
14. Wie ist der Ruf des Spielerberaters und seiner Spielerberateragentur in Fußballkreisen?
15. Handelt der Spielerberater seriös und kann dies z. B. über die Mitgliedschaft in einer Spielerberatervereinigung nachgewiesen werden?
16. Gibt es Erwartungen des Spielerberaters an die Spieler?
17. Hat der Spieler im persönlichen Umgang mit dem Spielerberater ein gutes Gefühl und kann er sich vor diesem Hintergrund eine Zusammenarbeit vorstellen?
18. Was sagen Eltern, Familie, Frau oder Freunde zur Person des Spielerberaters?

5
Aktuelle Entwicklungen und Ausblick

Die Spielerberaterbranche ist so dynamisch wie der Fußball selbst – ein Geschäftsfeld, das nie stillsteht und in dem sich kontinuierlich neue Herausforderungen in positiver und negativer Hinsicht ergeben. Beim Blick auf die zukünftige Entwicklung besteht damit immer die Gefahr, einfach falsch zu liegen – dennoch kann vor dem Hintergrund der vorangegangenen Ausführungen zum Transfermarkt, zum Fußballgeschäft und zum konkreten Ablauf von Spielertransfers auf nationaler und internationaler Ebene folgender Ausblick gegeben werden.

Transfermarkt

Der Fußball ist und bleibt ein Milliardenmarkt mit dauerhaft hohem Wachstumspotenzial, angetrieben durch internationale TV-Verträge, Investoren, Sponsoring, volle Stadien und die weltweit steigende Nachfrage nach Topstars sowie neue, wachsende Märkte z. B. in den Vereinigten Staaten oder Saudi-Arabien. Dies alles hat direkte Auswirkungen auf die Spielerberaterbranche, denn mit den zunehmenden Investitionen im Fußball und den dadurch steigenden Transfererlösen der Vereine ergibt sich auch für Spielerberater ein weiter expandierendes Geschäftsfeld.

5 Aktuelle Entwicklungen und Ausblick

Wettbewerb

Das Spielerberatergeschäft vollzieht sich auf einem hart umkämpften Markt mit großem Wettbewerbsdruck. Unprofessionelle Spielerberater und kleine Ein-Mann-Agenturen werden immer mehr vom Markt verschwinden und die wahrzunehmende Tendenz der Konzentration von guten Spielern auf große Spielerberateragenturen und professionelle Spielerberater wird sich weiterhin fortsetzen. Aufgrund der Wiedereinführung von Lizenzen durch eine Prüfung reguliert die Branche außerdem den Einstieg neuer Spielerberater. Dadurch lassen sich nötige Mindeststandards für die Arbeit von Spielerberatern etablieren, dies trägt zur Professionalisierung bei. Problematischer ist, dass immer mehr Branchenfremde versuchen, ins Fußball- und Spielerberatergeschäft zu drängen, was die Qualität wiederum deutlich senkt. Schwarze Schafe und Skandale werden auch in Zukunft immer wieder das Image der ganzen Branche trüben, weshalb es wichtig ist, dass etablierte Spielerberater durch Publikationen wie die vorliegende, TV-Dokumentationen, Interviews u. v. m. öffentlich für die Arbeit der seriösen Spielerberater als Market maker im (inter-)nationalen Fußballgeschäft werben.

Neuerungen

Wie der Fußball selbst so unterliegt auch die Spielerberaterbranche einem stetigen Wandel. Ein Beispiel ist die geplante «Transferrevolution", die eine deutliche Veränderung des Transfermarkts mit sich bringen könnte. Die nationalen Verbände prüfen, ob die Transferfenster zukünftig vor dem ersten Spieltag schließen. Diese Neuerung, die England angestoßen und befürwortet hatte, jedoch nur gemeinsam mit den anderen europäischen Top-Ligen durchführen möchte, wird nun intensiv beraten: Die Bundesliga prüft dies zu

Beginn des Jahres 2025 mit den deutschen Vereinen, die spanische Liga (La Liga) hat abgelehnt, da die Vereine Lizenzauflagen durch Spielerverkäufe bis Ende August erfüllen können, die italienische Serie A befürwortet dies und die französische Ligue 1 diskutiert den Vorschlag noch intern. Für die zweite Bundesliga sind diese Änderungen jedoch nicht geplant.[528] Sollte sich dieser Ansatz durchsetzen, könnte sich das Timing von Transfers und Vertragsverhandlungen grundlegend verändern – mit direkten Auswirkungen auf die Arbeit der Spielerberater.

Rechtliche Entwicklungen und Regulierung

Ein kontrovers diskutiertes Thema ist die Klärung der Rechtmäßigkeit der FIFA Football Agent Regulations (FFAR) vor dem Europäischen Gerichtshof. Die Ergebnisse dieses Verfahrens könnten – wie oben gezeigt wurde – weitreichende Konsequenzen für die Regulierung und Arbeitsweise von Spielerberatern auf internationaler und folglich auch auf nationaler Ebene haben. Auch weitere Klagen gegen andere Regularien sind zu erwarten. Gleichzeitig gewinnen Zusammenschlüsse von Spielerberatern und nationalen Spielerberatervereinigungen zunehmend an Bedeutung, um die Interessen der Branche zu bündeln und professioneller zu vertreten.

Technologische Innovationen

Die Digitalisierung hat auch das Spielerberatergeschäft längst erreicht. Moderne Tools und innovative Scouting-Technologien revolutionieren das Geschäft. Soziale Medien und Plattformen ermöglichen es mittlerweile auch, Spieler durch kreative Ansätze wie Videobewerbungen direkt mit Vereinen zu verknüpfen – ein Beispiel ist Hertha BSC Berlin, das Nachwuchsspieler per WhatsApp einlud, sich für die vereinseigene Fußball-Akademie zu qualifizieren.[529] Solche Entwicklungen könnten die Branche in den kommenden Jahren weiter transformieren.

Die Zukunft verspricht spannende Entwicklungen sowie neue Herausforderungen und Chancen, die den Transfermarkt, das Fußballgeschäft und die Spielerberaterbranche prägen werden: Stetiges Wachstum, starker Wettbewerb, Neuerungen, rechtliche Entwicklungen und Regulierungen sowie technologische Innovationen. Spielerberater sind und bleiben als Hauptakteure im Fußballgeschäft ein integraler Bestandteil dieser stetig wachsenden und sich wandelnden Welt.

6
Nützliche Links und Kontakte

Sämtliche nachfolgend aufgeführten Onlinequellen waren zum Zeitpunkt der Publikation des Buchs – Stand Frühjahr 2025 – funktionsfähig. Leider können sich Links im Zeitverlauf ändern oder gelöscht werden. Es wird deshalb kein Anspruch auf Vollständigkeit erhoben, die genannten Links sind im Übrigen als Erstinformation zu verstehen.

> Falls Ihnen Links auffallen, die sich aufgrund der Schnelllebigkeit der Branche mittlerweile geändert haben, senden Sie gerne eine kurze Information an info@graner-bonomi.com, so dass die Angaben für die Neuauflage des Buchs aktualisiert werden können. Vielen Dank!

Zeitliche Lage der Transferfenster

Überblicksseiten:

- https://www.transferroom.com/transfer-tracker
- https://www.transfermarkt.de/transfer-statistik/transferfenster/statistik/stat/plus/0?art=s&kontinent_id=6&option=0

FIFA und Verbände

FIFA:

- Webseite: https://www.fifa.com
- Generelle Informationen: https://inside.fifa.com/about-fifa/official-documents
- Separater Bereich mit Informationen für Spielerberater: https://inside.fifa.com/de/legal/football-regulatory/agents
- FIFA Circulars, Reports and Documents: https://inside.fifa.com/about-fifa/official-documents
- FIFA Agent FAQs: https://inside.fifa.com/legal/football-regulatory/agents/faq-agents
- Anmeldung zur Spielerberaterlizenz: https://inside.fifa.com/transfer-system/agents/how-to-become-a-licenced-football-agent
- FIFA-Spielerberater-Regularien im englischen Original (August 2024 Edition): digitalhub.fifa.com/m/1c21b25b00c6dec8/original/FIFA-Football-Agent-Exam-Study-Materials.pdf
- FIFA-Spielerberater-Regularien in deutscher Übersetzung: https://assets.dfb.de/uploads/000/278/516/original_Uebersetzung_der_FIFA_Football_Agent_Regulations.pdf?1676889921
- Erläuterungen zu den FIFA-Spielerberater-Regularien: https://digitalhub.fifa.com/m/1157a29c3d89ec3/original/Enclosure-1_Explanatory-notes-on-the-FFAR.pdf
- Archiv aller FIFA-Regularien: https://inside.fifa.com/legal/documents/archive
- FIFA General Secretariat Decisions: https://inside.fifa.com/transfer-system/agents/fifa-general-secretariat-decisions
- FIFA Football Agents Report: https://inside.fifa.com/transfer-system/football-agents-report
- E-Mail-Kontakt für Spielerberater: AgentsDepartment@fifa.org
- E-Mail-Kontakt für die Zahlung von Spielerberaterlizenzgebühren: payments@agents.fifa.org

- FIFA-Spielerberaterübersicht: https://agents.fifa.com/directory-agents
- Länderspezifische Übersicht, ab wann minderjährige Spieler Arbeitsverträge unterschreiben dürfen: https://inside.fifa.com/transfer-system/agents/education/representation-of-minors
- Übersicht der nationalen Regelungen für Spielerberater: https://inside.fifa.com/transfer-system/agents/national-football-agent-regulations

Deutschland:

- Webseite des Verbands: https://www.dfb.de
- Separater Bereich mit Informationen für Spielerberater: https://www.dfb.de/verbandsservice/pinnwand/spielervermittlung/
- Registrierung für nationale Lizenz: –
- Nationale Regelungen für Spielerberater: https://assets.dfb.de/uploads/000/312/245/original_DFB-Reglement_f%C3%BCr_Spieler-_und_Trainervermittlung.pdf?1731061613
- E-Mail-Kontakt für Spielerberater: Spielervermittlung@dfb.de
- Auflistung der Spielerberater mit deutscher Lizenz (Stand 2023/24): https://www.dfb.de/fileadmin/_dfbdam/293685-Vorregistrierte_Spielervermittler__Liste_2023_24_uebersicht_08.11.2023.pdf

England:

- Webseite des Verbands: https://www.thefa.com
- Bereich mit Informationen für Spielerberater: https://www.thefa.com/football-rules-governance/policies/player-status---agents
- Registrierung für nationale Lizenz[530]:
  - https://www.thefa.com/football-rules-governance/policies/player-status---agents/fa-football-agent-regulations
  - https://app.smartsheet.com/b/form/319c384a844b4b09aebda3a4da17cb52

- Nationale Regelungen für Spielerberater: https://www.thefa. com/football-rules-governance/policies/player-status---agents/fa-football-agent-regulations
- Online-Portal: https://agents.faagentsportal.com/
- E-Mail-Kontakt für Spielerberater: footballagentsqueries@thefa. com
- Auflistung Spielerberater mit englischer Lizenz: https://www. thefa.com/football-rules-governance/policies/player-status---agents/fa-registered-football-agents
- GBE (Governing Body Endorsement) Informationen: https:// www.thefa.com/football-rules-governance/policies/player-registration/points-based-system

Italien:

- Webseite des Verbands: https://www.figc.it
- Separater Bereich mit Informationen für Spielerberater: https:// www.figc.it/it/federazione/la-federazione/commissioni-figc/ commissione-federale-agenti-sportivi/la-commissione/
- Registrierung für nationale Lizenz: https://www.figc.it/it/ federazione/la-federazione/commissioni-figc/commissione-federale-agenti-sportivi/modulistica-federale/
- Nationale Regelungen für Spielerberater: https://www.figc.it/it/ federazione/norme/regolamento-agenti-sportivi/
- E-Mail-Kontakt für Spielerberater: figc.agenti@figc.it
- Auflistung Spielerberater mit italienischer Lizenz: https:// www.figc.it/it/federazione/la-federazione/commissioni-figc/ commissione-federale-agenti-sportivi/registro-federale/

Frankreich:

- Webseite des Verbands: https://www.fff.fr
- Separater Bereich mit Informationen für Spielerberater: https:// www.fff.fr/18-les-agents-sportifs/index.html

- Registrierung für nationale Lizenz: https://media.fff.fr/uploads/document/bdf1890a79f43fd3c893b527a80784f8.pdf
- Online-Portal: https://foot2000.fff.fr/f2000/hlp/Manuel_utilisateur_Agents.pdf
- Nationale Regelungen für Spielerberater (Stand 2023/24): https://media.fff.fr/uploads/documents/reglement-des-agents-sportifs.pdf
- E-Mail-Kontakt für Spielerberater: agents@fff.fr
- Auflistung französischer Spielerberater: https://www.fff.fr/agents-sportifs-fff/liste-des-agents-licencies.html
- Auflistung ausländischer Spielerberater mit französischer Lizenz: https://www.fff.fr/agents-sportifs-fff/liste-des-agents-prestataires.html

Spanien:

- Webseite des Verbands: https://rfef.es
- Separater Bereich mit Informationen für Spielerberater: –
- Nationale Regelungen für Spielerberater (Edition 2023): https://rfef.es/sites/default/files/2023-12/3.%20Reglamento%20Agentes%20RFEF.pdf
- E-Mail-Kontakt für Spielerberater: agentes@rfef.es

Portugal:

- Webseite des Verbands: https://www.fpf.pt
- Separater Bereich mit Informationen für Spielerberater: https://www.fpf.pt/pt/Institucional/Agentes-de-Futebol-da-FPF
- Registrierung für nationale Lizenz: https://www.fpf.pt/DownloadDocument.ashx?id=24811 »Anexo I« (Seite 35 f.)
- Nationale Regelungen für Spielerberater (Stand 2024): https://www.fpf.pt/DownloadDocument.ashx?id=24811
- E-Mail-Kontakt für Spielerberater: drt@fpf.pt

6 Nützliche Links und Kontakte

- Auflistung Spielerberater mit portugiesischer Lizenz und Transaktionen: https://www.fpf.pt/pt/Institucional/Agentes-de-Futebol-da-FPF

Niederlande:

- Website des Verbands: https://www.knvb.nl
- Separater Bereich mit Informationen für Spielerberater: https://www.knvb.com/contact/football-agents
- Registrierung für nationale Lizenz: [E-Mail-Anfrage an] voetbalagenten@knvb.nl
- Nationale Regelungen für Spielerberater: https://www.knvb.com/contact/football-agents
- E-Mail-Kontakt für Spielerberater: voetbalagenten@knvb.nl

Belgien:

- Webseite des Verbands: https://www.rbfa.be
- Separater Bereich mit Informationen für Spielerberater: https://www.rbfa.be/fr/vous-de-jouer/agents
- Informationen für Aufnahme nationaler Tätigkeit der »Arbeitsvermittlung«: https://www.rbfa.be/fr/vous-de-jouer/agents/obligations-legales-des-agents
- Nationale Regelungen für Spielerberater: https://www.rbfa.be/fr/vous-de-jouer/agents/reglement-sur-les-agents
  - Regionale Regelungen:
    - **Region Brüssel-Hauptstadt:** https://economie-emploi.brussels/agence-emploi
    - **Region Wallonien:** http://emploi.wallonie.be/home/creation-demploi/agences-de-placement.html
    - **Region Flandern:** www.vlaanderen.be/sportmakelaars/registreren-als-sportmakelaar-wie-en-hoe
- E-Mail-Kontakt für Spielerberater: agents@rbfa.be

Schweiz:

- Webseite des Verbands: https://www.football.ch
- Nationale Regelungen für Spielerberater: https://org.football.ch/dokumente/nichtamateure-und-vermittler-agenten.aspx
- E-Mail-Kontakt für Spielerberater: info@football.ch

Österreich:

- Webseite des Verbands: https://www.oefb.at
- Nationale Regelungen für Spielerberater (gültig ab 1.10.2023): https://www.oefb.at/oefb/Reglement-fuer-Fussballagenten-gueltig-ab-01-10-2023.pdf
- E-Mail-Kontakt für Spielerberater: office@oefb.at

USA:

- Webseite des Verbands: https://www.ussoccer.com/
- Separater Bereich mit Informationen für Spielerberater: https://www.ussoccer.com/federation-services/player-agents
- E-Mail-Kontakt für Spielerberater: agentsdepartment@ussoccer.org

Saudi-Arabien:

- Webseite des Verbands: https://www.saff.com.sa/en/
- Nationale Regelungen für Spielerberater (Edition 2024): https://www.saff.com.sa/uploadcenter/saffenFiles1716194069.pdf

Internationale Spielerberatervereinigung

The Football Forum:

- Webseite: https://tfforum.org/
- E-Mail-Kontakt für Spieler und Spielerberater: info@tfforum.org

Plattformen für Spielerberater

- Transfermarkt: www.transfermarkt.de
- Wyscout: www.wyscout.com
- TransferRoom: www.transferroom.com
- Transfermarkt Agents: www.instagram.com/transfermarkt.agents
- Spielerberater TV Doku »Transfer Window«: www.tv.thefootballagents.com

Tools

- Rechner Ausbildungsentschädigung (Training compensation): https://calculatorprdwestg001web.z6.web.core.windows.net/
- Rechner Solidaritätsbeitrag (Solidarity Contribution): https://www.transfermarkt.de/solidarityFeeCalculator/index
- GBE (Governing Body Endorsement) Calculator:
  - https://www.transferroom.com/gbe
  - https://analyticsfc.co.uk/gbe-calculator/

7
Spielerberaterbeispiel: Graner Bonomi Football Management

Der Autor und lizenzierte Spielerberater Dr. Simon Graner leitet zusammen mit seinem Kollegen Patrick Bonomi seit 2009 die Spielerberateragentur Graner Bonomi Football Management, die mittlerweile als Graner Bonomi GmbH firmiert und auch als The Football Agents bekannt ist, zur Beratung von Profifußballern weltweit.

Mit Hauptsitz in Deutschland, in Wendlingen am Neckar bei Stuttgart und weiteren Büros und Partnern in Italien, Spanien, Brasilien, England und Japan, hat sich die Agentur zu einem international tätigen Unternehmen entwickelt. Dr. Simon Graner, Patrick Bonomi und das Team ihrer Spielerberateragentur sprechen sechs Sprachen und pflegen Kontakte zu ca. 300 Fußballvereinen in den europäischen Fußballligen. Transfers können weltweit deshalb direkt, schnell und diskret eingefädelt und abgewickelt werden.

Die beiden fußballbegeisterten Geschäftspartner haben es sich zur Aufgabe gemacht, eine umfassende Betreuung für Talente und gestandene Profis zu bieten, unabhängig davon, ob sie am Anfang ihrer Karriere stehen oder bereits etablierte Spieler sind. Ein speziell zusammengestelltes Expertenteam, bestehend aus Anwälten, Sportversicherungsexperten, Marketingstrategen, Ernährungsberatern, Coaches und Finanzplanern, kümmert sich um alle Aspekte des Lebens eines Spielers. Besonders wichtig ist den beiden Geschäftsführern der stete direkte Kontakt zu Spielern und deren Familien, so dass ihre Klienten nicht nur sportlich erfolgreich und in allen Belangen abgesichert sind, sondern auch persönlich begleitet werden und als Persönlichkeiten wachsen. Spieler, ihre Spielerberater und Vereine haben eine Vorbildfunktion und können positive Multiplikatoren sein, weshalb Dr. Graner und Bonomi öffentlichkeitswirksam dafür werben, über Spenden sowie eigene oder vereinsseitige Charity-Aktionen Gutes zu tun oder sich an eigenen Charity-Projekten der Spielerberateragentur wie z. B. FootballHelp zu beteiligen.

Einen spannenden Einblick in die Arbeit von Spielerberatern bietet die TV-Dokumentation Transfer Window, die als Dokumentation über Spielerberater in europäischen Fernsehkanälen lief und u. a. über die Arbeit der Spielerberateragentur von Dr. Simon Graner und Patrick Bonomi gedreht wurde. Über den untenstehenden QR-Code kommt der Leser auf die Webseite und kann dort die TV-Dokumentation ansehen. Die Zuschauer erhalten damit einen weiteren authentischen Blick hinter die Kulissen der – seriösen – Spielerberaterbranche.

Erfahren Sie außerdem mehr über Graner Bonomi Football Management auf der Webseite www.graner-bonomi.com oder www.thefootballagents.com und folgen Sie uns auf Instagram, um aktuelle Projekte und Transfers zu entdecken.

Kontakt

Graner Bonomi GmbH
Behrstraße 90, 73240 Wendlingen am Neckar, Deutschland
Internet: www.graner-bonomi.com | www.thefootballagents.com

8
Nachweise

1. DFL: Klare Regeln: Das Spieler- und Transferwesen, online unter https://www.dfl.de/de/hintergrund/transferwesen/klare-regeln/. Andreas Pfeffer: Was bedeutet Transferfenster, online unter: https://www.goal.com/de/meldungen/was-bedeutet-transferfenster/bltc74a1a78ff23280c [Letzter Zugriff 12.09.2024].
2. FIFA: Football Agent Exam Study Materials – August 2024 Edition, S. 169, online unter: https://digitalhub.fifa.com/m/1c21b25b00c6dec8/original/FIFA-Football-Agent-Exam-Study-Materials.pdf. https://www.deutschlandfunk.de/fussball-spieler-transfers-100.html [Letzter Zugriff 12.09.2024].
3. David Lindenfeld: Warum sich Fußballklubs immer häufiger Spieler leihen, online unter: https://www.faz.net/podcasts/wie-erklaere-ich-s-meinem-kind/kindern-erklaert-warum-sich-fussballklubs-spieler-leihen-17700937.html [Zuletzt abgerufen 12.09.2024].
4. Sky Sports: Transfer window summer 2024: All Deadline Day done deals for Premier League, EFL, SPFL, WSL and plus key questions and times, online unter: https://www.skysports.com/football/news/11095/13136308/transfer-window-summer-2024-all-deadline-day-done-deals-for-premier-league-efl-spfl-wsl-and-plus-key-questions-and-times [Zuletzt abgerufen 12.09.2024].
5. FIFA: Commentary on the Regulations on the Status and Transfer of Players, online unter: https://digitalhub.fifa.com/m/40da0f707efdd011/original/FIFA-Commentary-on-the-FIFA-Regulations-for-the-Status-and-Transfer-of-Players-2023-edition, S. 57. DFL: Supercup, Spielplan, Transferfenster: Entscheidungen zum Saisonstart 2024/25, online unter: https://www.dfl.de/de/aktuelles/supercup-spielplan-transferfenster-entscheidungen-zum-saisonstart-2024-25/. FIFA: »Football Agent Exam Study Materials – August 2024 Edition«, URL: https://digitalhub.fifa.com/m/1c21b25b00c6dec8/original/FIFA-Football-Agent-Exam-Study-Materials.pdf, S. 169 [Letzter Zugriff 12.09.2024].
6. DFB News: Wechsel, Fristen, Nachwuchs: Die DFB-Anpassungen im Überblick, online unter: https://www.dfb.de/news/detail/wechsel-fristen-nachwuchs-die-dfb-anpassungen-im-ueberblick-214634/ [Letzter Zugriff 12.09.2024].
7. TransferRoom: The Football Transfer Window Tracker, online unter: https://www.transferroom.com/transfer-tracker. Für Amateurspieler gelten andere Transferperioden: DFB: Wechselperiode II: Was Spieler und Vereine wissen müssen, online unter: https://www.dfb.de/news/detail/wechselperiode-ii-was-spieler-und-vereine-wissen-muessen-54397/. Henri Wolfarth: Wann öffnet

das Transferfenster in Deutschland, England, Türkei und Co.?, online unter: https://www.swp.de/sport/fussball-transferfenster-2023-wann-beginnt-die-wechselperiode-im-sommer-70959721.html. Sommer-Transfers 2023: In welche Länder können Bundesliga-Spieler nun noch wechseln?, online unter: https://www.ran.de/sports/fussball/bundesliga/news/sommer-transfers2023-transferfenster-bundesliga-deadline-day-welche-laender-ligen-wechsel-tuerkei-russland-105717. Transferschluss! Alle wichtigen Deadline-Days im Überblick, online unter: https://www.laola1.at/de/red/fussball/international/sonstiges/news/transferschluss--alle-wichtigen-deadline-days-im-ueberblick/ [Letzter Zugriff 12.09.2024].

8 Transfer-Revolution ist in Planung, online unter: https://www.kicker.de/transfer-revolution-ist-in-planung-1084344/artikel [Letzter Zugriff 22.01.2025].

9 Sky Sport: Deadline Day LIVE! Alle Infos im Überblick, online unter: https://sport.sky.de/fussball/artikel/deadlineday/11129720/33896#:~:text=W as%20ist%20der%20Deadline%20Day,schlie%C3%9Ft%20das%20 Transferfenster%20in%20Deutschland [Letzter Zugriff 12.09.2024].

10 DFB: Wechselperiode II: Was Spieler und Vereine wissen müssen, online unter: https://www.dfb.de/news/detail/wechselperiode-ii-was-spieler-und-vereine-wissen-muessen-54397/ [Letzter Zugriff 12.09.2024].

11 Winter-Transferfenster, online unter: https://www.transfermarkt.de/transfer-statistik/transferfenster/statistik/stat/plus/0?art=w&kontinent_id=6&option=0 [Letzter Zugriff 12.09.2024].

12 Transfermarkt: Von Deutschland bis Saudi-Arabien: Wann schließen die Transferfenster im Sommer?, online unter: https://www.transfermarkt.de/von-deutschland-bis-saudi-arabien-wann-schliessen-die-transferfenster-im-sommer-/view/news/427018. Ran: Winter-Transfers 2022/23: Max Kruse, Isco und Co. – Wohin können vertragslose Profis noch wechseln?, online unter: https://www.ran.de/sports/fussball/news/winter-transfers202223-max-kruse-isco-und-co-wohin-koennen-vertragslose-profis-noch-wechseln-103085 [Letzter Zugriff 12.09.2024].

13 Transfermarkt: Nikolics, Tasci & Co.: Vertragslose Spieler und warum sie nicht in die Bundesliga dürfen, online unter: https://www.transfermarkt.de/nikolics-tasci-amp-co-vertragslose-spieler-und-warum-sie-nicht-in-die-bundesliga-durfen/view/news/354094 [Letzter Zugriff 12.09.2024].

14 Ukraine-Krieg: FIFA-Transferregelung für ausländische Spieler & Trainer verlängert, online unter: https://www.transfermarkt.de/ukraine-krieg-fifa-transferregelung-fur-auslandische-spieler-amp-trainer-verlangert/view/news/406412 [Letzter Zugriff 25.10.2024].

15 Spielerprofil Khvicha Kvaratskhelia, online unter: https://www.transfermarkt.de/khvicha-kvaratskhelia/profil/spieler/502670 [Letzter Zugriff 25.01.2025].

16 Transfermarkt: Siewert-Nachfolger: Henriksen übernimmt Traineramt bei Mainz 05, online unter: https://www.transfermarkt.de/siewert-nachfolger-henriksen-ubernimmt-traineramt-bei-mainz-05/view/news/433754 [Letzter Zugriff 27.11.2024].

17 Guardian: The joy of six: Record transfers, online unter: https://www.theguardian.com/football/blog/2013/aug/30/the-joy-of-six-record-transfers [Letzter Zugriff 12.09.2024].
18 SWR-Sport: So funktioniert der Transfermarkt im Profi-Fußball, online unter: https://www.youtube.com/watch?v=b8pAEwuz2QM&list=WL&index=3 [Letzter Zugriff 12.09.2024].
19 Alena Wunderlich: Die verrückte Entwicklung der Bundesliga-Transfersummen, online unter: https://www.br.de/nachrichten/sport/die-verrueckte-entwicklung-der-bundesliga-transfersummen,TneNAma [Letzter Zugriff 12.09.2024].
20 SWR-Sport: So funktioniert der Transfermarkt im Profi-Fußball, online unter: https://www.youtube.com/watch?v=b8pAEwuz2QM&list=WL&index=3 [Letzter Zugriff 12.09.2024].
21 Alena Wunderlich: Die verrückte Entwicklung der Bundesliga-Transfersummen, online unter: https://www.br.de/nachrichten/sport/die-verrueckte-entwicklung-der-bundesliga-transfersummen,TneNAma [Letzter Zugriff 12.09.2024].
22 Christian Helms: Die 222-Millionen-Euro-Show, online unter: https://www.spiegel.de/sport/fussball/neymar-zu-paris-saint-germain-die-222-millionen-euro-show-a-1161181.html [Letzter Zugriff 12.09.2024].
23 Kicker: Wie geht das? Fragen und Antworten zu Chelseas Winter-Transferphase, online unter: https://www.kicker.de/wie-geht-das-fragen-und-antworten-zu-chelseas-winter-transferphase-935453/artikel [Letzter Zugriff 12.09.2024].
24 Transfermarkt: Transferrekorde, online unter: https://www.transfermarkt.de/statistik/transferrekorde [Letzter Zugriff 12.09.2024].
25 Transfermarkt: Schwegler über Scouting beim FC Bayern: Bei Tel »schon in der Halbzeit die Kollegen angerufen«, online unter: https://www.transfermarkt.de/schwegler-uber-scouting-beim-fc-bayern-bei-tel-bdquo-schon-in-der-halbzeit-die-kollegen-angerufen-ldquo-/view/news/428605 [Letzter Zugriff 12.09.2024].
26 Christian Spiller: Lewandowskis Marktwert als Hobby, online unter: https://www.zeit.de/sport/2020-12/transfermarkt-marktwerte-freiwillige-kritik [Letzter Zugriff 12.09.2024].
27 Reto Fehr: So wird der Marktwert eines Fussballers berechnet, online unter: https://www.watson.ch/sport/interview/996765299-so-wird-der-marktwert-eines-fussballers-berechnet [Letzter Zugriff 12.09.2024].
28 Wie Fans Transfers beeinflussen, online unter: https://taz.de/Website-fuer-Fussball-Spielerwechsel/!5950253/ [Letzter Zugriff 12.09.2024].
29 Marktwertverlauf, Beispiel Cristiano Ronaldo, online unter: https://www.transfermarkt.de/cristiano-ronaldo/marktwertverlauf/spieler/8198 [Letzter Zugriff 18.01.2025].
30 Ann-Christin Busch: Transfermarkt.de aus Hamburg: Vom Hobby-Portal zum Fußball-Giganten, online unter: https://www.mopo.de/hamburg/

transfermarkt-de-aus-hamburg-vom-hobby-portal-zum-fussball-giganten-36919678/#google_vignette [Letzter Zugriff 12.09.2024].

31 Why Do Footballers Change Clubs? (11 Reasons), online unter: https://footballhandbook.com/why-do-footballers-change-clubs/ [Letzter Zugriff 12.09.2024].

32 Constantin Eckner: Wie Transfers im Fußball funktionieren, online unter: https://www.deutschlandfunk.de/fussball-spieler-transfers-100.html [Letzter Zugriff 12.09.2024].

33 So etwa Sky Sport: Last-Second-Transfer Ekitike endlich da. Exklusive Bilder: Coman-Ersatz in München, online unter: https://www.youtube.com/watch?v=4QP64yqs-2g [Letzter Zugriff 12.09.2024].

34 David Hein: "Alles, wo ein Ball im Spiel ist, funktioniert", online unter: https://www.horizont.net/medien/nachrichten/Sky-Sport-News-HD-Alles-wo-ein-Ball-im-Spiel-ist-funktioniert-165613 [Letzter Zugriff 12.09.2024].

35 Sport 1: Die Top-Transfers des Deadline Days, online unter: https://www.sport1.de/news/transfermarkt/2024/02/ekitike-dahoud-und-co-die-top-transfers-des-deadline-days [Letzter Zugriff 12.09.2024].

36 Sky Sport: Transfer Update: Alle Wechsel & Gerüchte im Überblick, online unter: https://sport.sky.de/fussball/artikel/transfer-update-news/12478082/34942 [Letzter Zugriff 12.09.2024].

37 Hier ist Transfermarkt!, online unter: https://www.twitch.tv/transfermarkt [Letzter Zugriff 12.09.2024].

38 Transfermarkt: Palhinhas »seltsame Wochen« rund um Bayern: Die größten Beinahe-Transfers der Geschichte, online unter: https://www.transfermarkt.de/palhinhas-seltsame-wochen-quot-rund-um-bayern-die-grossten-beinahe-transfers-der-geschichte/view/news/428047 [Letzter Zugriff 12.09.2024].

39 Transfermarkt: Ziyech wütend über gescheiterten PSG-Wechsel – Galtier: »Verantwortung liegt nicht bei uns«, online unter: https://www.transfermarkt.de/ziyech-wechsel-zu-psg-gescheitert-chelsea-schickte-3-mal-falsche-dokumente/view/news/417597 [Letzter Zugriff 12.09.2024].

40 Transfermarkt: Choupo-Moting-Wechsel an defektem Faxgerät gescheitert, online unter: https://www.transfermarkt.de/choupo-moting-wechsel-an-defektem-faxgeraet-gescheitert/view/news/55128 [Letzter Zugriff 12.09.2024].

41 Kicker: Deadline Day 2024/25: Wann schließen die Transferfenster?, online unter: https://www.kicker.de/deadline-day-2024-25-wann-schliessen-die-transferfenster-964367/artikel [Letzter Zugriff 12.09.2024].

42 Transfermarkt: Stuttgart verleiht Milosevic an den FC St. Gallen – Sturmtalent liegt beim VfB »im Plan«, online unter: https://www.transfermarkt.de/stuttgart-verleiht-milosevic-an-den-fc-st-gallen-sturmtalent-liegt-beim-vfb-im-plan-quot-/view/news/433883 [Letzter Zugriff 12.09.2024].

43 Transfermarkt: Galatasaray bewahrt Osimhen vor Tribüne bei Napoli – Auch Jakobs-Deal bestätigt, online unter: https://www.transfermarkt.de/galatasaray-

bewahrt-osimhen-vor-tribune-bei-napoli-auch-jakobs-deal-bestatigt/view/news/443331 [Letzter Zugriff 12.09.2024].

44 Transfermarkt: Auch Bayer-Boss Rolfes für kürzere Transferfrist: »Wäre ein Segen für alle«, online unter: https://www.transfermarkt.de/auch-bayer-boss-rolfes-fur-kurzere-transferfrist-ware-ein-segen-fur-alle-quot-/view/news/443505 [Letzter Zugriff 12.09.2024].

45 Johannes Mitterecker, Daniel Maurer: Transferfenster im Fußball sorgen für Unruhen am internationalen Markt, online unter: https://www.derstandard.de/consent/tcf/story/3000000188919/transferfenster-im-fussball-sorgen-fuer-unruhen-am-internationalen-markt [Letzter Zugriff 12.09.2024].

46 Constantin Eckner: Wie Transfers im Fußball funktionieren, online unter: https://www.deutschlandfunk.de/fussball-spieler-transfers-100.html [Letzter Zugriff 12.09.2024].

47 FIFA: Global Transfer Report 2023, online unter: https://digitalhub.fifa.com/m/114622e4e17cf6a8/original/FIFA-Global-Transfer-Report-2023.pdf, S. 4 [Letzter Zugriff 12.09.2024].

48 Ebd., S. 8.

49 Ebd., S. 3.

50 In Anlehung an ebd., S. 4.

51 Ebd, S. 5.

52 Sport 1: Spielerberater verdienten 650 Millionen, online unter: https://www.sport1.de/news/internationaler-fussball/2023/09/deutsche-klubs-sahnen-bei-transfers-ab [Letzter Zugriff 12.09.2024].

53 FIFA: Global Transfer Report 2023, online unter: https://digitalhub.fifa.com/m/114622e4e17cf6a8/original/FIFA-Global-Transfer-Report-2023.pdf, S. 25 [Letzter Zugriff 12.09.2024].

54 Ebd., S. 5.

55 Philipp Sohmer, Martin Maibücher: Milliardenspiel Fußball: So funktioniert der Transfermarkt, online unter: https://www.swr.de/sport/swr-sport-erklaert-transfermarkt-fussball-100.html [Letzter Zugriff 12.09.2024].

56 David Lindenfeld: Warum sich Fußballklubs immer häufiger Spieler leihen, online unter: https://www.faz.net/podcasts/wie-erklaere-ich-s-meinem-kind/kindern-erklaert-warum-sich-fussballklubs-spieler-leihen-17700937.html [Letzter Zugriff 12.09.2024].

57 Quelle: In Anlehnung an ebd., S. 5 und FIFA: Global Transfer Report 2022, online unter: https://digitalhub.fifa.com/m/2ee0b8943684e25b/original/FIFA-Global-Transfer-Report-2022.pdf, S. 6 [Letzter Zugriff 12.09.2024].

58 Bosman-Urteil des EuGH vom 15.12.1995, online unter: https://eur-lex.europa.eu/legal-content/DE/TXT/PDF/?uri=CELEX:61993CJ0415&from=Fl. Thomas Hummel: Umsturz eines sturen Fußballers, online unter: https://www.sueddeutsche.de/sport/bosman-urteil-25-jahre-transfersystem-fussball-1.5147082 [Letzter Zugriff 12.09.2024].

59 Sport 1: Der große Verlierer eines epochalen Erfolgs, online unter: https://www.sport1.de/news/internationaler-fussball/la-liga/2015/12/20-jahre-

bosman-urteil-wendepunkt-des-modernen-fussballs-wechsel-ohne-abloese [Letzter Zugriff 12.09.2024].
60   Philipp Sohmer, Martin Maibücher: Milliardenspiel Fußball: So funktioniert der Transfermarkt, online unter: https://www.swr.de/sport/swr-sport-erklaert-transfermarkt-fussball-100.html [Letzter Zugriff 12.09.2024].
61   Mbappé erhält offenbar 150 Millionen Euro als Prämie für Unterschrift, online unter: https://www.spiegel.de/sport/fussball/real-madrid-kylian-mbappe-erhaelt-offenbar-150-millionen-euro-als-praemie-fuer-unterschrift-a-29d26c43-c5ed-421b-a72f-fdb974eb1189 [Letzter Zugriff 12.09.2024].
62   Sport Bild: Real: 500 Mio. Euro, um Mbappé zu überzeugen!, online unter: https://sportbild.bild.de/fussball/la-liga/primera-division/real-madrid-kylian-mbapp-soll-mit-500-mio-euro-von-wechsel-ueberzeugt-werden-87200478.sport.html. Euronews: Mbappé joins Real Madrid in 'The most expensive free transfer in history', online unter: https://www.euronews.com/business/2024/06/05/mbappe-joins-real-madrid-in-the-most-expensive-free-transfer-in-history [Letzter Zugriff 12.09.2024].
63   Philipp Sohmer, Martin Maibücher: Milliardenspiel Fußball: So funktioniert der Transfermarkt, o.nline unter: https://www.swr.de/sport/swr-sport-erklaert-transfermarkt-fussball-100.html [Letzter Zugriff 18.12.2024].
64   Transfermarkt: Transfersalden (Einnahmen und Ausgaben), online unter: https://www.transfermarkt.de/transfers/transfersalden/statistik/plus/0?sa=&saison_id=2021&saison_id_bis=2023&land_id=&nat=&kontinent_id=&pos=&w_s=&plus=0 [Letzter Zugriff 12.09.2024].
65   Transfermarkt: Transfersalden (Einnahmen und Ausgaben), online unter: https://www.transfermarkt.de/transfers/transfersalden/statistik/plus/0?sa=&saison_id=2023&saison_id_bis=2023&land_id=&nat=&kontinent_id=&pos=&w_s=&plus=0 [Letzter Zugriff 12.09.2024].
66   Transfermarkt: Transfersalden (Einnahmen und Ausgaben), online unter: https://www.transfermarkt.de/transfers/einnahmenausgaben/statistik/plus/0?ids=a&sa=&saison_id=2023&saison_id_bis=2023&land_id=&nat=&kontinent_id=&pos=&altersklasse=&w_s=&leihe=&intern=0&plus=0 [Letzter Zugriff 12.09.2024].
67   Transfermarkt: Transfersalden (Einnahmen und Ausgaben), online unter: https://www.transfermarkt.de/transfers/einnahmenausgaben/statistik/plus/0?ids=e&sa=&saison_id=2023&saison_id_bis=2023&land_id=&nat=&kontinent_id=&pos=&altersklasse=&w_s=&leihe=&intern=0&plus=0 [Letzter Zugriff 12.09.2024].
68   Transfermarkt: Transfersalden (Einnahmen und Ausgaben), online unter: https://www.transfermarkt.de/transfers/einnahmenausgaben/statistik/plus/0?ids=e&sa=&saison_id=2023&saison_id_bis=2023&land_id=&nat=&kontinent_id=&pos=&altersklasse=&w_s=&leihe=&intern=0&plus=0 [Letzter Zugriff 12.09.2024].
69   Abgang besiegelt: Marmoush wechselt von Frankfurt zu Manchester City, online unter: https://www.kicker.de/abgang-besiegelt-marmoush-

wechselt-von-frankfurt-zu-manchester-city-1082649/artikel. Wunderstürmer Marmoush bricht Bundesliga-Wintertransferrekord, online unter: https://www.n-tv.de/sport/fussball/Omar-Marmoush-bricht-Bundesliga-Wintertransferrekord-Wechsel-von-Eintracht-Frankfurt-zu-Manchester-City-article25486927.html [Letzter Zugriff 23.01.2025].

70 Transfermarkt: Schwegler über Scouting beim FC Bayern: Bei Tel »schon in der Halbzeit die Kollegen angerufen«, online unter: https://www.transfermarkt.de/schwegler-uber-scouting-beim-fc-bayern-bei-tel-bdquo-schon-in-der-halbzeit-die-kollegen-angerufen-ldquo-/view/news/428605 [Letzter Zugriff 12.09.2024].

71 Express: Er redet über Modeste-Deal. Kölner Berater:»Schwarze Schafe bringen Branche in Verruf", online unter: https://www.express.de/sport/fussball/1-fc-koeln/er-redet-ueber-modeste-deal-koelner-berater-schwarze-schafe-bringen-branche-in-verruf-42705 [Letzter Zugriff 12.09.2024].

72 FIFA: Football Agent Exam Study Materials – Edition January 2024, online unter: https://digitalhub.fifa.com/m/1c21b25b00c6dec8/original/FIFA-Football-Agent-Exam-Study-Materials.pdf, S. 219 [Letzter Zugriff 12.09.2024].

73 Siehe dazu Informationen des Verbands und des DFB e.V. zur FIFA Connect ID gemäß Art. 13 DS-GVO, online unter: https://www.wuerttfv.de/app/uploads/2021/03/Datenschutzinformationen-zur-FIFA-Connect-ID.pdf [Letzter Zugriff 12.09.2024].

74 FIFA: Football Agent Exam Study Materials – Edition January 2024, online unter: https://digitalhub.fifa.com/m/1c21b25b00c6dec8/original/FIFA-Football-Agent-Exam-Study-Materials.pdf, S. 219 [Letzter Zugriff 12.09.2024].

75 Bis zu welchem Alter kann man Fußball spielen?, online unter: https://www.stuttgarter-nachrichten.de/inhalt.hoechstalter-bis-zu-welchem-alter-kann-man-fussball-spielen.77106c03-3d8a-4d56-87ac-96b1a524efd3.html [Letzter Zugriff 12.09.2024].

76 Statista: Altersdurchschnitt der Spieler der 1. Fußball-Bundesliga in den Saisons 2010/2011 bis 2024/2025, online unter: https://de.statista.com/statistik/daten/studie/206794/umfrage/altersdurchschnitt-der-bundesliga-profis-im-deutschen-fussball/ [Letzter Zugriff 12.09.2024].

77 Fußballtalente: Nur wenige schaffen es in die Bundesliga, online unter: https://www.br.de/presse/inhalt/pressemitteilungen/ard-radio-recherche-sport-hype-um-fussballtalente-100.html [Letzter Zugriff 12.09.2024].

78 Interview mit Sportwissenschaftler Prof. Dr. Arne Güllich, online unter: https://www.der-betze-brennt.de/artikel/3633-interview-nur-einer-von-tausend-wird-profi.php [Letzter Zugriff 12.09.2024].

79 Milliardengeschäft Fußball: Woher kommt das viele Geld der Vereine?, online unter: https://www.prosieben.de/serien/galileo/news/fussball-geld-milliarden-vereine-fifa-finazierung-328497 [Zugriff 12.09.2024].

80 Was Profi-Fußballer weltweit verdienen, online unter: https://www.stern.de/sport/fussball/grafik-zeigt--was-profi-fussballer-weltweit-verdienen-7222666.html [Letzter Zugriff 12.09.2024].

8 Nachweise

81 Statista: Bestbezahlte Fußballer der Welt nach Einkünften inklusive Boni im Kalenderjahr 2023, online unter: https://de.statista.com/statistik/daten/studie/6792/umfrage/fussball-bundesliga-bestbezahlte-spieler/ [Letzter Zugriff 12.09.2024].
82 Spiel ohne Grenzen: Bundesliga wird zur Liga der Millionäre, online unter: https://www.sueddeutsche.de/sport/fussball-spiel-ohne-grenzen-bundesliga-wird-zur-liga-der-millionaere-dpa.urn-newsml-dpa-com-20090101-230810-99-788799 [Letzter Zugriff 12.09.2024].
83 Spielergehälter in der Bundesliga: Das verdienen Fußballspieler in Deutschland, online unter: https://www.spox.com/de/sport/fussball/bundesliga/1807/Artikel/spielergehaelter-buli-das-verdienen-fussballspieler-in-deutschland.html [Letzter Zugriff 12.09.2024].
84 Ebd.
85 Frauen werden im Fußball unterdurchschnittlich bezahlt, online unter: https://www.fr.de/sport/fussball/frauen-praemie-gehaelter-maenner-frauen-diskrepanz-wm-2023-dfb-92428388.html [Letzter Zugriff 12.09.2024].
86 Statista: Anzahl professioneller Fußballspieler in den einzelnen Teilnehmerländern der Fußball-Europameisterschaft 2021, online unter: https://de.statista.com/statistik/daten/studie/825/umfrage/aktive-fussballspieler-in-den-einzelnen-em-teilnehmerlaendern/ [Letzter Zugriff 12.09.2024].
87 Was Profi-Fußballer weltweit verdienen, online unter: https://www.stern.de/sport/fussball/grafik-zeigt--was-profi-fussballer-weltweit-verdienen-7222666.html [Letzter Zugriff 12.09.2024].
88 FIFA-Executive-Programm für Fussballvermittler, online unter: https://inside.fifa.com/de/legal/education/law-programs-diploma/football-agency [Letzter Zugriff 12.09.2024].
89 DFB: Aktuelles, online unter: https://www.dfb.de/verbandsservice/pinnwand/spielervermittlung/ [Letzter Zugriff 12.09.2024].
90 Spielerberater auf Transfermarkt, online unter: https://www.transfermarkt.de/berater/beraterfirmenuebersicht/berater [Letzter Zugriff 23.01.2025].
91 Transfermarkt: Übersicht Spielerberater, online unter: https://www.transfermarkt.de/berater/spielerberateruebersicht/berater?landId=40&functionId=0 [Letzter Zugriff 23.01.2025].
92 Stand: 17.02.2024, FIFA: Agent Platform, online unter: https://agents.fifa.com/directory-agents [Letzter Zugriff 12.09.2024].
93 SWR-Sport: So funktioniert der Transfermarkt im Profi-Fußball, online unter: https://www.youtube.com/watch?v=b8pAEwuz2QM&list=WL&index=3 [Letzter Zugriff 12.09.2024].
94 Kai Psotta: Die Paten der Liga, München 2015, S. 21.
95 FIFA: Football Agents in International Transfers, online unter: Football-Agents-in-International-Transfers-November-2023.pdf (fifa.com), S. 4 [Letzter Zugriff 12.09.2024].
96 Graner Bonomi: TV Documentary – about us, online unter: http://tv.thefootballagents.com [Letzter Zugriff 12.09.2024].

97 FIFA: Football Agent Exam Study Materials – Edition January 2024, online unter: https://digitalhub.fifa.com/m/1c21b25b00c6dec8/original/FIFA-Football-Agent-Exam-Study-Materials.pdf, S. 648 [Letzter Zugriff am 13.09.2024].

98 DFB: Nagelsmann-Berater Volker Struth wohl in Gesprächen mit DFB-Sportdirektor Rudi Völler, online unter: https://www.spox.com/de/sport/fussball/international/2309/Artikel/dfb-nagelsmann-berater-wohl-in-gespraechen-mit-dfb-sportdirektor-rudi-voeller.html. Sport 1: Hansi Flick hat offenbar einen neuen Berater. Dieser ist in der Branche kein Unbekannter. Folgt nun das baldige Comeback als Trainer?, online unter: https://www.sport1.de/news/internationaler-fussball/2024/02/uberraschung-um-flick-ex-bundestrainer-engagiert-star-berater [Letzter Zugriff 12.09.2024].

99 FIFA: Football Agent Exam Study Materials – Edition January 2024, online unter: https://digitalhub.fifa.com/m/1c21b25b00c6dec8/original/FIFA-Football-Agent-Exam-Study-Materials.pdf, S. 79 und 594 [Letzter Zugriff 12.09.2024].

100 So lief das mit Kühne, der Kohle und dem HSV, online unter: https://www.bild.de/sport/fussball/fussball/hsv-top-berater-packt-aus-so-lief-das-mit-kuehne-und-der-kohle-in-hamburg-78080768.bild.html. Struth über Beraterrolle beim HSV & erbosten Kühne: »Jetzt holen Sie endlich diesen Yohoko«, online unter: https://www.transfermarkt.de/struth-uber-beraterrolle-beim-hsv-amp-erbosten-kuhne-jetzt-holen-sie-endlich-diesen-yohoko-quot-/view/news/394570 [Letzter Zugriff 22.01.2025].

101 FIFA: Professional football, online unter: https://publications.fifa.com/en/annual-report-2021/around-fifa/professional-football-2021/ [Letzter Zugriff 12.09.2024].

102 Der Vorstand der FC Bayern München AG, online unter: https://fcbayern.com/de/club/fcb-ag [Letzter Zugriff 12.09.2024].

103 Mitglieder des Aufsichtsrats, online unter: https://fcbayern.com/de/club/fcb-ag/mitglieder-des-aufsichtsrats [Letzter Zugriff 12.09.2024].

104 Die wichtigsten Aussagen von Christoph Freund und Jan-Christian Dreesen, online unter: https://fcbayern.com/de/news/2023/08/die-wichtigsten-aussagen-der-offiziellen-vorstellung-von-christoph-freund [Letzter Zugriff 13.09.2024].

105 Sascha Mehr, Christian Weihrauch: Eintracht verleiht Neuzugang Zalazar direkt weiter, online unter: https://www.fr.de/eintracht-frankfurt/eintracht-frankfurt-sge-verleiht-neuzugang-zalazar-direkt-weiter-zr-12583804.html [Letzter Zugriff 13.09.2024].

106 Die FIFA hatte Spielerberater in der vorletzten Fassung der Regularien zunächst als Intermediaries bezeichnet, jedoch wird seit 2023 ebenfalls von Football Agents gesprochen. FIFA: Football Agent Exam Study Materials – Edition January 2024, online unter: https://digitalhub.fifa.com/m/1c21b25b00c6dec8/original/FIFA-Football-Agent-Exam-Study-Materials.pdf, S. 591 [Letzter Zugriff am 13.09.2024].

107 Patrick Freiwah: Mega-Deal in Stuttgart: Künftig spülen Porsche und Mercedes Millionen in die Kasse, online unter: https://www.merkur.de/wirtschaft/

finanzspritze-porsche-vfb-stuttgart-mercedes-sponsoring-deal-92370371. html [Letzter Zugriff 13.09.2024].

108 Thorsten Poppe: Bundeskartellamt prüft, Hannover 96 greift DFL an, online unter: https://www.sportschau.de/fussball/bundesliga/fussball-bundesliga-fuenfzig-plus-eins-100.html [Letzter Zugriff 13.09.2024].

109 Bundesliga will keine weiteren 50+1-Ausnahmen, online unter: https://www.spiegel.de/sport/fussball/bundesliga-will-keine-weiteren-50-1-ausnahmen-a-664717e4-0300-4397-a1ff-9ba665fcd753. Bayer und Wolfsburg sollen Ausnahmen bleiben, online unter: https://www.stuttgarter-nachrichten.de/inhalt.anpassung-der-50-1-regel-bayer-und-wolfsburg-sollen-ausnahmen-bleiben.71d46340-c2d9-4d81-81a8-64276a2c7ace.html [Letzter Zugriff 13.09.2024].

110 Der Fonds, dessen Vorstandsvorsitzender der saudische Thronfolger Mohammad bin Salman ist, verfügt über eine Vermögen von 370 Milliarden Euro. Thomas Seibert: Investoren bei Newcastle United: Ein Persilschein für 360 Millionen Euro?, online unter: https://www.augsburger-allgemeine.de/sport/Fussball-Investoren-bei-Newcastle-United-Ein-Persilschein-fuer-360-Millionen-Euro-id60801091.html [Letzter Zugriff 13.096.2024].

111 QSI ist ein katarischer Staatsfond. Yannik Schüller: Wem gehört der Fußball? Das sind die reichsten Klubbesitzer der Welt, online unter: https://www.stern.de/sport/fussball/das-sind-die-reichsten-clubbesitzer-der-welt_30841056-30840282.html [Letzter Zugriff 13.09.2024].

112 Wenn sich die "Neureichen" direkt begegnen: Wer hinter Newcastle und Co. steckt, online unter: https://www.kicker.de/wenn-sich-die-neureichen-direkt-begegnen-wer-hinter-newcastle-und-co-steckt-971851/artikel [Letzter Zugriff 13.09.2024].

113 SWR-Sport: So funktioniert der Transfermarkt im Profi-Fußball, online unter: https://www.youtube.com/watch?v=b8pAEwuz2QM&t=208s 7 Minuten 17 Sekunden [Letzter Zugriff 13.09.2024].

114 US-Investoren lieben Italiens Clubs, online unter: https://www.boersen-zeitung.de/unternehmen-branchen/us-investoren-lieben-italiens-clubs-ff30885c-1c72-11ec-84b2-ffe1d9b87214 [Letzter Zugriff 19.01.2025].

115 Nächster italienischer Klub wandert in Investoren-Hände, online unter: https://www.n-tv.de/sport/der_sport_tag/Naechster-italienischer-Klub-wandert-in-Investoren-Haende-article25491824.html. Bukarest-Besitzer kauft Genua, online unter: https://www.sport1.de/news/internationaler-fussball/serie-a/2024/12/eigentumer-von-rapid-bukarest-kauft-fc-genua [Letzter Zugriff 19.01.2025].

116 Bayer und Wolfsburg sollen Ausnahmen bleiben, online unter: https://www.stuttgarter-nachrichten.de/inhalt.anpassung-der-50-1-regel-bayer-und-wolfsburg-sollen-ausnahmen-bleiben.71d46340-c2d9-4d81-81a8-64276a2c7ace.html. Offiziell: Hoffenheim zurück im Kreis der 50+1-Klubs, online unter: https://www.kicker.de/offiziell-hoffenheim-zurueck-im-kreis-der-501-klubs-981740/artikel [Letzter Zugriff 13.09.2024].

117 Jannik Tillar: Warum Fußball-Investoren immer mehr Vereine kaufen, online unter: https://www.capital.de/wirtschaft-politik/warum-sich-fussball-investoren-jetzt-mehrere-vereine-kaufen-34202112.html [Letzter Zugriff 13.09.2024].

118 Warum Finanzinvestoren neuerdings Fußball-Imperien bauen, online unter: https://www.sportschau.de/newsticker/dpa-warum-finanzinvestoren-neuerdings-fussball-imperien-bauen-100.html [Letzter Zugriff 13.09.2024].

119 Jannik Tillar: Warum Fußball-Investoren immer mehr Vereine kaufen, online unter: https://www.capital.de/wirtschaft-politik/warum-sich-fussball-investoren-jetzt-mehrere-vereine-kaufen-34202112.html [Letzter Zugriff 13.09.2024].

120 Ebd.

121 Ebd.

122 Man City sichert sich brasilianisches Top-Talent Sávio: Wechsel innerhalb der City Football Group, online unter: https://www.transfermarkt.de/man-city-sichert-sich-brasilianisches-top-talent-savio-wechsel-innerhalb-der-city-football-group/view/news/440942 [Letzter Zugriff 13.09.2024].

123 Warum Fußball-Investoren immer mehr Vereine kaufen, online unter: https://www.capital.de/wirtschaft-politik/warum-sich-fussball-investoren-jetzt-mehrere-vereine-kaufen-34202112.html [Letzter Zugriff am 25.01.2025].

124 Ebd.

125 Nächster italienischer Klub wandert in Investoren-Hände, online unter: https://www.n-tv.de/sport/der_sport_tag/Naechster-italienischer-Klub-wandert-in-Investoren-Haende-article25491824.html. Bukarest-Besitzer kauft Genua, online unter: https://www.sport1.de/news/internationaler-fussball/serie-a/2024/12/eigentumer-von-rapid-bukarest-kauft-fc-genua [Letzter Zugriff 19.01.2025].

126 Gericht entzieht 777 Partners die Kontrolle über Vasco da Gama, online unter: https://www.kicker.de/gericht-entzieht-777-partners-die-kontrolle-ueber-vasco-da-gama-1025522/artikel [Letzter Zugriff am 25.01.2025].

127 Hertha BSC: Neues vom Investor 777, Dardai-Nörgler Spors heuert in England an, online unter: https://www.berliner-kurier.de/hertha/hertha-bsc-neues-vom-investor-777-dardai-noergler-spors-heuert-in-england-an-li.2289990 [Letzter Zugriff am 25.01.2025].

128 Fix: Salzburg macht Fernandes-Neto zum drittteuersten Düsseldorf-Verkauf, online unter: https://www.transfermarkt.de/fix-salzburg-macht-fernandes-neto-zum-drittteuersten-dusseldorf-verkauf/view/news/426121. Jannik Tillar: Warum Fußball-Investoren immer mehr Vereine kaufen, online unter: https://www.capital.de/wirtschaft-politik/warum-sich-fussball-investoren-jetzt-mehrere-vereine-kaufen-34202112.html [Letzter Zugriff am 13.09.2024].

129 Tabellenführung in Girona, Absturz in Troyes: Wie die City Football Group den Fußball verändert, online unter: https://www.transfermarkt.de/tabellenfuhrung-in-girona-absturz-in-troyes-wie-die-city-football-group-den-fussball-verandert/view/news/430036. City Football Group: Passionate

Football with local Roots and worldwide Impact, online unter: https://www.cityfootballgroup.com/our-clubs/ [Letzter Zugriff 18.09.2024].
130 Tabellenführung in Girona, Absturz in Troyes: Wie die City Football Group den Fußball verändert, online unter: https://www.transfermarkt.de/tabellenfuhrung-in-girona-absturz-in-troyes-wie-die-city-football-group-den-fussball-verandert/view/news/430036 [Letzter Zugriff 18.09.2024].
131 GetFootball: Brendan MacFarlane, Brentford's Lead Scout in France: «Bryan Mbeumo's transition from Ligue 2 to the Championship has been awesome.", online unter: https://www.getfootballnewsfrance.com/2020/exclusive-brendan-macfarlane-brentfords-lead-scout-in-france-bryan-mbeumos-transition-from-ligue-2-to-the-championship-has-been-awesome/. Transfermarkt: Brendan MacFarlane, online unter: https://www.transfermarkt.de/brendan-macfarlane/profil/trainer/113958 [Letzter Zugriff 18.09.2024].
132 Transfermarkt: Kevin Cruickshank, online unter: https://www.transfermarkt.de/kevin-cruickshank/profil/trainer/33956 [Letzter Zugriff 18.09.2024].
133 Tabellenführung in Girona, Absturz in Troyes: Wie die City Football Group den Fußball verändert, online unter: https://www.transfermarkt.de/tabellenfuhrung-in-girona-absturz-in-troyes-wie-die-city-football-group-den-fussball-verandert/view/news/430036 [Letzter Zugriff 18.09.2024].
134 Leicester-Besitzer übernehmen belgischen Klub OH Leuven, online unter: https://www.transfermarkt.de/leicester-besitzer-ubernehmen-belgischen-klub-oh-leuven/view/news/274437 [Letzter Zugriff 18.09.2024].
135 Antonio Calderón wordt hoofdcoach bij onze zusterclub Juventud Torremolinos CF, online unter: https://kmskdeinze.be/nieuws/2023/3/antonio-calderon-wordt-hoofdcoach-bij-onze-zusterclub-juventud-torremolinos-cf/ [Letzter Zugriff 18.09.2024].
136 Was Bundesliga & Co. aus dem TV-Debakel der Ligue 1 lernen können, online unter: https://www.kicker.de/was-bundesliga-co-aus-dem-tv-debakel-der-ligue-1-lernen-koennen-1038877/artikel. Noch mehr Geld für Premier-League-Klubs: Neuer Medienrechte-Zyklus bringt weitere Milliarde, online unter: https://www.transfermarkt.de/noch-mehr-geld-fur-premier-league-klubs-neuer-medienrechte-zyklus-bringt-weitere-milliarde/view/news/400050 [Letzter Zugriff 13.09.2024].
137 Rückschlag für Man City: Premier League beschließt strengere Sponsoring-Regeln, online unter: https://www.transfermarkt.de/ruckschlag-fur-man-city-premier-league-beschliesst-strengere-sponsoring-regeln/view/news/446552 [Letzter Zugriff 03.12.2024].
138 Die größten Werbe-Stars im Sport, online unter: https://www.sport1.de/news/mehr-sport/2019/04/die-groessten-sponsoren-deals-der-sportler-mit-lebron-curry-ronaldo. Lukas Schürmann: Thomas Müller ist der DFB-Werbekönig, online unter: https://www.manager-magazin.de/lifestyle/artikel/a-977455.html [Letzter Zugriff 13.09.2024].
139 Sebastian Würz: Kein Tag wie jeder andere: Der erste Trikotsponsor in der Bundesliga - Eintracht Braunschweig mit Premiere, online unter: https://

www.eurosport.de/alle-sportarten/special/2024/eintracht-braunschweig-trikotwerbung-erster-sponsor-auf-trikot-jaegermeister-kein-tag-wie-jederande_sto10072666/story.shtml [Letzter Zugriff 13.09.2024].

140 Spiel des Geldes: Wie sich Fußball und Sponsoren gegenseitig beeinflussen, online unter: https://www.spox.com/at/sport/fussball/1806/Artikel/spiel-desgeldes-wie-sich-fussball-und-sponsoren-gegenseitig-beeinflussen.html [Letzter Zugriff 13.09.2024].

141 VfB-Chef Wehrle über Porsche-Deal: »Werden dieses Geld nicht auf den Transfermarkt werfen«, online unter: https://www.transfermarkt.de/vfb-chef-wehrle-uber-porsche-quot-deal-werden-dieses-geld-nicht-auf-den-transfermarkt-werfen-quot-/view/news/424797 [Letzter Zugriff 18.09.2024].

142 FIFA: Inside FIFA's structures, online unter: https://www.youtube.com/watch?v=lL22YYHdA9s 33 Sekunden [Letzter Zugriff 18.09.2024].

143 Max Schäfer: UEFA: Gründung, Wettbewerbe, Organisation – Alle Infos, online unter: https://www.fr.de/sport/fussball/uefa-europaeischer-fussball-verband-gruendung-organisation-praesident-champions-league-em-91479752.html [Letzter Zugriff 18.09.2024].

144 Zu den nationalen Fußballverbänden siehe https://www.dfb.de, https://www.thefa.com, https://www.fff.fr, https://www.figc.it, https://rfef.es, https://www.fpf.pt, https://www.knvb.nl, https://www.rbfa.be, https://www.football.ch, https://www.oefb.at [Letzter Zugriff 18.09.2024].

145 FIFA: Football Agent Exam Study Materials – Edition January 2024, online unter: https://digitalhub.fifa.com/m/1c21b25b00c6dec8/original/FIFA-Football-Agent-Exam-Study-Materials.pdf [Letzter Zugriff 18.09.2024].

146 Affäre Potocnik: Köln stellt Strafanzeige wegen versuchten Betrugs, online unter: https://www.kicker.de/affaere-potocnik-koeln-stellt-strafanzeige-wegen-versuchten-betrugs-981475/artikel. Köln kämpft gegen Transfersperre: Ljubljana-Forderung »war komplett fern jeder Realität«, online unter: https://www.transfermarkt.de/koln-kampft-gegen-transfersperre-ljubljana-forderung-war-komplett-fern-jeder-realitat-quot-/view/news/419.917 [Letzter Zugriff 18.09.2024].

147 Dazu beispielhaft https://digitalhub.fifa.com/m/5b51890952ce9c09/original/Circular-1879_Participation-at-the-74th-FIFA-Congress_EN.pdf oder https://digitalhub.fifa.com/m/5b51890952ce9c09/original/Circular-1879_Participation-at-the-74th-FIFA-Congress_EN.pdf [Letzter Zugriff 28.11.2024].

148 Quelle: FIFA (2023): Enclosure 1 – Explanatory notes on the FIFA Football Agent Regulations, online unter: https://digitalhub.fifa.com/m/1157a29c3d89ec3/original/Enclosure-1_Explanatory-notes-on-the-FFAR.pdf, S. 7. [Letzter Zugriff am 08.09.2024].

149 Landgericht Dortmund: Pressemitteilung, online unter: https://www.lg-dortmund.nrw.de/behoerde/presse/Pressemitteilungen-2023/PM-Eilrechtsschutz-FIFA.pdf [Letzter Zugriff 18.09.2024].

150 Landgericht Dortmund: Pressemitteilung, online unter: https://www.lg-dortmund.nrw.de/behoerde/presse/Pressemitteilungen-2023/PM-

8 Nachweise

Eilrechtsschutz-FIFA.pdf. Weitreichende Folgen für Transfermarkt? FIFA erleidet Niederlage vor EuGH, online unter: https://www.kicker.de/weitreichende-folgen-fuer-transfermarkt-fifa-erleidet-niederlage-vor-eugh-1056629/artikel [Letzter Zugriff 18.09.2024].

151 FIFRO: Defending the rights of players, online unter: https://fifpro.org/en/who-we-are/what-we-do [Letzter Zugriff 18.09.2024].

152 Sportschau: Saudi-Arabiens Fußball-Traum gerät ins Stocken, online unter: https://www.youtube.com/watch?si=xdzVLBiisvwhaXsN&v=Hv9Go888yzM&feature=youtu.be 6 Minuten 42 Sekunden [Letzter Zugriff 18.09.2024].

153 Dazu aktuelle Informationen auf der Onlineseite der Vereinigung unter https://www.dfvv.net/ [Letzter Zugriff 18.09.2024].

154 About the Football Forum, online unter: https://tfforum.org/ [Letzter Zugriff 18.09.2024].

155 Ed Aarons: 'We're not little kids': leading agents ready for war with Fifa over new rules, online unter: https://www.theguardian.com/football/2021/mar/31/agents-ready-for-war-with-fifa-over-new-rules-raiola-barnett-football-forum. FIFA loses legal ruling in England aimed at capping agent fees, online unter: https://www.espn.co.uk/football/story/_/id/39013695/fifa-loses-legal-ruling-england-aimed-capping-agent-fees [Letzter Zugriff 18.09.2024].

156 Member Associations, online unter: https://tfforum.org/member-associations/ [Letzter Zugriff 18.09.2024].

157 Transfermarkt.de aus Hamburg: Vom Hobby-Portal zum Fußball-Giganten, online unter: https://www.mopo.de/hamburg/transfermarkt-de-aus-hamburg-vom-hobby-portal-zum-fussball-giganten-36919678/ [Letzter Zugriff 18.09.2024].

158 Danke, Transfermarkt-Community! Eine Million Spielerprofile, zwei Millionen angelegte Spiele, online unter: https://www.transfermarkt.de/danke-transfermarkt-community-eine-million-spielerprofile-zwei-millionen-angelegte-spiele/view/news/411308. [Letzter Zugriff 18.09.2024].

159 Axel Springer übernimmt Mehrheit an Deutschlands größter Fußball-Community, online unter: https://www.axelspringer.com/de/ax-press-release/axel-springer-uebernimmt-mehrheit-an-deutschlands-groesster-fussball-community [Letzter Zugriff 18.09.2024].

160 Danke, Transfermarkt-Community! Eine Million Spielerprofile, zwei Millionen angelegte Spiele, online unter: https://www.transfermarkt.de/danke-transfermarkt-community-eine-million-spielerprofile-zwei-millionen-angelegte-spiele/view/news/411308. [Letzter Zugriff 18.09.2024].

161 Dazu Spieler-Detailsuche, online unter: https://www.transfermarkt.de/detailsuche/spielerdetail/suche [Letzter Zugriff 18.09.2024].

162 https://www.kicker.de/, https://www.bild.de/sport/fussball/fussball/home-15769054.bild.html. Ulrike Simon: Axel Springer beerdigt "Fußball Bild", online unter: https://www.horizont.net/medien/nachrichten/aus.-aus.-das-spiel-ist-aus-axel-springer-beerdigt-fussball-bild-170988 [Letzter Zugriff 18.09.2024].

8 Nachweise

163 Sky Sport News im TV & Stream - Sport-Nachrichten rund um die Uhr, online unter: https://sport.sky.de/artikel/sky-sport-news-hd-im-livestream/10833565/34812. https://www.sport1.de/channel/fussball. 30 Jahre MITTENDRIN: Der DSF-Doppelpass startet 1995, online unter: https://www.sport1.de/tv-video/video/30-jahre-mittendrin-dsf-erste-doppelpasssendung-1995__c055acc4-781e-4eee-97b0-e1224513a725 [Letzter Zugriff 18.09.2024].
164 Dazu https://www.instagram.com/fabriziorom/ und https://twitter.com/FabrizioRomano. Einflussreicher als Elon Musk: «Transfer-Guru» Fabrizio Romano ist der Twitter-König, online unter: https://www.watson.ch/sport/fussball/841840377-einflussreicher-als-elon-musk-fabrizio-romano-ist-der-twitter-koenig [Letzter Zugriff 18.09.2024].
165 Fabrizio Romano:»Ich arbeite 18 Stunden am Tag«, online unter: https://www.krone.at/3045215 [Letzter Zugriff 18.09.2024].
166 Dazu https://twitter.com/MayaYoshida3/status/1544337656389181443 [Letzter Zugriff 18.09.2024].
167 Como 1907: Transferinformation von Assane Diao, online unter: https://www.instagram.com/reel/DEh8mrhKWiq/?utm_source=ig_web_copy_link&igsh=MzRlODBiNWFlZA==. This is how Como announced Assane Diao as new signing!, online unter: https://www.facebook.com/reel/513562391104741 [Letzter Zugriff 22.01.2025].
168 Was Eberl und Mislintat über»ungefilterte Berichterstattung« im Transfer-Sommer sagen, online unter: https://www.sportbuzzer.de/fussball/international/transfermarkt-wie-fabrizio-romano-einfluss-auf-das-wechselkarussell-nimmt-V3DJQCOCAZB6LPQRVFVUAJQAVM.html. Daniel Buse: Wer ist Fabrizio Romano und warum gilt er als Transfer-Guru?, online unter: https://www.goal.com/de/meldungen/wer-ist-fabrizio-romano-warum-transfer-guru/blt35a2c4a6808c030d [Letzter Zugriff 18.09.2024].
169 Schokotaler und Tennisbälle gegen DFL-Pläne, online unter: https://www.zdf.de/nachrichten/sport/fussball-fan-proteste-dfl-investoren-hertha-hamburg-freiburg-stuttgart-bundesliga-2-liga-100.html [Letzter Zugriff 18.09.2024].
170 Investor Blackstone zieht zurück, online unter: https://www.zdf.de/nachrichten/sport/dfl-investor-blackstone-bundesligen-100.html [Letzter Zugriff 18.09.2024].
171 Steffen Schneider: Lizenz zum Schröpfen, online unter: https://www.spiegel.de/sport/fussball/spielervermittler-pruefung-lizenz-zum-schroepfen-a-719343.html. Hoeneß zu Alaba-Poker: Berater ist»geldgieriger Piranha«, online: unter: https://www.sueddeutsche.de/sport/fussball-hoeness-zu-alaba-poker-berater-ist-geldgieriger-piranha-dpa.urn-newsml-dpa-com-20090101-200913-99-542161 [Letzter Zugriff 19.09.2024].
172 Die Macht der Spielerberater, online unter: https://www.zdf.de/dokumentation/zdfzoom/zdfzoom-spielerberater-fussball-transfer-100.html. So funktioniert der Transfermarkt im Profi-Fußball, online unter: https://www.youtube.com/watch?v=b8pAEwuz2QM 3 Minute 1 Sekunde. VfB Stuttgart: Menschenhan-

del? Ex-Berater von Silas hatte schon mal Ärger, online unter: https://www.bild.de/sport/fussball/fussball/vfb-stuttgart-menschenhandel-ex-berater-von-silas-hatte-schon-mal-aerger-76670310.bild.html. Spielerberater: Teurer Rat des Vermittlers, online unter: https://www.tagesspiegel.de/sport/teurer-rat-des-vermittlers-8093482.html. [Letzter Zugriff 19.09.2024].

173 Er redet über Modeste-Deal Kölner Berater: »Schwarze Schafe bringen Branche in Verruf«, online unter: https://www.express.de/sport/fussball/1-fc-koeln/er-redet-ueber-modeste-deal-koelner-berater-schwarze-schafe-bringen-branche-in-verruf-42705. [Letzter Zugriff 19.09.2024]. Kai Psotta: Die Paten der Liga, München 2015, S. 10.

174 Football Leaks. Alle Beiträge, online unter: https://www.spiegel.de/thema/football_leaks/ [Letzter Zugriff 19.09.2024].

175 Wysout: The world's biggest library of football video and data, online unter: www.wyscout.com [Letzter Zugriff 18.09.2024].

176 Hudl und Wyscout bieten die weltweit umfassendste Plattform für Fußball-Videoanalyse, -daten und Recruitment, online unter: https://hudl-content.s3.amazonaws.com/craft/Hudl-Wyscout_Press_Release_de-DE.pdf?mtime=20190730090421 [Letzter Zugriff 18.09.2024].

177 Raffaela Angstmann: Funktioniert wie autoscout24, online unter: https://www.11freunde.de/welt-des-fussballs/funktioniert-wie-autoscout24-a-b2743 9a1-0004-0001-0000-000000581139 [Letzter Zugriff 18.09.2024].

178 Wyscout und InStat; was sind sie und warum sind sie wichtig?, online unter: https://thepfsa.co.uk/de/wyscout-and-instat-what-are-they-and-why-are-they-important/ [Letzter Zugriff 28.11.2024].

179 https://www.hudl.com/en_gb/products/wyscout

180 Why TransferRoom has opened up to agents: Q&A with founder and CEO Jonas Ankersen, online unter: https://blog.transferroom.com/more-transparency-and-efficiency-why-transferroom-opened-up-to-agents [Letzter Zugriff 18.09.2024].

181 Dazu https://www.transferroom.com/. Das Transfer-Tinder, online unter: https://www.faz.net/aktuell/sport/fussball/digitalisierung-des-fussball-spielermarktes-das-transfer-tinder-mit-transferroom-110235018.html [Letzter Zugriff 27.01.2025].

182 Agent Finder: Q&A for TransferRoom Trusted Agents, online unter: https://blog.transferroom.com/agent-finder-qa-for-transferroom-trusted-agents [Letzter Zugriff 18.09.2024]. Das Verifizieren funktioniert so, dass Spielerberater ihren Spieler und seine Mobilfunknummer angeben, woraufhin der Spieler eine SMS mit einem Link bekommt, über den er dann in Verbindung mit einem Identitätsnachweis bestätigen mu.ss, dass es sich hier um seinen offiziellen Spielerberater handelt. Auch wenn der Spieler tatsächlich mit mehreren Beratern arbeitet, dann kann hier nur ein einziger Partner ausgewählt werden).

183 Introducing TransferRoom's new player profiles, online unter: https://blog.transferroom.com/introducing-transferrooms-new-player-profiles [Letzter Zugriff 18.09.2024].

8 Nachweise

184 TransferRoom's Player Rating Methodology Explained, online unter: https://blog.transferroom.com/transferroom-player-rating-methodology-explained und https://blog.transferroom.com/transferrooms-player-rating-explained [Letzter Zugriff 18.09.2024].
185 The Price Is Right – how Expected Transfer Value (xTV) works, online unter: https://blog.transferroom.com/expected-transfer-value-xtv-qa [Letzter Zugriff 18.09.2024].
186 Ebd.
187 11 key recruitment questions answered by TransferRoom's player profiles, online unter: https://blog.transferroom.com/11-key-recruitment-questions-answered-by-transferrooms-player-profiles. Introducing TransferRoom's new player profiles, online unter: https://blog.transferroom.com/introducing-transferrooms-new-player-profiles [Letzter Zugriff 18.09.2024].
188 Ebd.
189 Ebd.
190 Webinar: TransferRoom - Revolutionising Football's Transfer Market, online unter: https://www.youtube.com/watch?v=zCwrSoJmBNQ [Letzter Zugriff 18.09.2024].
191 Webinar: TransferRoom - Revolutionising Football's Transfer Market, online unter: https://www.youtube.com/watch?v=zCwrSoJmBNQ [Letzter Zugriff 18.09.2024].
192 Digitale Plattform revolutioniert den Transfermarkt und wird auch von CSSL-Teams genutzt, online unter: https://sport.ch/fussball-international/1182324/digitale-plattform-revolutioniert-den-transfermarkt-und-wird-auch-von-cssl-teams-genutzt [Letzter Zugriff 19.09.2024].
193 Why TransferRoom has opened up to agents: Q&A with founder and CEO Jonas Ankersen, online unter: https://blog.transferroom.com/more-transparency-and-efficiency-why-transferroom-opened-up-to-agents [Letzter Zugriff 19.09.2024].
194 Ebd.
195 Get attention from club decision makers, online unter: https://www.transferroom.com/features/custom-pitch-agents [Letzter Zugriff 19.09.2024].
196 Quelle: TransferRoom, online unter: https://is1-ssl.mzstatic.com/image/thumb/PurpleSource126/v4/90/2d/29/902d29da-3438-0ea5-83c0-867532533e0d/52472816-d6ac-4021-9939-9f83fc678b1f_Squad_U00281242_x_2208_U0029.jpeg/750x750bb.jpeg, [Letzter Zugriff 18.09.2024].
197 How Plus Pitch finds the right club for your player – fast, online unter: https://blog.transferroom.com/how-plus-pitch-finds-the-right-club-for-your-player-fast [Letzter Zugriff 19.09.2024].
198 Build trust through transparency and feedback, online unter: https://www.transferroom.com/features/transparency. How a strong pitch strategy can improve your transfer success, online unter: https://blog.transferroom.com/

how-a-strong-pitch-strategy-can-improve-your-transfer-success [Letzter Zugriff 19.09.2024].
199 Players, how to get your performance stats for free on TransferRoom, online unter: https://blog.transferroom.com/players-how-to-get-your-performance-stats-for-free-on-transferroom. Accelerate your career – find your next move, online unter: https://www.transferroom.com/solutions/players [Letzter Zugriff 19.09.2024].
200 Agent Finder: Q&A for TransferRoom Trusted Agents, online unter: https://blog.transferroom.com/agent-finder-qa-for-transferroom-trusted-agents [Letzter Zugriff 19.09.2024].
201 Ebd.
202 Football's Only Transfer Marketplace, online unter: https://www.transferroom.com/. TransferRoom – Revolutionising Football's Transfer Market, online unter: https://www.youtube.com/watch?v=zCwrSoJmBNQ. Das Transfer-Tinder, online unter: https://www.faz.net/aktuell/sport/fussball/digitalisierung-des-fussball-spielermarktes-das-transfer-tinder-mit-transferroom-110235018.html [Letzter Zugriff 27.01.2025].
203 https://sport.ch/fussball-international/1182324/digitale-plattform-revolutioniert-den-transfermarkt-und-wird-auch-von-cssl-teams-genutzt
204 https://blog.transferroom.com/sporting-direct-club-talks-on-transferroom-set-up-20m-gyokeres-deal
205 Transferroom: Wie ein Fußball-Managerspiel – nur in echt, online unter: https://www.ran.de/sports/fussball/bundesliga/news/transferroom-wie-ein-fussball-managerspiel-nur-in-echt-169880 [Letzter Zugriff 29.11.2024].
206 David Nelson: TransferRoom - the transfer market goes digital, online unter: https://en.as.com/en/2019/11/20/soccer/1574258715_015478.html [Letzter Zugriff 29.11.2024].
207 How TransferRoom saved a deal in 15 minutes, online unter: https://blog.transferroom.com/how-transferroom-saved-a-deal-in-15-minutes. Das Transfer-Tinder, online unter: https://www.faz.net/aktuell/sport/fussball/digitalisierung-des-fussball-spielermarktes-das-transfer-tinder-mit-transferroom-110235018.html [Letzter Zugriff 27.01.2025].
208 Abteilung Regulatory Enforcement, online unter: https://inside.fifa.com/de/legal/football-regulatory/player-transfers [Letzter Zugriff 18.09.2024].
209 Transfer Deadline Day: FIFA TMS explained, online unter: https://www.youtube.com/watch?v=Nl7aifZYVrw [Letzter Zugriff 18.09.2024].
210 Abteilung Regulatory Enforcement, online unter: https://inside.fifa.com/de/legal/football-regulatory/player-transfers [Letzter Zugriff 18.09.2024].
211 Transfer Deadline Day: FIFA TMS explained, online unter: https://www.youtube.com/watch?v=Nl7aifZYVrw 2 Minuten 7 Sekunden [Letzter Zugriff 23.01.2025].
212 International Transfer Certificates (ITC), online unter: https://www.thefa.com/football-rules-governance/policies/player-registration/international-clearance. Transfer Deadline Day: FIFA TMS explained, online unter: https://www.

youtube.com/watch?v=Nl7aifZYVrw 1 Minute 20 Sekunden. [Letzter Zugriff 23.01.2025].
213 Transfer Deadline Day: FIFA TMS explained, online unter: https://www.youtube.com/watch?v=Nl7aifZYVrw 50 Sekunden [Letzter Zugriff 18.09.2024].
214 Transfer Deadline Day: FIFA TMS explained, online unter: https://www.youtube.com/watch?v=Nl7aifZYVrw 2 Minuten 10 Sekunden [Letzter Zugriff 18.09.2024].
215 Electronic player passport process, online unter: https://inside.fifa.com/transfer-system/clearing-house/epp-process [Letzter Zugriff 26.01.2025].
216 FIFA: FIFA Transfer Matching System review, online unter: https://www.youtube.com/watch?v=4AQp577OzVQ [Letzter Zugriff 18.09.2024].
217 FIFA-Abrechnungsstelle, online unter: https://inside.fifa.com/de/legal/football-regulatory/clearing-house 39 Sekunden [Letzter Zugriff 18.09.2024].
218 Die Macht der Spielerberater, online unter: https://www.zdf.de/dokumentation/zdfzoom/zdfzoom-spielerberater-fussball-transfer-100.html. Julian Weinberger: "Menschenhandel-Charakter": ZDF-Reportage beleuchtet "Haifischbecken" der Spielerberater, online unter: https://de.nachrichten.yahoo.com/menschenhandel-charakter-zdf-reportage-beleuchtet-040000228.html [Letzter Zugriff 19.09.2024].
219 Lars Wallrodt: Die zwielichtigen Machenschaften der Spielerberater, online unter: https://www.welt.de/sport/fussball/article109894886/Die-zwielichtigen-Machenschaften-der-Spielerberater.html [Letzter Zugriff 10.01.2025].
220 Steffen Schneider: Lizenz zum Schröpfen, online unter: https://www.spiegel.de/sport/fussball/spielervermittler-pruefung-lizenz-zum-schroepfen-a-719343.html [Letzter Zugriff 06.12.2024]. Kai Psotta: Die Paten der Liga, München 2015, S. 10ff. und 14ff.
221 Spielerberater auf Transfermarkt, online unter: https://www.transfermarkt.de/berater/beraterfirmenuebersicht/berater [Letzter Zugriff 23.01.2025].
222 FIFA: Football Agents in International, Dezember 2023, online unter: Transfers https://digitalhub.fifa.com/m/3bdd24adb0b653d2/original/Football-Agents-in-International-Transfers-November-2023.pdf, S. 4 [Letzter Zugriff 19.09.2024]. Allerdings gibt es diese Lizenz erst seit April 2023 und es ist zu erwarten, dass viele Spielerberater sich noch bei der FIFA lizenzieren lassen. Auf der Webseite der FIFA sind die aktuelle Anzahl an Spielerberatern und der Name jedes Spielerberaters transparent abfragbar: Agent Platform. Features for registered users, online unter: https://agents.fifa.com/directory-agents [Letzter Zugriff 19.09.2024].
223 Quelle: FIFA (2023): Football Agents in International Transfers, online unter: https://digitalhub.fifa.com/m/3bdd24adb0b653d2/original/Football-Agents-in-International-Transfers-November-2023.pdf, S. 11 [Letzter Zugriff 19.09.2024].
224 Ebd. Spielerberater verdienten 650 Millionen, online unter: https://www.sport1.de/news/internationaler-fussball/2023/09/deutsche-klubs-sahnen-bei-transfers-ab [Letzter Zugriff 19.09.2024].

8 Nachweise

225 Quelle: FIFA (2023): Football Agents in International Transfers, online unter: https://digitalhub.fifa.com/m/3bdd24adb0b653d2/original/Football-Agents-in-International-Transfers-November-2023.pdf, S. 5. [Letzter Zugriff 19.09.2024]
226 So kommen Sie an den Job, der Sie reich machen kann!, online unter: https://www.bild.de/sport/fussball/spielervermittler/so-kommen-sie-an-den-job-der-sie-reich-machen-kann-32271130.bild.html [Letzter Zugriff 18.09.2024].
227 DFB-Reglement für Spielervermittlung, online unter: https://www.dfb.de/fileadmin/_dfbdam/155844-DFB_Reglement_f%C3%BCr_Spielervermittlung.pdf [Letzter Zugriff 20.09.2024].
228 Spielerberater: Teurer Rat des Vermittlers, online unter: https://www.tagesspiegel.de/sport/teurer-rat-des-vermittlers-8093482.html [Letzter Zugriff 19.09.2024].
229 Ebd.
230 Agenti sportivi non autorizzati: in attesa del Decreto, la IAFA esorta alla massima attenzione, online unter: https://www.instagram.com/p/DE-MfWoMo7i/?utm_source=ig_web_copy_link [Letzter Zugriff 22.01.2025].
231 De la prison avec sursis requise au procès des vrai-faux agents à Marseille, online unter: https://www.lequipe.fr/Football/Actualites/De-la-prison-avec-sursis-requise-au-proces-des-vrai-faux-agents-a-marseille/1517222 [Letzter Zugriff 23.01.2025].
232 Football Regulatory: Agents, online unter: https://www.fifa.com/legal/football-regulatory/agents. FIFA: Football Agent Exam Study Materials – Edition January 2024, online unter: https://digitalhub.fifa.com/m/1c21b25b00c6dec8/original/FIFA-Football-Agent-Exam-Study-Materials.pdf, S. 375-414 [Letzter Zugriff 20.09.2024].
233 Ebd., S. 383 f.
234 Inkrafttreten des neuen FIFA-Fussballvermittlerreglements, online unter: https://www.fifa.com/de/legal/football-regulatory/agents/news/inkrafttreten-des-neuen-fifa-fussballvermittlerreglements. Football Regulatory: Agents, online unter: https://www.fifa.com/legal/football-regulatory/agents [Letzter Zugriff 20.09.2024].
235 User Manual: Apply to become a Football Agent, online unter: https://digitalhub.fifa.com/m/2dd1fe81cc32f883/original/FIFA-Agent-Platform-Applicant-Manual.pdf [Letzter Zugriff 20.09.2024].
236 Ebd.
237 Ebd., S. 14 ff.
238 FIFA: Football Agent Exam Study Materials – Edition January 2024, online unter: https://digitalhub.fifa.com/m/1c21b25b00c6dec8/original/FIFA-Football-Agent-Exam-Study-Materials.pdf, S. 410. Übersetzung der FIFA Football Agent Regulations, online unter: https://assets.dfb.de/uploads/000/278/516/original_Uebersetzung_der_FIFA_Football_Agent_Regulations.pdf?1676889921, S. 21 [Letzter Zugriff 20.09.2024].

8 Nachweise

239 FIFA: Football Agents in International Transfers, online unter: https://digitalhub. fifa.com/m/3bdd24adb0b653d2/original/Football-Agents-in-International-Transfers-November-2023.pdf , S. 4 [Letzter Zugriff 20.09.2024].

240 FIFA: »Football Agent Exam Study Materials – Edition January 2024«, online unter: https://digitalhub.fifa.com/m/1c21b25b00c6dec8/original/FIFA-Football-Agent-Exam-Study-Materials.pdf, S. 386 f. [Letzter Zugriff am 05.07.2024].

241 FIFA: Football Agent Exam Study Materials – Edition January 2024, online unter: https://digitalhub.fifa.com/m/1c21b25b00c6dec8/original/FIFA-Football-Agent-Exam-Study-Materials.pdf, S. 411. Übersetzung der FIFA Football Agent Regulations, online unter: https://assets.dfb.de/uploads/000/278/516/original_Uebersetzung_der_FIFA_Football_Agent_Regulations.pdf?1676889921, S. 22 [Letzter Zugriff 20.09.2024].

242 FIFA: Football Agent Exam Study Materials – Edition January 2024, online unter: https://digitalhub.fifa.com/m/1c21b25b00c6dec8/original/FIFA-Football-Agent-Exam-Study-Materials.pdf, S. 386 f. [Letzter Zugriff am 05.07.2024].

243 FIFA Football Agent Licence: 145 Teilnehmende bei Spielerberater-Prüfung, online unter: https://www.dfb.de/news/detail/fifa-football-agent-licence-145-teilnehmende-bei-spielerberater-pruefung-250665/ [Letzter Zugriff 20.09.2024].

244 Lizenzierter Fussballvermittler werden, online unter: https://www.fifa.com/de/legal/football-regulatory/agents/how-to-become-a-licenced-football-agent [Letzter Zugriff 20.09.2024].

245 User Manual: Apply to become a Football Agent, online unter: https://digitalhub.fifa.com/m/2dd1fe81cc32f883/original/FIFA-Agent-Platform-Applicant-Manual.pdf, S. 16 [Letzter Zugriff 20.09.2024].

246 Ebd., S. 24.

247 Rückblick auf die erste FIFA Spielervermittler-Prüfung (April 2023) , online unter: https://erkutsogut.com/blog/2023/05/05/rueckblick-auf-die-erste-fifa-spielervermittler-pruefung-april-2023/ [Letzter Zugriff 20.09.2024].

248 Chapter I: Study Material, in FIFA: Football Agent Exam Study Materials – August 2024 edition, online unter: https://digitalhub.fifa.com/m/1c21b25b00c6dec8/original/FIFA-Football-Agent-Exam-Study-Materials.pdf [Letzter Zugriff 17.12.2024].

249 Lizenzierter Fussballvermittler werden, online unter: https://www.fifa.com/de/legal/football-regulatory/agents/how-to-become-a-licenced-football-agent. How to Pass the FIFA Exam, online unter: https://www.transferroom.com/webinars/how-to-pass-fifa-football-agent-exam [Letzter Zugriff 23.09.2024].

250 User Manual – Apply to become a Football Agent, online unter: https://digitalhub.fifa.com/m/2dd1fe81cc32f883/original/FIFA-Agent-Platform-Applicant-Manual.pdf, S. 26 ff. [Letzter Zugriff 23.09.2024].

251 Ebd.

252 Ebd.

253 Ebd., S. 29.

8 Nachweise

254 Ebd., S. 30.
255 FIFA: Football Agent Exam Study Materials – August 2024 edition, online unter: https://digitalhub.fifa.com/m/1c21b25b00c6dec8/original/FIFA-Football-Agent-Exam-Study-Materials.pdf, S. 6 ff. [Letzter Zugriff 23.09.2024].
256 Amendments to the FIFA Football Agent Regulations and implementation of an online exam, online unter: https://digitalhub.fifa.com/m/add25cfead438b/original/Circular-1919_Amendments-to-the-Football-Agent-Regulations-and-implementation-of-an-online-exam-as-of-2025.pdf [Letzter Zugriff 24.01.2025].
257 FIFA Agent Platform User Manual, online unter: https://digitalhub.fifa.com/m/2dd1fe81cc32f883/original/FIFA-Agent-Platform-Applicant-Manual.pdf, S. 10 [Letzter Zugriff 10.12.2024].
258 https://www.sport1.de/news/internationaler-fussball/2023/04/internationaler-fussball-fifa-lizenz-test-wird-zum-fiasko-fur-spielervermittler
259 Review: The FIFA Football Agent Exam, April 2023, online unter: https://www.youtube.com/watch?v=TZF5ihMlaQw [Letzter Zugriff 10.12.2024].
260 FIFA: Football Agent Exam Study Materials – August 2024 edition, online unter: https://digitalhub.fifa.com/m/1c21b25b00c6dec8/original/FIFA-Football-Agent-Exam-Study-Materials.pdf, S. 10 [Letzter Zugriff 23.09.2024].
261 FIFA Football Agent Licence: 145 Teilnehmende bei Spielerberater-Prüfung, online unter: https://www.dfb.de/news/detail/fifa-football-agent-licence-145-teilnehmende-bei-spielerberater-pruefung-250665/ [Letzter Zugriff 10.12.2024].
262 Übersetzung der Football Agents Regulations, online unter: https://assets.dfb.de/uploads/000/278/516/original_Uebersetzung_der_FIFA_Football_Agent_Regulations.pdf?1676889921, S. 8 f. Football Agents in International Transfers November 2023, online unter: https://digitalhub.fifa.com/m/3bdd24adb0b653d2/original/Football-Agents-in-International-Transfers-November-2023.pdf, S. 4 [Letzter Zugriff 10.12.2024].
263 User Manual – Apply to become a Football Agent, online unter: https://digitalhub.fifa.com/m/2dd1fe81cc32f883/original/FIFA-Agent-Platform-Applicant-Manual.pdf, S. 37 [Letzter Zugriff 23.09.2024].
264 FIFA Football Agent Regulations: licensing updates and information on the Agents Chamber of the FIFA Football Tribunal, online unter: https://digitalhub.fifa.com/m/76cc8bb9b9d90413/original/Letter-from-the-FIFA-Secretary-General-ad-interim-Circular-no-1874.pdf S. 2 [Letzter Zugriff 23.01.2025].
265 Agent Platform, online unter: https://agents.fifa.com/directory-agents [Letzter Zugriff 23.09.2024].
266 User Manual – Apply to become a Football Agent, online unter: https://digitalhub.fifa.com/m/2dd1fe81cc32f883/original/FIFA-Agent-Platform-Applicant-Manual.pdf, S. 40 [Letzter Zugriff 23.09.2024].
267 Zur Einführung der FFAR wurde am 04.04.2023 eine Online-Veranstaltung auf der FIFA-Internetseite durchgeführt, dazu: Understanding the new FIFA Football Agent Regulations, online unter: https://digitalhub.fifa.com/

m/54b957feaf7136f0/original/Understanding-the-new-FIFA-Football-Agent-Regulations-Online-Conference.pdf [Letzter Zugriff 23.09.2024].

268 Regulations on Working with Intermediaries, online unter: https://digitalhub.fifa.com/m/352df54820ee1a59/original/cr6dquxm2adupv8q3ply-pdf-pdf.pdf. Übersetzung der FIFA Football Agent Regulations, online unter: https://assets.dfb.de/uploads/000/278/516/original_Uebersetzung_der_FIFA_Football_Agent_Regulations.pdf?1676889921, S. 6 f. DFB: Pinnwand Spielervermittlung, online unter: https://www.dfb.de/pinnwand-1/spielervermittlung [Letzter Zugriff 23.09.2024].

269 FIFA: Football Agent Exam Study Materials – Edition August 2024, online unter: https://digitalhub.fifa.com/m/1c21b25b00c6dec8/original/FIFA-Football-Agent-Exam-Study-Materials.pdf , S. 332, 342, 330, 352, 354 [Letzter Zugriff 23.09.2024].

270 Übersetzung der FIFA Football Agent Regulations, online unter: https://assets.dfb.de/uploads/000/278/516/original_Uebersetzung_der_FIFA_Football_Agent_Regulations.pdf?1676889921, S. 4. FIFA: Football Agent Exam Study Materials – Edition August 2024, online unter: https://digitalhub.fifa.com/m/1c21b25b00c6dec8/original/FIFA-Football-Agent-Exam-Study-Materials.pdf, S. 332, 336 [Letzter Zugriff 23.09.2024].

271 Übersetzung der FIFA Football Agent Regulations, online unter: https://assets.dfb.de/uploads/000/278/516/original_Uebersetzung_der_FIFA_Football_Agent_Regulations.pdf?1676889921 , S. 10, 12 [Letzter Zugriff 23,.09.2024].

272 Ebd., S. 10.

273 FIFA: Football Agent Exam Study Materials – Edition August 2024, online unter: https://digitalhub.fifa.com/m/1c21b25b00c6dec8/original/FIFA-Football-Agent-Exam-Study-Materials.pdf, S. 336 [Letzter Zugriff 23.09.2024].

274 Übersetzung der FIFA Football Agent Regulations, online unter: https://assets.dfb.de/uploads/000/278/516/original_Uebersetzung_der_FIFA_Football_Agent_Regulations.pdf?1676889921, S. 11 [Letzter Zugriff 23.09.2024].

275 Ebd., S. 15.

276 Ebd., S. 16.

277 Ebd., S. 11. FIFA: Football Agent Exam Study Materials – Edition August 2024, online unter: https://digitalhub.fifa.com/m/1c21b25b00c6dec8/original/FIFA-Football-Agent-Exam-Study-Materials.pdf, S. 337 [Letzter Zugriff 23.09.2024].

278 FIFA: Football Agent Exam Study Materials – Edition August 2024, online unter: https://digitalhub.fifa.com/m/1c21b25b00c6dec8/original/FIFA-Football-Agent-Exam-Study-Materials.pdf, S. 341, 665 f. Übersetzung der FIFA Football Agent Regulations, online unter: https://assets.dfb.de/uploads/000/278/516/original_Uebersetzung_der_FIFA_Football_Agent_Regulations.pdf?1676889921, S. 14 [Letzter Zugriff 23.09.2024].

279 FIFA: Football Agent Exam Study Materials – Edition August 2024, online unter: https://digitalhub.fifa.com/m/1c21b25b00c6dec8/original/FIFA-Football-Agent-Exam-Study-Materials.pdf, S. 341 [Letzter Zugriff 23.09.2024].

8 Nachweise

280 Excel-Sheet Effective Commission Rate, online unter: https://digitalhub.fifa.com/m/629db97f9190152d/original/Effective-commission-rate.xlsx [Letzter Zugriff 23.09.2024].
281 FIFA: Football Agent Exam Study Materials – Edition August 2024, online unter: https://digitalhub.fifa.com/m/1c21b25b00c6dec8/original/FIFA-Football-Agent-Exam-Study-Materials.pdf, S. 339 [Letzter Zugriff 23.09.2024].
282 Übersetzung der FIFA Football Agent Regulations, online unter: https://assets.dfb.de/uploads/000/278/516/original_Uebersetzung_der_FIFA_Football_Agent_Regulations.pdf?1676889921, S. 12 f. FIFA: Football Agent Exam Study Materials – Edition August 2024, online unter: https://digitalhub.fifa.com/m/1c21b25b00c6dec8/original/FIFA-Football-Agent-Exam-Study-Materials.pdf, S. 339 [Letzter Zugriff 23.09.2024].
283 FIFA: Football Agent Exam Study Materials – Edition August 2024, online unter: https://digitalhub.fifa.com/m/1c21b25b00c6dec8/original/FIFA-Football-Agent-Exam-Study-Materials.pdf, S. 340 [Letzter Zugriff 23.09.2024].
284 Ebd., S. 339.
285 Ebd., S. 339 f.
286 Ebd., S. 394, 662 ff.
287 Ebd., S. 342 f.
288 Ebd., S. 343. Übersetzung der FIFA Football Agent Regulations, online unter: https://assets.dfb.de/uploads/000/278/516/original_Uebersetzung_der_FIFA_Football_Agent_Regulations.pdf?1676889921, S. 15 f. [Letzter Zugriff 23.09.2024].
289 Übersetzung der FIFA Football Agent Regulations, online unter: https://assets.dfb.de/uploads/000/278/516/original_Uebersetzung_der_FIFA_Football_Agent_Regulations.pdf?1676889921, S. 16. FIFA: Football Agent Exam Study Materials – Edition August 2024, online unter: https://digitalhub.fifa.com/m/1c21b25b00c6dec8/original/FIFA-Football-Agent-Exam-Study-Materials.pdf, S. 343 [Letzter Zugriff 23.09.2024].
290 FIFA: Football Agent Exam Study Materials – Edition August 2024, online unter: https://digitalhub.fifa.com/m/1c21b25b00c6dec8/original/FIFA-Football-Agent-Exam-Study-Materials.pdf, S. 342 ff. [Letzter Zugriff 23.09.2024].
291 Übersetzung der FIFA Football Agent Regulations, online unter: https://assets.dfb.de/uploads/000/278/516/original_Uebersetzung_der_FIFA_Football_Agent_Regulations.pdf?1676889921, S. 19. FIFA: Football Agent Exam Study Materials – Edition August 2024, online unter: https://digitalhub.fifa.com/m/1c21b25b00c6dec8/original/FIFA-Football-Agent-Exam-Study-Materials.pdf, S. 350 [Letzter Zugriff 24.09.2024].
292 FIFA: Football Agent Exam Study Materials – Edition August 2024, online unter: https://digitalhub.fifa.com/m/1c21b25b00c6dec8/original/FIFA-Football-Agent-Exam-Study-Materials.pdf, S. 62, S. 66 f., S. 76, S. 252, S. 313, S. 598, S. 609 und S. 676 [Letzter Zugriff 24.09.2024].

8 Nachweise

293 FIFA: »Football Agent Exam Study Materials – Edition January 2024«, URL: https://digitalhub.fifa.com/m/1c21b25b00c6dec8/original/FIFA-Football-Agent-Exam-Study-Materials.pdf, S. 691 [Letzter Zugriff am 05.07.2024].
294 FIFA: Football Agent Exam Study Materials – Edition August 2024, online unter: https://digitalhub.fifa.com/m/1c21b25b00c6dec8/original/FIFA-Football-Agent-Exam-Study-Materials.pdf, S. 556 f. [Letzter Zugriff 23.01.2025].
295 Übersetzung der FIFA Football Agent Regulations, online unter: https://assets.dfb.de/uploads/000/278/516/original_Uebersetzung_der_FIFA_Football_Agent_Regulations.pdf?1676889921, S. 12 [Letzter Zugriff 12.09.2024].
296 Ebd., S. 12.
297 Ebd., S. 17.
298 FIFA Football Agents Report (December 2024), online unter: https://digitalhub.fifa.com/m/13f391e61065a845/original/Football-Agents-Report-2024.pdf, S. 8 [Letzter Zugriff 23.01.2025].
299 Ebd., S. 9.
300 Continuing Professional Development, online unter: https://www.fifa.com/legal/football-regulatory/agents/education/continuing-professional-development. Übersetzung der FIFA Football Agent Regulations, online unter: https://assets.dfb.de/uploads/000/278/516/original_Uebersetzung_der_FIFA_Football_Agent_Regulations.pdf?1676889921, S. 9 [Letzter Zugriff 23.09.2024].
301 Agents: FAQ & How to contact us, online unter: https://www.fifa.com/legal/football-regulatory/agents/faq-agents [Letzter Zugriff 10.12.2024].
302 Enclosure 1: Explanatory notes on the FIFA Football Agent Regulations, online unter: https://digitalhub.fifa.com/m/1157a29c3d89ec3/original/Enclosure-1_Explanatory-notes-on-the-FFAR.pdf [Letzter Zugriff 10.12.2024].
303 Johannes Aumüller: Bei zehn Prozent ist Schluss – oder nicht?, online unter: https://www.sueddeutsche.de/sport/fussball-spielerberater-gehalt-fifa-reform-1.5819074 [Letzter Zugriff 24.09.2024].
304 David Vorholt: Die FIFA und die Spielerberater - ein Millionen-Konflikt, online unter: https://www.dw.com/de/die-fifa-und-die-spielerberater-ein-millionen-konflikt/a-67875986 [Letzter Zugriff 24.09.2024].
305 Johannes Aumüller: Bei zehn Prozent ist Schluss – oder nicht?, online unter: https://www.sueddeutsche.de/sport/fussball-spielerberater-gehalt-fifa-reform-1.5819074. Spielerberater: FIFA geht in Berufung, online uner: https://www.kicker.de/spielerberater-fifa-geht-in-berufung-956798/artikel [Letzter Zugriff 24.09.2024].
306 LG Dortmund, Urteil vom 24.05.2023 – 8 O 1/23 (Kart), online unter: https://openjur.de/u/2470417.html. Thomas Kistner: Gericht verdonnert DFB zu Strafzahlung, online unter: https://www.sueddeutsche.de/sport/dfb-lg-dortmund-strafe-1.6119086?fbclid=PAAaYhMGxLBoXdSYvbzjnoBXGaV0MKW3VvnWkmNjElOS4Upvg1eWwJIY1PUnw. DFB soll 150.000 Euro Ordnungsgeld zahlen, online unter: https://www.spiegel.de/sport/fussball/dfb-soll-wegen-regeln-fuer-spielerberater-150-000-euro-ordnungsgeld-zahlen-a-96e2faf5-d3a9-

4b65-b52c-d4a233fecb68. Information on the preliminary injunction granted by the Landgericht Dortmund in the procedure 8 O 1/23 (Kart), online unter: https://inside.fifa.com/legal/football-regulatory/agents/news/information-on-the-preliminary-injunction-granted-by-the-landgericht [Letzter Zugriff 24.09.2024].

307 LG Dortmund, Urteil vom 24.05.2023 – 8 O 1/23 (Kart), online unter: https://openjur.de/u/2470417.html. Thomas Kistner: Gericht verdonnert DFB zu Strafzahlung, online unter: https://www.sueddeutsche.de/sport/dfb-lg-dortmund-strafe-1.6119086?fbclid=PAAaYhMGxLBoXdSYvbzjnoBXGaV0MKW3VvnWkmNjElOS4Upvg1eWwJIY1PUnw. DFB soll 150.000 Euro Ordnungsgeld zahlen, online unter: https://www.spiegel.de/sport/fussball/dfb-soll-wegen-regeln-fuer-spielerberater-150-000-euro-ordnungsgeld-zahlen-a-96e2faf5-d3a9-4b65-b52c-d4a233fecb68 [Letzter Zugriff 16.01.2025].

308 FIFA: »Football Agent Exam Study Materials – Edition January 2024«, URL: https://digitalhub.fifa.com/m/1c21b25b00c6dec8/original/FIFA-Football-Agent-Exam-Study-Materials.pdf, S. 386 [Letzter Zugriff am 05.07.2024].

309 FIFA: »Football Agent Exam Study Materials – Edition January 2024«, URL: https://digitalhub.fifa.com/m/1c21b25b00c6dec8/original/FIFA-Football-Agent-Exam-Study-Materials.pdf, S. 396 [Letzter Zugriff am 05.07.2024].

310 FIFA: »Football Agent Exam Study Materials – Edition January 2024«, URL: https://digitalhub.fifa.com/m/1c21b25b00c6dec8/original/FIFA-Football-Agent-Exam-Study-Materials.pdf, S. 384 [Letzter Zugriff am 05.07.2024].

311 FIFA: »Football Agent Exam Study Materials – Edition January 2024«, URL: https://digitalhub.fifa.com/m/1c21b25b00c6dec8/original/FIFA-Football-Agent-Exam-Study-Materials.pdf, S. 406 [Letzter Zugriff am 05.07.2024].

312 FIFA: »Football Agent Exam Study Materials – Edition January 2024«, URL: https://digitalhub.fifa.com/m/1c21b25b00c6dec8/original/FIFA-Football-Agent-Exam-Study-Materials.pdf, S. 408 [Letzter Zugriff am 05.07.2024].

313 FIFA: »Football Agent Exam Study Materials – Edition January 2024«, URL: https://digitalhub.fifa.com/m/1c21b25b00c6dec8/original/FIFA-Football-Agent-Exam-Study-Materials.pdf, S. 391 [Letzter Zugriff am 05.07.2024].

314 FIFA: »Football Agent Exam Study Materials – Edition January 2024«, URL: https://digitalhub.fifa.com/m/1c21b25b00c6dec8/original/FIFA-Football-Agent-Exam-Study-Materials.pdf, S. 394 [Letzter Zugriff am 05.07.2024].

315 FIFA: »Football Agent Exam Study Materials – Edition January 2024«, URL: https://digitalhub.fifa.com/m/1c21b25b00c6dec8/original/FIFA-Football-Agent-Exam-Study-Materials.pdf, S. 394 [Letzter Zugriff am 05.07.2024].

316 FIFA: »Football Agent Exam Study Materials – Edition January 2024«, URL: https://digitalhub.fifa.com/m/1c21b25b00c6dec8/original/FIFA-Football-Agent-Exam-Study-Materials.pdf, S. 394 [Letzter Zugriff am 05.07.2024].

317 FIFA: »Football Agent Exam Study Materials – Edition January 2024«, URL: https://digitalhub.fifa.com/m/1c21b25b00c6dec8/original/FIFA-Football-Agent-Exam-Study-Materials.pdf, S. 394 [Letzter Zugriff am 05.07.2024].

8 Nachweise

318 FIFA: »Football Agent Exam Study Materials – Edition January 2024«, URL: https://digitalhub.fifa.com/m/1c21b25b00c6dec8/original/FIFA-Football-Agent-Exam-Study-Materials.pdf, S. 395 f [Letzter Zugriff am 05.07.2024].
319 FIFA: »Football Agent Exam Study Materials – Edition January 2024«, URL: https://digitalhub.fifa.com/m/1c21b25b00c6dec8/original/FIFA-Football-Agent-Exam-Study-Materials.pdf, S. 398 f [Letzter Zugriff am 05.07.2024].
320 FIFA: »Football Agent Exam Study Materials – Edition January 2024«, URL: https://digitalhub.fifa.com/m/1c21b25b00c6dec8/original/FIFA-Football-Agent-Exam-Study-Materials.pdf, S. 404 [Letzter Zugriff am 05.07.2024].
321 Landgericht Dortmund: Pressemitteilung, online unter: https://www.lg-dortmund.nrw.de/behoerde/presse/Pressemitteilungen-2023/PM-Eilrechtsschutz-FIFA.pdf [Letzter Zugriff 18.09.2024].
322 Mendes & Co. drohen der FIFA mit der US-Justiz, online unter: https://www.kicker.de/mendes-co-drohen-der-fifa-mit-der-us-justiz-932146/artikel [Letzter Zugriff 25.09.2024].
323 Thomas Kistner: Gericht verdonnert DFB zu Strafzahlung, online unter: https://www.sueddeutsche.de/sport/dfb-lg-dortmund-strafe-1.6119086?fbclid=PAAaYhMGxLBoXdSYvbzjnoBXGaV0MKW3VvnWkmNjElOS4Upvg1eWwJIY1PUnw. DFB soll 150.000 Euro Ordnungsgeld zahlen, online unter: https://www.spiegel.de/sport/fussball/dfb-soll-wegen-regeln-fuer-spielerberater-150-000-euro-ordnungsgeld-zahlen-a-96e2faf5-d3a9-4b65-b52c-d4a233fecb68 [Letzter Zugriff 25.09.2024].
324 Gericht weist Beschwerde gegen Ordnungsgeld zurück, online unter: https://www.deutschlandfunk.de/gericht-weist-beschwerde-gegen-ordnungsgeld-zurueck-100.html [Letzter Zugriff 25.09.2024].
325 Berater erreichen juristischen Erfolg gegen FIFA: »Für alle Agenten von größter Bedeutung«, online unter: https://www.transfermarkt.de/berater-erreichen-juristischen-erfolg-gegen-fifa-fur-alle-agenten-von-grosster-bedeutung-quot-/view/news/430761. Zum spanischen Urteil https://raskovskyasociados.com.ar/wp-content/uploads/2023/11/Orden_Suspensi_n_1699286243.pdf. Future of the FIFA Agent Regulations, online unter: https://www.transferroom.com/webinars/fifa-agent-regulations-explained 27. Minute. Procès-verbal du Comité Exécutif, online unter: https://media.fff.fr/uploads/document/3c68493a83dc7b4ba1255aa60a89f8e3.pdf. REINTRODOTTO IL CONTRIBUTO DI SOLIDARIETA' DEL 3%, online unter: https://www.figc.it/media/218405/comunicato-stampa-consiglio.pdf. Jorgos Brouzos: Zoff der Fifa mit den Spielervermittlern entscheidet sich in der Schweiz, online unter: https://www.tagesanzeiger.ch/zoff-der-fifa-mit-den-spielervermittlern-entscheidet-sich-in-der-schweiz-444367963572. AGENCIAMENTO SUB JUDICE – LEGALIDADE DAS NOVAS NORMAS CONTIDAS NOS REGULAMENTOS DE AGENTES DA FIFA E CBF, online unter: https://ibdd.com.br/agenciamento-sub-judice-legalidade-das-novas-normas-contidas-nos-regulamentos-de-agentes-da-fifa-e-cbf/?v=19d3326f3137. JUZGADO CIVIL Y COMERCIAL FEDERAL 10 , online

unter: https://aldiaargentina.microjuris.com/wp-content/uploads/2024/05/cautelar-fifa.pdf [Letzter Zugriff 25.09.2024].

326 Update on arbitration proceedings by agencies to challenge NFAR implementation, online unter: https://www.thefa.com/news/2023/sep/26/rule-k-arbitration-update [Letzter Zugriff 10.12.2024].

327 Statement on arbitration proceedings by agencies to challenge NFAR implementation, online unter: https://www.thefa.com/news/2023/nov/30/update-on-arbitration-proceedings-by-agencies-to-challenge-nfar-implementation-20233011 [Letzter Zugriff 10.12.2024].

328 Text des spanischen Urteils, online unter: https://raskovskyasociados.com.ar/wp-content/uploads/2023/11/Orden_Suspensi_n_1699286243.pdf. Spanish Judges Grant Injunction for FIFA Football Agents Regulations in Spain, online unter: https://www.football-legal.com/content/spanish-judges-grant-injunction-for-fifa-football-agents-regulations-in-spain [Letzter Zugriff 16.01.2025].

329 FFF: Procès-verbal du Comité Exécutif, online unter: https://media.fff.fr/uploads/document/3c68493a83dc7b4ba1255aa60a89f8e3.pdf , S. 6 [Letzter Zugriff 10.12.2024].

330 REINTRODOTTO IL CONTRIBUTO DI SOLIDARIETA' DEL 3%, online unter: https://www.figc.it/media/218405/comunicato-stampa-consiglio.pdf. Regolamento Agenti sportivi, online unter: https://www.figc.it/it/federazione/norme/regolamento-agenti-sportivi/ [Letzter Zugriff 10.12.2024].

331 Justiça proíbe FIFA de aplicar seu regulamento de agentes no Brasil, online unter: https://leiemcampo.com.br/justica-proibe-fifa-de-aplicar-seu-regulamento-de-agentes-no-brasil/ [Letzter Zugriff 10.12.2024].

332 FIFA Football Agent Regulations: update on implementation, online unter: https://digitalhub.fifa.com/m/76b4cdc63e42e03f/original/1873_FIFA-Football-Agent-Regulations-update-on-implementation.pdf. Aktualisierte Information zur einstweiligen Verfügung des Landgerichts Dortmund im Verfahren 8 O 1/23 (Kart), online unter: https://www.fifa.com/de/legal/football-regulatory/agents/news/information-zur-einstweiligen-verfuegung-des-landgerichts-dortmund-im [Letzter Zugriff 25.09.2024].

333 Aktueller Hinweis zu den FIFA Football Agent Regulations, online unter: https://www.dfb.de/pinnwand-1/spielervermittlung [Letzter Zugriff 28.10.2024].

334 Spielerberater: FIFA geht in Berufung, online unter: https://www.kicker.de/spielerberater-fifa-geht-in-berufung-956798/artikel. IFA-Regelungen zu Spielervermittlern: 1. Kartellsenat weist Berufung im Eilverfahren zurück, online unter: https://www.olg-duesseldorf.nrw.de/behoerde/presse/Presse_aktuell/20240313_PM_FIFA-Regelungen-zu-Spielervermittlern/index.php. Beschränkung von Spielervermittlern: Erneute FIFA-Niederlage, online unter: https://www.sueddeutsche.de/sport/fussball-duesseldorf-beschraenkung-von-spielervermittlern-erneute-fifa-niederlage-dpa.urn-newsml-dpa-com-20090101-240313-99-325844 [Letzter Zugriff 25.09.2024].

8 Nachweise

335 DFB-Präsidium beschließt neues DFB-Reglement für Spieler- und Trainervermittlung, online unter: https://www.dfb.de/pinnwand-1/spielervermittlung [Letzter Zugriff 17.12.2024].

336 Christian Mixa: Nächste Niederlage für die FIFA vor Gericht, online unter: https://www.sportschau.de/fussball/ffar-spielervermittler-reglementklage-100.html [Letzter Zugriff 16.12.2024].

337 Information on the preliminary injunction granted by the Landgericht Dortmund in the procedure 8 O 1/23, online unter: https://inside.fifa.com/legal/football-regulatory/agents/news/information-on-the-.preliminary-injunction-granted-by-the-landgericht [Letzter Zugriff 16.12.2024].

338 Weitreichende Folgen für Transfermarkt? FIFA erleidet Niederlage vor EuGH, online unter: https://www.kicker.de/weitreichende-folgen-fuer-transfermarkt-fifa-erleidet-niederlage-vor-eugh-1056629/artikel [Letzter Zugriff 16.12.2024].

339 Jan Ziglinski: Beschämend für die FIFA, Frankfurter Allgemeine Sonntagszeitung, 13. Oktober 2024, Nr. 41.

340 FIFA opens global dialogue on article 17 of the Regulations on the Status and Transfer of Players, online unter: https://inside.fifa.com/transfer-system/news/fifa-opens-global-dialogue-on-article-17-of-the-regulations-on-the-status-and-transfer-of-players?requester=MediaHub&entryId=wXEnnz3s6xwfEMRKlynjR [Letzter Zugriff 23.01.2025].

341 DFB-Präsidium beschließt neues DFB-Reglement für Spieler- und Trainervermittlung, online unter: https://www.dfb.de/pinnwand-1/spielervermittlung [Letzter Zugriff 16.12.2024].

342 Regulations and Guidance in relation to The FA Football Agent Regulations, online unter: https://www.thefa.com/football-rules-governance/policies/player-status---agents/fa-football-agent-regulations [Letzter Zugriff 16.12.2024].

343 Football agents, online unter: https://www.knvb.com/contact/football-agents [Letzter Zugriff 16.12.2024].

344 Code du sport, Chapitre II: Sport professionnel, online unter: https://www.legifrance.gouv.fr/loda/article_lc/LEGIARTI000022326514/2024-02-27 [Letzter Zugriff 16.12.2024].

345 Comment obtenir la licence ?, online unter: https://www.fff.fr/18-les-agents-sportifs/395-licence-examens-et-ressortissants-europeens.html. WATCH: Future of the FIFA Agent Regulations, online unter: https://www.transferroom.com/webinars/fifa-agent-regulations-explained [Letzter Zugriff 17.12.2024].

346 Liste des agents licenciés, online unter: https://www.fff.fr/agents-sportifs-fff/liste-des-agents-licencies.html [Letzter Zugriff 17.12.2024].

347 Règlement des agents sportifs, online unter: https://media.fff.fr/uploads/documents/reglement-des-agents-sportifs.pdf [Letzter Zugriff 16.12.2024].

348 Demande de prestation de services, online unter: https://media.fff.fr/uploads/document/bdf1890a79f43fd3c893b527a80784f8.pdf [Letzter Zugriff 17.12.2024].

349 Liste des agents prestataires, online unter: https://www.fff.fr/agents-sportifs-fff/liste-des-agents-prestataires.html [Letzter Zugriff 17.12.2024].

350 WATCH: Future of the FIFA Agent Regulations, online unter: https://www.transferroom.com/webinars/fifa-agent-regulations-explained [Letzter Zugriff 17.12.2024].
351 Regolamento Agenti sportivi, online unter: https://www.figc.it/it/federazione/norme/regolamento-agenti-sportivi/ [Letzter Zugriff 16.12.2024].
352 Portale FIGC Agenti Sportivi, online unter: https://figc.forms.penguinpass.it/p/FIGC%20-%20Forms [Letzter Zugriff 16.12.2024].
353 Règlement sur les agents, online unter: https://www.rbfa.be/fr/vous-de-jouer/agents/reglement-sur-les-agents [Letzter Zugriff 16.12.2024].
354 Obligations légales des agents, online unter: https://www.rbfa.be/fr/vous-de-jouer/agents/obligations-legales-des-agents [Letzter Zugriff 16.12.2024].
355 Reglamento Nacional de Agentes, Edición 2023, online unter: https://rfef.es/sites/default/files/2023-12/3.%20Reglamento%20Agentes%20RFEF.pdf [Letzter Zugriff 16.12.2024].
356 Regulamento de Agentes de Futbol da Federação portuguesa de Futebol, online unter: https://www.fpf.pt/DownloadDocument.ashx?id=24811 [Letzter Zugriff 16.12.2024].
357 Private Arbeitsvermittlung und Personalverleih, online unter: https://www.seco.admin.ch/seco/de/home/Arbeit/Personenfreizugigkeit_Arbeitsbeziehungen/Private_Arbeitsvermittlung_und_Personalverleih.html [Letzter Zugriff 16.12.2024].
358 Die Tätigkeit der Fußballspieler-Vermittler. Die gesetzlichen Rahmenbedingungen aus Sicht des Bundesgesetzes über die Arbeitsvermittlung und den Personalverleih (AVG, SR 823.11), online unter: https://org.football.ch/portaldata/28/Resources/Dokumente/DE/04_Nichtamateure_und_Vermittler/4.5_Gesetzliche_Rahmenbedingungen_fuer_Vermittlerdienste_(Informationen_des_SECO).pdf [Letzter Zugriff 16.12.2024].
359 Reglement für Fußballagenten, online unter: https://www.oefb.at/oefb/Reglement-fuer-Fussballagenten-gueltig-ab-01-10-2023.pdf [Letzter Zugriff 16.12.2024].
360 Executive Programme in Football Agency 1st Edition 2022, online unter: https://digitalhub.fifa.com/m/1c9349c0bf5db151/original/FIFA-Executive-Programme-in-Football-Agency-2022.pdf. FIFA Executive Programme in Football Agency, online unter: https://inside.fifa.com/transfer-system/football-agency/1st-edition [Letzter Zugriff 24.01.2025].
361 Executive Programme in Football Agency 2nd Edition 2025, online unter: https://digitalhub.fifa.com/m/69c38e7027f23167/original/FIFA-Executive-Programme-in-Football-Agency-2nd-edition.pdf. FIFA Executive Programme in Football Agency, online unter: https://inside.fifa.com/transfer-system/football-agency [Letzter Zugriff 24.01.2025].
362 UEFA Player Agent Programme (UEFA PAP), online unter: https://uefaacademy.com/courses/pap/. UEFA Player Agent Programme, online unter: https://uefaacademy.com/wp-content/uploads/sites/2/2021/10/UEFA_PAP_Brochure_3volets_A4_2024_BD.pdf [Letzter Zugriff 07.10.2024].

363 Berater von Alaba holt Sky-Moderator ins Team, online unter: https://www.krone.at/2641562. Sky-Moderator wird wohl Spielerberater, online unter: https://www.sport1.de/news/fussball/bundesliga/2023/07/sky-moderator-wird-offenbar-spielerberater-vom-transferexperten-zum-transfer-macher [Letzter Zugriff 07.10.2024].

364 Matthias Wolf: Spielerberater in der Kritik: Der Schatten der Talente, online unter: https://www.tagesspiegel.de/sport/der-schatten-der-talente-3976231.html [Letzter Zugriff 07.10.2024]. Psotta, Kai (2015): Die Paten der Liga, S. 167 f.

365 Christopher Michel: Verzockt Grillitsch seine Karriere?, online unter: https://www.sport1.de/news/fussball/bundesliga/2022/07/verzockt-papa-grillitsch-eine-grosse-karriere [Letzter Zugriff 12.12.2024]. Psotta, Kai (2015): Die Paten der Liga, S. 186, S. 191 und S. 197.

366 Spielerberater Volker Struth blickt hinter die Kulissen des Profi-Fußballs, online unter: https://www.youtube.com/watch?v=U0nUUmgOe9M [Letzter Zugriff 07.12.2024].

367 Kramer gibt Einblicke in Vereinssuche:»Ey, habt Ihr nicht Lust? Ich brauche auch kein Geld mehr«, online unter: https://www.transfermarkt.de/kramer-gibt-einblicke-in-vereinssuche-ey-habt-ihr-nicht-lust-ich-brauche-auch-kein-geld-mehr-quot-/view/news/447244 [Letzter Zugriff 10.12.2024].

368 FIFA Football Agent Exam Study Materials – Edition August 2024, online unter: https://digitalhub.fifa.com/m/1c21b25b00c6dec8/original/FIFA-Football-Agent-Exam-Study-Materials.pdf, S. 336 [Letzter Zugriff 09.10.2024].

369 FIFA Football Agent Exam Study Materials – Edition August 2024, online unter: https://digitalhub.fifa.com/m/1c21b25b00c6dec8/original/FIFA-Football-Agent-Exam-Study-Materials.pdf , S. 327, 336 [Letzter Zugriff 07.10.2024].

370 Hinter den Kulissen von Bundesliga-Transfers: Spielerberater-Interview I Sportschau, online unter: https://www.youtube.com/watch?v=JbGTqd_h_HE [Letzter Zugriff 06.12.2024].

371 FIFA Representation Agreement template, online unter: https://inside.fifa.com/legal/football-regulatory/agents/fifa-representation-agreement-template [Letzter Zugriff 07.10.2024].

372 Representation Agreements, online unter: https://www.thefa.com/football-rules-governance/policies/player-status---agents/representation-agreements [Letzter Zugriff 02.12.2024].

373 Mustervertrag für Vertragsspieler (Stand 02/2024), online unter: https://www.dfb.de/fileadmin/_dfbdam/296730-Mustervertrag_Vertragsspieler_DEU_02-2024.pdf [Letzter Zugriff 07.10.2024].

374 Volker Struth – Phrasenmäher #91, BILD Podcasts, online unter: https://www.youtube.com/watch?v=wd1_Jvw3gzQ [Letzter Zugriff 08.10.2024].

375 DFB-Pinnwand – Spielervermittler, online unter: https://www.dfb.de/verbandsservice/pinnwand/spielervermittlung/ [Letzter Zugriff 08.10.2024].

376 DFB-Pinnwand – Spielervermittler, online unter: https://www.dfb.de/verbandsservice/pinnwand/spielervermittlung/ [Letzter Zugriff 08.10.2024].

377 FIFA Football Agent Exam Study Materials – Edition August 2024, online unter: https://digitalhub.fifa.com/m/1c21b25b00c6dec8/original/FIFA-Football-Agent-Exam-Study-Materials.pdf, S. 673 [Letzter Zugriff 08.10.2024].

378 Miller Insurance: Sport Professionals, online unter: https://www.miller-insurance.com/what-we-do/Sports-and-entertainment/Sports-professionals. Allianz: Sportunfälle: Das zahlt die Versicherung im Ernstfall, online unter: https://www.allianz.de/vorsorge/unfallversicherung/sportunfaelle/. Wunderlich Financial Consulting: Die Sportunfähigkeits-Versicherung für Berufssportler - SUB 2024, online unter: https://www.wunderlich-consulting.net/de/berufsunfaehigkeit/berufssportler. [Letzter Zugriff 08.10.2024].

379 15 Millionen Vertrag für BVB-Star, online unter: https://www.bild.de/sport/fussball/mario-goetze/15-mio-vertrag-fuer-bvb-star-20219196.bild.html [Letzter Zugriff 08.10.2024].

380 Ausrüsterverträge der Stars: Erling Haaland erhält Mega-Vertrag bei Nike, online unter: https://www.ran.de/sports/fussball/galerien/ausruestervertraege-der-stars-erling-haaland-erhaelt-mega-vertrag-bei-nike-85289 [Letzter Zugriff 08.10.2024].

381 Die größten Werbe-Stars im Sport, online unter: https://www.sport1.de/news/mehr-sport/2019/04/die-groessten-sponsoren-deals-der-sportler-mit-lebron-curry-ronaldo. Lukas Schürmann: Thomas Müller ist der DFB-Werbekönig, online unter: https://www.manager-magazin.de/lifestyle/artikel/a-977455.html [Letzter Zugriff 08.10.2024].

382 Robin Hieke: Allis Schock-Geständnis: Kane reagiert, online unter: https://www.sport1.de/news/internationaler-fussball/2023/07/nach-schock-gestandnis-von-dele-alli-bayern-flirt-harry-kane-reagiert?utm_source=ig_fb_stories&utm_medium=Social&fbclid=PAAabdeYIcFptjcY6HbU4YLOj3-Xm6tBun9LZ3l_jKwwB59bbbffgfxOVjxd4 [Letzter Zugriff 23.12.2024].

383 #WEKICKCORONA, online unter: https://www.wekickcorona.com/ [Letzter Zugriff 08.10.2024]. #FootballHelp. Football fans in Europe are donating together for the people of the Ukraine, online unter: https://www.graner-bonomi.com/footballhelp-english/ [Letzter Zugriff 08.10.2024].

384 Eine beispielhafte Präsentation für Spieler findet sich online unter: https://www.graner-bonomi.com/karriere/ [Letzter Zugriff 08.10.2024].

385 Wie viel Geld verdienen Spielerberater?, online unter: https://www.kicker.de/wie-viel-geld-verdienen-spielerberater-965840/artikel [Letzter Zugriff 08.10.2024].

386 Beispielhaft Anmeldung zum Probetraining beim SV Waldhof Mannheim 07, online unter: https://forms.office.com/pages/responsepage.aspx?id=Zk1-Wj-BCE-mKbOaTytW-Mn6_v0kpl5Bm_Mq_bENgZhUMDRQMjE2VEswTzNOM0R NVU41TUREN0lQVy4u [Letzter Zugriff 09.10.2024].

387 FIFA Football Agent Exam Study Materials – Edition August 2024, online unter: https://digitalhub.fifa.com/m/1c21b25b00c6dec8/original/FIFA-Football-Agent-Exam-Study-Materials.pdf, S. 245 [Letzter Zugriff 09.10.2024].

388 DFB: Rahmenterminkalender für Saison 2024/2025 beschlossen, online unter: https://www.dfb.de/news/detail/rahmenterminkalender-fuer-saison-20242025-beschlossen-256127/ [Letzter Zugriff 09.10.2024].

389 FIFA Football Agent Exam Study Materials – Edition August 2024, online unter: https://digitalhub.fifa.com/m/1c21b25b00c6dec8/original/FIFA-Football-Agent-Exam-Study-Materials.pdf, S. 193 [Letzter Zugriff 14.11.2024].

390 Deutsche Vertretungen in Italien: Reisen von Minderjährigen, online unter: https://italien.diplo.de/it-de/service/07-KonsularinfoA-Z/-/1589544 [Letzter Zugriff 09.10.2024].

391 Wann beginnt und endet die Fußballsaison?, online unter: https://thepfsa.co.uk/de/when-does-the-football-season-start-and-end/. Diese Spieler sind im Sommer 2024 ablösefrei – und dürfen bereits im Winter-Transferfenster mit Vereinen vorverhandeln, online unter: https://www.goal.com/de/listen/diese-spieler-sind-im-sommer-2024-abloesefrei-und-duerfen-bereits-im-winter-transferfenster-mit-vereinen-vorverhandeln/blt27535ab033166af7#cs226feb1e39106b06 [Letzter Zugriff 09.10.2024].

392 Zweimal FC Bayern München und Kylian Mbappé: Diese Spieler dürfen ab Januar vorverhandeln, online unter: https://www.spox.com/de/sport/fussball/international/2312/Artikel/abloesefrei-2024-diese-spieler-duerfen-ab-januar-vorverhandeln-ftr.html [Letzter Zugriff 28.11.2024].

393 Wann beginnt und endet die Fußballsaison?, online unter: https://thepfsa.co.uk/de/when-does-the-football-season-start-and-end/. Diese Spieler sind im Sommer 2024 ablösefrei – und dürfen bereits im Winter-Transferfenster mit Vereinen vorverhandeln, online unter: https://www.goal.com/de/listen/diese-spieler-sind-im-sommer-2024-abloesefrei-und-duerfen-bereits-im-winter-transferfenster-mit-vereinen-vorverhandeln/blt27535ab033166af7#cs226feb1e39106b06 [Letzter Zugriff 09.10.2024].

394 Warum gibt's Transfers vor Öffnung des Transfer-Fensters?!, online unter: https://www.youtube.com/watch?v=jYIJCWf-zNs [Letzter Zugriff 09.12.2024].

395 Lizenzordnung Spieler (LOS), online unter: https://media.dfl.de/sites/2/2023/12/Lizenzordnung-Spieler-LOS-2023-12-12-Stand.pdf [Letzter Zugriff 28.11.2024].

396 So viel Macht haben die Bundesliga-Trainer wirklich!, online unter: https://sportbild.bild.de/bundesliga/2017/bundesliga/so-viel-macht-haben-die-bundesliga-trainer-wirklich-50083582.sport.html [Letzter Zugriff 23.01.2025].

397 Transfermarkt: 1.FC Heidenheim 1846, online unter: https://www.transfermarkt.de/1-fc-heidenheim-1846/transferstroeme/verein/2036 [Letzter Zugriff 09.10.2024].

398 St. Paulis unkonventionelle Transfer-Strategie: Novum aus Estland und der nächste Freiburger, online unter: https://www.transfermarkt.de/st-paulis-unkonventionelle-transfer-strategie-novum-aus-estland-und-der-nachste-freiburger/view/news/448148 [Letzter Zugriff 17.01.2025].

399 Die letzte Bastion gegen den globalisierten Fußball bröckelt, online unter: https://www.welt.de/sport/plus170862945/Die-letzte-Bastion-gegen-den-globalisierten-Fussball-broeckelt.html [Letzter Zugriff 17.01.2025].
400 Transfermarkt: Red Bull Salzburg, online unter: https://www.transfermarkt.de/red-bull-salzburg/kader/verein/409/saison_id/2023/plus/1 [Letzter Zugriff 09.10.2024].
401 Transfermarkt: Manga erklärt Scouting-Netzwerk: »Hole keinen Spieler, den ich selbst nicht gespürt habe«, online unter: https://www.transfermarkt.de/manga-erklart-scouting-netzwerk-hole-keinen-spieler-den-ich-selbst-nicht-gespurt-habe-quot-/view/news/441516 [Letzter Zugriff 09.10.2024].
402 FIFA Football Agent Exam Study Materials – Edition August 2024, online unter: https://digitalhub.fifa.com/m/1c21b25b00c6dec8/original/FIFA-Football-Agent-Exam-Study-Materials.pdf, S. 336 [Letzter Zugriff 09.10.2024].
403 Football Australia: Erklärvideo zum Transfer Matching System (TMS), online unter: https://www.footballaustralia.com.au/media/videofile/23636 7 Minuten 12 Sekunden [Letzter Zugriff 10.10.2024].
404 Top-Klub setzt gesamten Kader auf Transferliste, online unter: https://sportbild.bild.de/fussball/la-liga/primera-division/la-liga-fc-sevilla-setzt-gesamten-kader-auf-transferliste-84544352.sport.html. FC Sevilla in der Schuldenfalle: Alle Spieler stehen wohl zum Verkauf, online unter: https://www.ran.de/sports/fussball/primera-division-la-liga/news/fc-sevilla-in-der-schuldenfalle-alle-spieler-stehen-wohl-zum-verkauf-95431 [Letzter Zugriff 10.10.2024].
405 Psotta, Kai (2015): Die Paten der Liga, S. 31.
406 Kai Psotta: Die Paten der Liga, München 2015, S. 246.
407 Hinter den Kulissen von Bundesliga-Transfers: Spielerberater-Interview I Sportschau, online unter: https://www.youtube.com/watch?v=JbGTqd_h_HE [Letzter Zugriff 07.12.2024].
408 FIFA Football Agent Exam Study Materials – August 2024 Edition, online unter: https://digitalhub.fifa.com/m/1c21b25b00c6dec8/original/FIFA-Football-Agent-Exam-Study-Materials.pdf, S. 344 [Letzter Zugriff 14.10.2024].
409 El Ghazi kann erst im nächsten Sommer transferiert werden, online unter: https://www.kicker.de/el-ghazi-kann-erst-im-naechsten-sommer-transferiert-werden-974227/artikel#twfeed [Letzter Zugriff 10.10.2024].
410 Fehlende Spielerlaubnis: FCS löst Vertrag mit Soares wieder auf, online unter: https://www.liga3-online.de/fehlende-spielerlaubnis-fcs-loest-vertag-mit-soares-wieder-auf/ [Letzter Zugriff 10.10.2024].
411 Mindestens 12 deutsche Profis und Local-Player-Regelung, online unter: https://www.dfl.de/de/hintergrund/transferwesen/local-player-regelung/ [Letzter Zugriff 10.10.2024].
412 Fehlende Spielerlaubnis: FCS löst Vertrag mit Soares wieder auf, online unter: https://www.liga3-online.de/fehlende-spielerlaubnis-fcs-loest-vertag-mit-soares-wieder-auf/ [Letzter Zugriff 10.10.2024].

8 Nachweise

413 Victoria Kunzmann: Ausländerregelungen in den europäischen Top-5-Ligen, online unter: https://www.ran.de/sports/fussball/news/auslaenderregelungen-in-den-europaeischen-top5-ligen-200013 [Letzter Zugriff 07.01.2025].

414 EUR Lex: 2000/483/EC: Partnership agreement between the members of the African, Caribbean and Pacific Group of States of the one part, and the European Community and its Member States, of the other part, signed in Cotonou on 23 June 2000 – Protocols – Final Act - Declarations, online unter: https://eur-lex.europa.eu/legal-content/EN/TXT/?uri=celex%3A22000A1215%2801%29 [Letzter Zugriff 07.01.2025].

415 Victoria Kunzmann: Ausländerregelungen in den europäischen Top-5-Ligen, online unter: https://www.ran.de/sports/fussball/news/auslaenderregelungen-in-den-europaeischen-top5-ligen-200013 [Letzter Zugriff 07.01.2025].

416 The Football Association Men's Players – Point Based System 2024/25 Season, online unter: https://www.thefa.com/-/media/files/thefaportal/governance-docs/registrations/gbe-criteria-2024-25/fa-mens-players-criteria-202425-final.ashx. The TransferRoom GBE Calculator, online unter: https://www.transferroom.com/gbe#calculator. 11 key recruitment questions answered by TransferRoom's player profiles, online unter: https://blog.transferroom.com/11-key-recruitment-questions-answered-by-transferrooms-player-profiles. 9 ways agents can use TransferRoom's player profiles to get deals done, online unter: https://blog.transferroom.com/9-ways-agents-can-use-transferrooms-player-profiles-to-get-more-deals-done. Introducing TransferRoom's new player profiles, online unter: https://blog.transferroom.com/introducing-transferrooms-new-player-profiles [Letzter Zugriff 07.01.2025].

417 Sami Mokbel: Premier League chiefs urge FA to help clubs sign top foreign talent by easing restrictions on work permits after Chelsea's £18m Brazilian signing Andrey Santos missed out by a single point, online unter: https://www.dailymail.co.uk/sport/football/article-11804257/Premier-League-chiefs-urge-FA-help-clubs-sign-foreign-talent-easing-rules-work-permits.html [Letzter Zugriff 07.01.2025].

418 Introducing ESC: the new GBE guidance opens up recruitment post Brexit, online unter: https://analyticsfc.co.uk/blog/2023/06/21/introducing-esc-the-new-gbe-guidance-opens-up-recruitment-post-brexit/ [Letzter Zugriff 07.01.2025].

419 Neue Regeln für Transfers nach dem Brexit: Was ändert sich für die Premier League? , online unter: https://www.sportbuzzer.de/fussball/international/neue-regeln-fuer-transfers-nach-dem-brexit-was-aendert-sich-fuer-die-premier-league-E25E2BC66AB743D3E7F4424FD6.html. The Football Association Men's Players – Point Based System 2024/25 Season, online unter: https://www.thefa.com/-/media/files/thefaportal/governance-docs/registrations/gbe-criteria-2024-25/fa-mens-players-criteria-202425-final.ashx. 11 key recruitment questions answered by TransferRoom's player profiles, online unter: https://blog.transferroom.com/11-key-recruitment-questions-answered-by-transferrooms-player-profiles. 9 ways agents can use TransferRoom's player profiles to get deals done, online unter: https://blog.transferroom.com/9-

ways-agents-can-use-transferrooms-player-profiles-to-get-more-deals-done [Letzter Zugriff 07.01.2025].

420 FIFA Football Agent Exam Study Materials – Edition August 2024, online unter: https://digitalhub.fifa.com/m/1c21b25b00c6dec8/original/FIFA-Football-Agent-Exam-Study-Materials.pdf , S. 189 f. [Letzter Zugriff 09.12.2024].

421 Neue Regeln für Transfers nach dem Brexit: Was ändert sich für die Premier League?, online unter: https://www.sportbuzzer.de/fussball/international/neue-regeln-fuer-transfers-nach-dem-brexit-was-aendert-sich-fuer-die-premier-league-E25E2BC66AB743D3E7F4424FD6.html [Letzter Zugriff 10.10.2024].

422 Lukas Heigl: Premier League: Ein Leitfaden zu den Melderegeln in England, online unter: https://neunzigplus.de/premier-league/ein-leitfaden-zu-den-melderegeln-in-england [Letzter Zugriff 07.01.2025].

423 Wer bekommt wie viel Geld? Ein Faktencheck zum Österreicher-Topf, online unter: https://www.90minuten.at/de/red/magazin/faktencheck/2023/wer-bekommt-wie-viel-geld--ein-faktenchek-zum-oesterreicher-topf--exklusiv-/ [Letzter Zugriff 10.10.2024].

424 Kontingentsliste: Sieben Klubs streichen Spieler, online unter: https://www.sfl-org.ch/aktuelles/archiv/news/artikel/kontingentsliste-sieben-klubs-streichen-spieler-1/ [Letzter Zugriff 10.10.2024].

425 Chaled Nahar: Transfersperre gegen den 1. FC Köln - die Gründe, die Folgen und was noch möglich ist, online unter: https://www.sportschau.de/fussball/bundesliga/fc-koeln-transfersperre-registrierungsverbot-100.html [Letzter Zugriff 07.01.2025].

426 TSG 1899 Hoffenheim, online unter: https://www.transfermarkt.de/tsg-1899-hoffenheim/spielplandatum/verein/533/plus/0?saison_id=2023&wettbewerb_id=&day=&heim_gast=&punkte=&datum_von=-&datum_bis=- [Letzter Zugriff 07.01.2025].

427 FC Paris Saint-Germain, online unter: https://www.transfermarkt.de/fc-paris-saint-germain/kader/verein/583 [Letzter Zugriff 07.01.2025].

428 Alle Transfers, am Beispiel vom 1. FSV Mainz 05, online unter: https://www.transfermarkt.de/1-fsv-mainz-05/alletransfers/verein/39 [Letzter Zugriff 23.01.2025].

429 Gewerkschaft VDV verweist auf Vorbildrolle – Kann El Ghazi erst im Sommer wechseln?, online unter: https://www.transfermarkt.de/gewerkschaft-vdv-verweist-auf-vorbildrolle-ndash-kann-el-ghazi-erst-im-sommer-wechseln-/view/news/429244. Schalke und Baumgartl einigen sich auf Vertragsauflösung, online unter: https://www.sueddeutsche.de/sport/2-fussball-bundesliga-schalke-und-baumgartl-einigen-sich-auf-vertragsaufloesung-dpa.urn-newsml-dpa-com-20090101-240829-930-216316 [Letzter Zugriff 27.11.2024].

430 Profi will sich freikaufen. Suárez-Transfer nach Miami wird zur Seifenoper. »Alles, was gesagt wird, ist wahr«, online unter: https://www.transfermarkt.de/suarez-transfer-nach-miami-wird-zur-bdquo-seifenoper-ldquo-bdquo-

alles-was-gesagt-wird-ist-wahr-ldquo-/view/news/425455 [Letzter Zugriff 07.01.2025].
431 Die spektakulärsten Tauschdeals der Historie, online unter: https://www.transfermarkt.de/die-spektakularsten-tauschdeals-der-historie/index/galerie/859 [Letzter Zugriff 07.01.2025].
432 Markus Voeth/Uta Herbst: Verhandlungsmanagement, Stuttgart 2015, S. 181.
433 Beispielhaft die Übersicht AS Monaco, online unter: https://www.transfermarkt.de/as-monaco/alletransfers/verein/162 [Letzter Zugriff 11.10.2024].
434 Ebd.
435 Markus Voeth/Uta Herbst: Verhandlungsmanagement, Stuttgart 2015, S. 161.
436 Kayran Balkan: FIFA revolutioniert Leihgeschäfte, online unter: https://www.sport1.de/news/transfermarkt/2022/01/arger-bei-chelsea-atalanta-und-co-fifa-mit-regelreform-bei-leihgeschaften. Missbrauch, Scheingeschäfte, Horten von Spielern: FIFA begrenzt Leihen, online unter: https://www.kicker.de/missbrauch-scheingeschaefte-horten-von-spielern-fifa-begrenzt-leihen-887910/artikel. FIFA begrenzt Höchstzahl an Leihspielern – Mehrjährige Deals und Drittvereine verboten, online unter: https://www.transfermarkt.de/fifa-begrenzt-hochstzahl-an-leihspielern-mehrjahrige-deals-und-drittvereine-verboten/view/news/398604#:~:text=Als%20Mindestdauer%20f%C3%BCr%20eine%20Leihe,Mehrj%C3%A4hrige%20Leihen%20sind%20damit%20ausgeschlossen. [Letzter Zugriff 02.12.2024].
437 Missbrauch, Scheingeschäfte, Horten von Spielern: FIFA begrenzt Leihen, online unter: https://www.kicker.de/missbrauch-scheingeschaefte-horten-von-spielern-fifa-begrenzt-leihen-887910/artikel [Letzter Zugriff 10.10.2024].
438 Chelsea Football Club Men's Profiles, online unter: https://www.chelseafc.com/en/teams/men?tab=onLoan [Letzter Zugriff 02.12.2024].
439 Kaufverpflichtung aktiviert: Ludovic Ajorque verlässt Mainz 05 endgültig, online unter: https://www.swr.de/sport/fussball/fsv-mainz-05/ludovic-ajorque-verlaesst-mainz05-bald-komplett-100.html. Die Kaufpflicht hat gegriffen: Philipp wechselt fest nach Freiburg, online unter: https://www.kicker.de/die-kaufpflicht-hat-gegriffen-philipp-wechselt-fest-nach-freiburg-996017/artikel [Letzter Zugriff 27.11.2024].
440 Leipzig statt Leverkusen oder Marseille: RB schnappt sich Vermeeren, online unter: https://www.kicker.de/leipzig-statt-leverkusen-oder-marseille-rb-schnappt-sich-vermeeren-1046669/artikel. Leihe mit Kaufoption: Moukoko wechselt nach Nizza, online unter: https://www.kicker.de/leihe-mit-kaufoption-moukoko-wechselt-nach-nizza-1042136/artikel [Letzter Zugriff 14.10.2024].
441 FIFA Football Agent Exam Study Materials – Edition August 2024, online unter: https://digitalhub.fifa.com/m/1c21b25b00c6dec8/original/FIFA-Football-Agent-Exam-Study-Materials.pdf, S. 172 [Letzter Zugriff 16.01.2025].
442 Kai Psotta: Die Paten der Liga, München 2015, S. 262 f.
443 Ebd., S. 115.
444 Eintracht: Kolo Muani will Wechsel erzwingen, online unter: https://www.zdf.de/nachrichten/sport/fussball-bundesliga-eintracht-frankfurt-kolo-muani-

training-100.html. Streik und Drohungen: Fußballer, die Wechsel erzwingen, online unter: https://www.sport1.de/galerie/streik-und-drohungen-fussballer-die-wechsel-erzwingen__FD16B408-7E05-11E7-B3CE-F80F41FC6A62. Wenn Fußballer ihren Transfer erzwingen: »Problemfall« Mané & Çalhanoğlus Krankmeldung, online unter: https://www.transfermarkt.de/wenn-fussballer-ihren-transfer-erzwingen-problemfall-quot-mane-amp-calhanoglus-krankmeldung/view/news/442366 [Letzter Zugriff 08.01.2025].

445 Dr. Rybak Sportrecht: Zur Erzwingung von Transfers durch Spieler, online unter: https://www.dr-rybak.com/wir-profis-im-gespraech-mit-dr-frank-rybak-spieler-haben-nicht-zu-viel-macht/. Der Kolo-Muani-Poker: Ekitiké als Buhmann, Al-Khelaïfi ruft Fischer an und Druck per Whatsapp, online unter: https://www.transfermarkt.de/der-kolo-muani-poker-ekitike-als-buhmann-al-khelaifi-ruft-fischer-an-und-druck-per-whatsapp/view/news/427462 [Letzter Zugriff 08.01.2025].

446 Dr. Rybak Sportrecht: Zur Erzwingung von Transfers durch Spieler, online unter: https://www.dr-rybak.com/wir-profis-im-gespraech-mit-dr-frank-rybak-spieler-haben-nicht-zu-viel-macht/ [Letzter Zugriff 08.01.2025].

447 Kai Psotta: Die Paten der Liga, München 2015, S. 117 f.

448 KSC verpflichtet einstiges VfB-Talent Egloff, online unter: https://www.kicker.de/ksc-verpflichtet-einstiges-vfb-talent-egloff-1048562/artikel [Letzter Zugriff 11.10.2024].

449 Nach Vertragsauflösung beim VfB: Beyaz unterschreibt bei Basaksehir, online unter: https://www.transfermarkt.de/nach-vertragsauflosung-beim-vfb-beyaz-unterschreibt-bei-basaksehir/view/news/443388 [Letzter Zugriff 11.10.2024].

450 Die geheimen Verträge der Profis, online unter: https://www.spiegel.de/spiegel/football-leaks-die-geheimen-vertraege-der-profikicker-a-1124807.html [Letzter Zugriff 11.10.2024].

451 FIFA begrenzt Höchstzahl an Leihspielern – Mehrjährige Deals und Drittvereine verboten, online unter: https://www.transfermarkt.de/fifa-begrenzt-hochzahl-an-leihspielern-mehrjahrige-deals-und-drittvereine-verboten/view/news/398604#:~:text=Als%20Mindestdauer%20f%C3%BCr%20eine%20Leihe,Mehrj%C3%A4hrige%20Leihen%20sind%20damit%20ausgeschlossen. [Letzter Zugriff 02.12.2024].

452 Spielertransfers im Profifußball – der Ablauf im Überblick, online unter: https://www.linklaters.com/de-de/insights/blogs/sportinglinks/2023/august/player-transfers-in-professional-football---german-employment-law-aspects. Transferwahnsinn im Weltfußball - Wie werden Spielertransfers finanziert?, online unter: https://www.sport.de/news/ne3844141/transferwahnsinn-im-weltfussball---wie-werden-spielertransfers-finanziert/. Uefa changes rules on long-term contracts with transfer fee spread across a maximum of five years, online unter: https://www.bbc.com/sport/football/66046836 [Letzter Zugriff 11.10.2024].

453 Wie geht das? Fragen und Antworten zu Chelseas Winter-Transferphase, online unter: https://www.kicker.de/wie-geht-das-fragen-und-antworten-

zu-chelseas-winter-transferphase-935453/artikel. 2029, 2030, 2031: Der riskante Trick mit den langen Vertragslaufzeiten, online unter: https://www.kicker.de/2029-2030-2031-der-riskante-trick-mit-den-langen-vertragslaufzeiten-933384/artikel [Letzter Zugriff 02.12.2024].

454 Premier League clubs vote for five-year limit on paying transfer fees regardless of length of players' contracts, online unter: https://www.skysports.com/football/news/11661/13028764/premier-league-clubs-vote-for-five-year-maximum-player-contracts [Letzter Zugriff 02.12.2024].

455 Der BVB bekommt für Bellingham 25 Millionen Euro extra, online unter: https://www.welt.de/sport/fussball/bundesliga/borussia-dortmund/article246030514/Transfer-zu-Real-Madrid-Der-BVB-bekommt-fuer-Bellingham-25-Millionen-Euro-extra.html [Letzter Zugriff 14.10.2024].

456 Daniel Buse: Welcher Verein bezahlt das Gehalt des Spielers bei einer Leihe?, online unter: https://www.goal.com/de/meldungen/welcher-verein-bezahlt-gehalt-spieler-bei-leihe-transfer/blt793a6208bc73cf36 [Letzter Zugriff 11.10.2024].

457 Kaufverpflichtung aktiviert: Ludovic Ajorque verlässt Mainz 05 endgültig, online unter: https://www.swr.de/sport/fussball/fsv-mainz-05/ludovic-ajorque-verlaesst-mainz05-bald-komplett-100.html. Die Kaufpflicht hat gegriffen: Philipp wechselt fest nach Freiburg, online unter: https://www.kicker.de/die-kaufpflicht-hat-gegriffen-philipp-wechselt-fest-nach-freiburg-996017/artikel [Letzter Zugriff 27.11.2024].

458 Nürnberg verpflichtet U17-Weltmeister Osawe – RB Leipzig sichert sich Rückkaufoption, online unter: https://www.transfermarkt.de/nurnberg-verpflichtet-u17-weltmeister-osawe-rb-leipzig-sichert-sich-ruckkaufoption/view/news/443131. Alidou-Wechsel zum 1. FC Köln vor Abschluss – Eintracht sichert sich Rückkaufoption, online unter: https://www.transfermarkt.de/alidou-wechsel-zum-1-fc-koln-vor-abschluss-ndash-eintracht-sichert-sich-ruckkaufoption/view/news/426575 [Letzter Zugriff 14.10.2024].

459 »Bild«: Wolfsburgs Tomás-Transfer sorgt für Millionen-Einnahme beim VfB Stuttgart, online unter: https://www.transfermarkt.de/bdquo-bild-ldquo-wolfsburgs-tomas-transfer-sorgt-fur-millionen-einnahme-beim-vfb-stuttgart/view/news/424650 [Letzter Zugriff 27.11.2024].

460 FIFA Football Agent Exam Study Materials – August 2024 Edition, online unter: https://digitalhub.fifa.com/m/1c21b25b00c6dec8/original/FIFA-Football-Agent-Exam-Study-Materials.pdf, S. 196, 235 ff. [Letzter Zugriff 14.10.2024].

461 FIFA: Football Agent Exam Study Materials – August 2024 Edition, online unter: https://digitalhub.fifa.com/m/1c21b25b00c6dec8/original/FIFA-Football-Agent-Exam-Study-Materials.pdf, S. 622 ff. [Letzter Zugriff 14.10.2024].

462 Systemintegration, online unter: https://inside.fifa.com/de/legal/football-regulatory/clearing-house/systems-integration. FIFA Clearing House: the first 24 months (November 2024), online unter: https://digitalhub.fifa.com/m/428eb58ffd3e7dd/original/Clearing-House-Report-2023-24-V12.pdf [Letzter Zugriff 29.11.2024].

463 FIFA: Football Agent Exam Study Materials – August 2024 Edition, online unter: https://digitalhub.fifa.com/m/1c21b25b00c6dec8/original/FIFA-Football-Agent-Exam-Study-Materials.pdf, S. 236 ff. [Letzter Zugriff 14.10.2024].

464 FIFA: Football Agent Exam Study Materials – August 2024 Edition, online unter: https://digitalhub.fifa.com/m/1c21b25b00c6dec8/original/FIFA-Football-Agent-Exam-Study-Materials.pdf, S. 235 [Letzter Zugriff 14.10.2024].

465 Football Australia: Erklärvideo zum Transfer Matching System (TMS), online unter: https://www.footballaustralia.com.au/media/videofile/23636 Minute 6:10-6:35 [Letzter Zugriff 14.10.2024].

466 FIFA: Football Agent Exam Study Materials – August 2024 Edition, online unter: https://digitalhub.fifa.com/m/1c21b25b00c6dec8/original/FIFA-Football-Agent-Exam-Study-Materials.pdf, S. 196, 239 f. [Letzter Zugriff 14.10.2024].

467 Lasme und Hoffmann bei Schalke freigestellt – Gespräche mit anderen Vereinen, online unter: https://www.transfermarkt.de/lasme-und-hoffmann-bei-schalke-freigestellt-gesprache-mit-anderen-vereinen/view/news/448532 [Letzter Zugriff 22.01.2025].

468 Vertragsklausel: Barca muss für Liverpool-Spieler extra zahlen, online unter: https://sport.sky.de/fussball/artikel/vertragsklausel-barca-muss-fuer-liverpool-spieler-extra-zahlen/11560027/33896 [Letzter Zugriff 22.01.2025].

469 UEFA-Bericht: Spielergehälter steigen trotz 7 Milliarden weniger Einnahmen, online unter: https://www.transfermarkt.de/uefa-bericht-spielergehalter-steigen-trotz-7-milliarden-weniger-einnahmen/view/news/399666 [Letzter Zugriff 14.10.2024].

470 Europas höchste Gehälter: Messi auf 3. Platz – Mané vor De Bruyne & Haaland, online unter: https://www.transfermarkt.de/europas-hochste-gehalter-messi-auf-3-platz-mane-vor-de-bruyne-amp-haaland/view/news/419918 [Letzter Zugriff 14.10.2024].

471 MLS-Gehälter: Insigne 5 Millionen hinter Messi – Forsberg verdient viermal so viel wie Suárez, online unter: https://www.transfermarkt.de/mls-gehalter-insigne-5-millionen-hinter-messi-forsberg-verdient-viermal-so-viel-wie-suarez/view/news/437564. Millionen für Messi trotz Salary Cap - und wie Beckham das möglich machte, online unter: https://www.kicker.de/millionen-fuer-messi-trotz-salary-cap-und-wie-beckham-das-moeglich-machte-962515/artikel [Letzter Zugriff 14.10.2024].

472 250 Millionen! Bayern hätte für Haaland wohl Gehaltsgefüge gesprengt, online unter: https://sport.sky.de/fussball/artikel/fc-bayern-wollte-fuer-haaland-wohl-gesamtpaket-von-250-millionen-euro-schnueren/12855097/34942# [Letzter Zugriff 14.10.2024].

473 Mega-Vertrag für Haaland, online unter: https://www.bild.de/sport/fussball/manchester-city-neuer-mega-vertrag-fuer-erling-haaland-678a15914c60810f65e471f7 [Letzter Zugriff 18.01.2025].

474 Europas höchste Gehälter: Messi auf 3. Platz – Mané vor De Bruyne & Haaland, online unter: https://www.transfermarkt.de/europas-hochste-gehalter-

messi-auf-3-platz-mane-vor-de-bruyne-amp-haaland/view/news/419918 [Letzter Zugriff 14.10.2024].
475 Ligue-1-Gehälter: Mbappé sprengt Gefüge – PSG-Coach Luis Enrique 600 % über Durchschnitt, online unter: https://www.transfermarkt.de/ligue-1-gehalter-mbappe-sprengt-gefuge-psg-coach-luis-enrique-600-uber-durchschnitt/view/news/435247 [Letzter Zugriff 14.10.2024].
476 Sempre più ricchi, online unter: https://www.gazzetta.it/stipendi_giocatori_serie_a/ [Letzter Zugriff 14.10.2024].
477 De Bruyne verhandelte ohne Berater & mit Statistik-Datei – Bestbezahlter Profi in England, online unter: https://www.transfermarkt.de/de-bruyne-verhandelte-ohne-berater-amp-mit-statistik-datei-bestbezahlter-profi-in-england/view/news/383165 [Letzter Zugriff 14.10.2024].
478 Omar Marmoush winkt bei Manchester City ein Mega-Gehalt, online unter: https://sport.sky.de/fussball/artikel/omar-marmoush-winkt-bei-manchester-city-ein-mega-gehalt-eintracht-frankfurt/13290892/34415. Mega-Gehalt: So viel verdient Omar Marmoush bei Manchester City, online unter: https://www.90min.de/mega-gehalt-so-viel-verdient-omar-marmoush-bei-manchester-city [Letzter Zugriff 18.01.2025].
479 Kai Psotta: Die Paten der Liga, München 2015, S. 251.
480 Top 5: Die höchsten Durchschnittsgehälter der europäischen Top-Ligen, online unter: https://www.ran.de/sports/fussball/galerien/top5-die-hoechsten-durchschnittsgehaelter-der-europaeischen-top-ligen-92915 [Letzter Zugriff 14.10.2024].
481 Kai Psotta: Die Paten der Liga, München 2015, S. 247.
482 Ebd., S. 248.
483 Musiala, Kane & Co.: So viel Steuern zahlen Fußball-Profis, online unter: https://www.morgenpost.de/wirtschaft/article406777567/musiala-kane-co-so-viel-steuern-zahlen-fussball-profis.html. Steuer: So viel Steuern und Abgaben muss ein Bundesliga-Millionär zahlen, online unter: https://www.derwesten.de/politik/steuer-abgaben-bundesliga-millionaer-fussballprofi-h-id300820231.html [Letzter Zugriff 27.01.2025].
484 Wie andere Länder in Europa um Fachkräfte werben, online unter: https://www.faz.net/aktuell/wirtschaft/fachkraeftemangel-wie-europaeische-laender-um-zuwanderer-buhlen-19871728.html [Letzter Zugriff 14.10.2024].
485 Britische Regierung kippt Steuerpläne: Kein größeres Nettogehalt für Haaland, Ronaldo & Co., online unter: https://www.transfermarkt.de/britische-regierung-kippt-steuerplane-kein-grosseres-nettogehalt-fur-haaland-ronaldo-amp-co-/view/news/411813 [Letzter Zugriff 14.10.2024].
486 Steuervergleich Schweiz 2024 – welche Kantone und Gemeinden sind für Unternehmen und Privatpersonen steuerlich besonders attraktiv?, online unter: https://www.pwc.ch/de/presse/steuervergleich-schweiz-2024.html# [Letzter Zugriff 14.10.2024].
487 Millionen für Messi trotz Salary Cap - und wie Beckham das möglich machte, online unter: https://www.kicker.de/millionen-fuer-messi-trotz-salary-cap-und-

wie-beckham-das-moeglich-machte-962515/artikel. Zachary Braverman: Explaining Major League Soccer's Salary Cap and Inter Miami's Roster Compliance, online unter: https://sports-entertainment.brooklaw.edu/sports/explaining-major-league-soccers-salary-cap-and-inter-miamis-roster-compliance/#. How Do MLS Designated Player Slots Work?, online unter: https://onefootball.com/de/news/how-do-mls-designated-player-slots-work-40267912. A Ros(t)e(r) Rule By Any Other Name, online unter: https://www.thepostcincy.com/stories/a-roster-rule-by-any-other-name#:~:text=Teams%20have%20basically%20a%20%245.5,roster%20mechanisms%20to%20do%20so. [Letzter Zugriff 17.11.2024].

488 LaLiga-Gehaltsobergrenze: Barça macht Schritt nach vorn – Sevilla rutscht von Platz 4 auf 20, online unter: https://www.transfermarkt.de/laliga-gehaltsobergrenze-barca-macht-schritt-nach-vorn-sevilla-rutscht-von-platz-4-auf-20/view/news/443794. Gehaltsobergrenzen in Spanien veröffentlicht: Barça droht Sparkurs, Real hat Luft für Mbappé, online unter: https://www.transfermarkt.de/gehaltsobergrenzen-in-spanien-veroffentlicht-barca-droht-sparkurs-real-hat-luft-fur-mbappe/view/news/434141 [Letzter Zugriff 18.11.2024].

489 FIFA: Football Agent Exam Study Materials – August 2024 Edition, online unter: https://digitalhub.fifa.com/m/1c21b25b00c6dec8/original/FIFA-Football-Agent-Exam-Study-Materials.pdf, S. 180. UEFA plant Begrenzung von Vertragslaufzeiten: Sonst »wird es ein Chaos geben«, online unter: https://www.transfermarkt.de/uefa-plant-begrenzung-von-vertragslaufzeiten-sonst-wird-es-ein-chaos-geben-quot-/view/news/417006 [Letzter Zugriff 14.10.2024].

490 Chaled Mahar: Warum Mudryks Vertrag achteinhalb Jahre läuft, online unter: https://www.sportschau.de/fussball/premier-league/chelsea-mudryk-vertragslaufzeit-financial-fairplay-bundesliga-100.html.Ten more years! Levante star Pepelu signs mammoth contact - and celebrates with infinity symbol on his shirt, online unter: https://www.goal.com/en/news/ten-years-levante-pepelu-mammoth-contact-infinity/blt023f0d228a728959 [Letzter Zugriff 14.10.2024].

491 2029, 2030, 2031: Der riskante Trick mit den langen Vertragslaufzeiten, online unter: https://www.kicker.de/2029-2030-2031-der-riskante-trick-mit-den-langen-vertragslaufzeiten-933384/artikel [Letzter Zugriff 02.12.2024].

492 Gehälter-Überraschung bei Real!, online unter: https://sportbild.bild.de/fussball/internationaler-fussball/real-madrid-gehaelter-ueberraschung-es-geht-um-mbappe-bellingham-vinicius-66ed11a55836f81a5ab72cf5#:~:text=Denn%3A%20Wie%20spanische%20Medien%20berichten,nun%20ebenfalls%2015%20Millionen%20Euro. Real Madrid: Gehalts-Hammer um Kylian Mbappe, Jude Bellingham und Vinicius Jr., online unter: https://www.ran.de/sports/fussball/primera-division-la-liga/news/real-madrid-gehalts-hammer-um-kylian-mbappe-jude-bellingham-und-vinicius-jr-435149 [Letzter Zugriff 08.12.2024].

493 René Walther: Real: 500 Mio. Euro, um Mbappé zu überzeugen!, online unter: https://sportbild.bild.de/fussball/la-liga/primera-division/real-madrid-kylian-mbapp-soll-mit-500-mio-euro-von-wechsel-ueberzeugt-werden-87200478.sport.html. Mbappé joins Real Madrid in 'The most expensive free transfer in history', online unter: https://www.euronews.com/business/2024/06/05/mbappe-joins-real-madrid-in-the-most-expensive-free-transfer-in-history [Letzter Zugriff 14.10.2024].

494 Mbappé hat größten Vertrag der Sportgeschichte – Stellt Messis alten Barça-Deal in den Schatten, online unter: https://www.transfermarkt.de/mbappe-hat-grossten-vertrag-der-sportgeschichte-stellt-messis-alten-barca-deal-in-den-schatten/view/news/412849. Neue Zahlen zum Mbappé-Deal enthüllt, online unter: https://www.sport.de/news/ne6393869/real-madrid-neue-zahlen-zum-mbappe-deal-enthuellt/. René Walther: Real: 500 Mio. Euro, um Mbappé zu überzeugen!, online unter: https://sportbild.bild.de/fussball/la-liga/primera-division/real-madrid-kylian-mbapp-soll-mit-500-mio-euro-von-wechsel-ueberzeugt-werden-87200478.sport.html [Letzter Zugriff 14.10.2024].

495 Die geheimen Verträge der Profis, online unter: https://www.spiegel.de/spiegel/football-leaks-die-geheimen-vertraege-der-profikicker-a-1124807.html [Letzter Zugriff 14.10.2024].

496 Jan Kupitz: Was ist eine Ausstiegsklausel?, online unter: https://www.90min.de/posts/was-ist-eine-ausstiegsklausel [Letzter Zugriff 14.10.2024].

497 Wohlgemuth: »Lange Reise« statt Umbruch in Stuttgart – VfB war im »Grenzbereich«, online unter: https://www.transfermarkt.de/wohlgemuth-lange-reise-quot-statt-umbruch-in-stuttgart-vfb-war-im-grenzbereich-quot-/view/news/440877 [Letzter Zugriff 09.12.2024].

498 Lukas Heimbach: Warum Ausstiegsklauseln in Spanien Pflicht sind – und in Deutschland nicht, online unter: https://www.fussballtransfers.com/a5437892012471066522-warum-ausstiegsklauseln-in-spanien-pflicht-sind-und-in-deutschland-nicht

499 Hendrick Deck: Nächster Barça-Star bekommt Milliarden-Klausel, online unter: https://sportbild.bild.de/fussball/internationaler-fussball/fc-barcelona-irre-naechster-star-bekommt-milliarden-klausel-auch-deutscher-dabei-85479890.sport.html [Letzter Zugriff 14.10.2024].

500 Jan Kupitz: Was ist eine Ausstiegsklausel?, online unter: https://www.90min.de/posts/was-ist-eine-ausstiegsklausel [Letzter Zugriff 14.10.2024].

501 Sport Bild: Schalke will Top-Talent Ouédraogo Klauseln abkaufen – Umwandlung des Vertrags, online unter: https://www.transfermarkt.de/bdquo-sport-bild-ldquo-schalke-will-top-talent-ouedraogo-klauseln-abkaufen-ndash-umwandlung-des-vertrags/view/news/428685 [Letzter Zugriff 14.10.2024].

502 Klausel ausgelaufen – Guirassy immer noch da, online unter: https://www.kicker.de/klausel-ausgelaufen-guirassy-immer-noch-da-963164/artikel. Berichte: Liverpools Transferpoker um Szoboszlai nimmt Fahrt auf – Ausstiegsklausel läuft ab, online unter: https://www.transfermarkt.de/-

8 Nachweise

bdquo-the-athletic-ldquo-liverpool-lotet-transfer-von-szoboszlai-aus-ndash-ausstiegsklausel-lauft-ab/view/news/423918. PSV bietet für Itakura – Gladbach hat Verkauf eines Verteidigers »überhaupt nicht im Kopf«, online unter: https://www.transfermarkt.de/psv-bietet-fur-itakura-gladbach-hat-verkauf-eines-verteidigers-uberhaupt-nicht-im-kopf-quot-/view/news/442673 [Letzter Zugriff 9.1.2025].

503 Schalke will Top-Talent die Klausel abkaufen, online unter: https://www.sport.de/news/ne5698040/fc-schalke-04-will-mega-talent-die-ausstiegsklausel-abkaufen/. Köln will Sextett um Schwäbe Klauseln abkaufen – »Können vom Etat her Aufstiegskader stellen«, online unter: https://www.transfermarkt.de/koln-will-sextett-um-schwabe-klauseln-abkaufen-konnen-vom-etat-her-aufstiegskader-stellen-quot-/view/news/438286. Udo Bödeker: Da sind wir mit Hochdruck dran« Finanzboss Türoff verrät: FC will Profis die Ausstiegsklauseln abkaufen, online unter: https://www.express.de/sport/fussball/1-fc-koeln/finanzboss-tueroff-verraet-fc-will-ausstiegsklauseln-abkaufen-803215. Simeon Kramer: Waldemar Anton verlässt den VfB: Warum der BVB-Wechsel ein fatales Signal ist, online unter: https://www.zvw.de/vfb-stuttgart/waldemar-anton-verl%C3%A4sst-den-vfb-warum-der-bvb-wechsel-ein-fatales-signal-ist_arid-831070. Jan Kupitz: Was ist eine Ausstiegsklausel?, online unter: https://www.90min.de/posts/was-ist-eine-ausstiegsklausel [Letzter Zugriff 09.01.2025].

504 Die verrücktesten Vertragsklauseln im Fußball: Pandemie-Klauseln bei Werder Bremen, online unter: https://www.ran.de/sports/fussball/galerien/die-verruecktesten-vertragsklauseln-im-fussball-pandemie-klauseln-bei-werder-bremen-94569 [Letzter Zugriff 22.01.2025].

505 Vertrag von Andrej Kramaric bei der TSG Hoffenheim hat sich bis 2026 verlängert, online unter: https://sport.sky.de/fussball/artikel/andrej-kramaric-steht-bei-der-tsg-hoffenheim-vor-der-vertragsverlaengerung/13290850/34240#:~:text=Rekordtorj%C3%A4ger%20Andrej%20Kramaric%20steht%20vor,der%20Europa%20League%20absolviert%20hat. [Letzter Zugriff 18.01.2025].

506 Die verrücktesten Vertragsklauseln im Fußball, online unter: https://sport.sky.de/fussball/artikel/die-verruecktesten-vertragsklauseln-im-fussball/11986265/35311 [Letzter Zugriff 27.11.2024].

507 Brunner startet Profikarriere im Ausland: Wechsel nach Monaco, Leihe zu Cercle Brügge, online unter: https://www.transfermarkt.de/brunner-startet-profikarriere-im-ausland-wechsel-nach-monaco-leihe-zu-cercle-brugge/view/news/442188 [Letzter Zugriff 28.11.2024].

508 Bericht: Eintracht und Fenerbahce über Tuta-Transfer einig – Zustimmung vom Spieler fehlt, online unter: https://www.transfermarkt.de/bericht-eintracht-und-fenerbahce-uber-tuta-transfer-einig-zustimmung-vom-spieler-fehlt/view/news/448565 [Letzter Zugriff 22.01.2025].

509 Berater im Fußball: Gehalt, was sie machen und wie man ein Spielervermittler wird, online unter: https://www.goal.com/de/meldungen/berater-fussball-

gehalt-geld-verm%C3%B6gen-spielervermittler/bltd1b960481130fed9 [Letzter Zugriff 25.11.2024]. Spielervermittler Böhm: "Du musst ja nicht eintauchen zu den Haien", online unter: https://www.derstandard.de/story/2000138065524/spielervermittler-boehm-du-musst-ja-nicht-eintauchen-zu-den-haien [Letzter Zugriff 25.11.2024].

510 Profession d'agent sportif (articles L. 222-5 à L. 222-12 du code du sport), online unter: https://www.sports.gouv.fr/profession-d-agent-sportif-782 [Letzter Zugriff 25.11.2024].

511 Charte du Standard de Liège concernant la collaboration avec les intermédiaires, online unter: https://standard.be/fr/charte-pour-les-agents [Letzter Zugriff 25.11.2024].

512 Kai Psotta: Die Paten der Liga, München 2015, S. 253.

513 Ebd., S. 256.

514 10 Tricks der Spielerberater, online unter: https://www.bild.de/sport/fussball/fussball-bundesligen/die-10-tricks-der-spielerberater-45225792.bild.html. »In der Bundesliga verhandeln Nichtskönner«, online unter: https://www.11freunde.de/welt-des-fussballs/in-der-bundesliga-verhandeln-nichtsk%C3%B6nner-a-5f279083-0004-0001-0000-000000592907 [Letzter Zugriff 25.11.2024].

515 Wie Pogbas Berater bei Manchester United abkassierte, online unter: https://www.spiegel.de/sport/fussball/football-leaks-wie-ibrahimovics-berater-bei-manchester-united-abkassierte-a-1146695.html. Milliardenspiel Fußball: So funktioniert der Transfermarkt, online unter: https://www.swr.de/sport/swrsport-erklaert-transfermarkt-fussball-100.html [Letzter Zugriff 25.11.2024].

516 Kai Psotta: Die Paten der Liga, München 2015, S. 259.

517 Ebd., S. 259.

518 Die geheimen Verträge der Profis, online unter: https://www.spiegel.de/spiegel/football-leaks-die-geheimen-vertraege-der-profikicker-a-1124807.html [Letzter Zugriff 27.11.2024].

519 Schaffe ich einen Profi-Medizincheck? Das gehört alles zum Test!, online unter: https://www.youtube.com/watch?v=OTvK_BHOXKE [Letzter Zugriff 22.01.2025].

520 Nach Solet: Auch Wechsel von Bella-Kotchap nach Hoffenheim geplatzt, online unter: https://www.transfermarkt.de/nach-solet-auch-wechsel-von-bella-kotchap-nach-hoffenheim-geplatzt/view/news/442175. Verwirrung um Guirassy, Boateng & Co.: Diese Transfers scheiterten (fast) am Medizincheck, online unter: https://www.transfermarkt.de/verwirrung-um-guirassy-boateng-amp-co-diese-transfers-scheiterten-fast-am-medizincheck/view/news/440524. Nach Medizincheck: Leipzig nimmt Abstand von Okafor-Deal – »Traurig für alle Beteiligten«, online unter: https://www.transfermarkt.de/nach-medizincheck-rb-leipzig-nimmt-abstand-von-okafor-transfer/view/news/448576 [Letzter Zugriff 22.01.2025].

521 FIFA: Football Agent Exam Study Materials – August 2024 Edition, online unter: https://digitalhub.fifa.com/m/1c21b25b00c6dec8/original/FIFA-Football-Agent-Exam-Study-Materials.pdf, S. 337 [Letzter Zugriff 14.10.2024].
522 Milliardenspiel Fußball: So funktioniert der Transfermarkt, online unter: https://www.swr.de/sport/swr-sport-erklaert-transfermarkt-fussball-100.html. Übersetzung der FIFA Football Agent Regulations, online unter: https://assets.dfb.de/uploads/000/278/516/original_Uebersetzung_der_FIFA_Football_Agent_Regulations.pdf?1676889921. International Player Transfer Guide (July 2024), online unter: https://digitalhub.fifa.com/m/5b06ee28ef5c81ab/original/FIFA-International-Player-Transfer-Guide.pdf. FIFA Football Agent Exam Study Materials – Edition August 2024, online unter: https://digitalhub.fifa.com/m/1c21b25b00c6dec8/original/FIFA-Football-Agent-Exam-Study-Materials.pdf, S. 159 [Letzter Zugriff 16.01.2025].
523 So läuft ein Transfer in der Bundesliga und 2. Bundesliga ab, online unter: https://www.dfl.de/de/hintergrund/transferwesen/viele-schritte-bis-zur-spielberechtigung-der-ablauf-eines-transfers/. TM erklärt: So läuft ein Wechsel bei der DFL ab – TOR statt Transferliste, online unter: https://www.transfermarkt.de/tm-erklart-so-lauft-ein-wechsel-bei-der-dfl-ab-tor-statt-transferliste/view/news/417180 [Letzter Zugriff 28.11.2024].
524 Systemintegration, online unter: https://inside.fifa.com/de/legal/football-regulatory/clearing-house/systems-integration [Letzter Zugriff 29.11.2024].
525 Agents sportifs licenciés FFF, online unter: https://www.fff.fr/agents-sportifs-fff/liste-des-contrats.html. Agents autorisés dans le cadre de la prestation de services, online unter: https://www.fff.fr/agents-sportifs-fff/liste-des-contrats-presta.html [Letzter Zugriff 02.12.2024].
526 Dieser England-Klub zahlte am meisten an Spielerberater, online unter: https://www.heute.at/s/dieser-england-klub-zahlte-am-meisten-an-spielerberater-100263712. Vom Deutschen Fußball-Bund (DFB) registrierte Transaktionen Spielzeit 2020/2021, online unter: https://www.dfb.de/fileadmin/_dfbdam/237101-Transaktionsliste_2020-21_Stand_31.03.2021.pdf [Letzter Zugriff 02.12.2024].
527 Agents Chamber, online unter: https://inside.fifa.com/legal/football-regulatory/agents/agents-chamber [Letzter Zugriff 02.12.2024].
528 Transferschluss vor Saisonstart in Planung – LaLiga dagegen, Ausnahme 2. Liga, online unter: https://www.transfermarkt.de/-kicker-quot-transferschluss-vor-saisonstart-in-planung-laliga-dagegen-ausnahme-2-liga/view/news/449326. Premier League plant offenbar Transfer-Revolution, online unter: https://www.n-tv.de/sport/fussball/Premier-League-plant-offenbar-Transfer-Revolution-article25260136.html. Transfer-Revolution ist in Planung, online unter: https://www.kicker.de/transfer-revolution-ist-in-planung-1084344/artikel [Letzter Zugriff 23.01.2025].
529 Hertha BSC sucht per WhatsApp Nachwuchsspieler für die Akademie, online unter: https://sport.sky.de/fussball/artikel/hertha-bsc-sucht-per-whatsapp-nachwuchsspieler-fuer-die-

akademie/13222794/34944#:~:text=Interessierte%20k%C3%B6nnen%20 sich%20mithilfe%20eines,September [Letzter Zugriff 14.12.2024].

530 Registrierte Spielerberater erhalten vom englischen Verband regelmäßig Informationen per E-Mail.